服务业跨国公司的贸易效应

张 娟 著

中国财经出版传媒集团
经济科学出版社
Economic Science Press

图书在版编目（CIP）数据

服务业跨国公司的贸易效应/张娟著. —北京：
经济科学出版社，2017.7
ISBN 978 – 7 – 5141 – 8315 – 3

Ⅰ.①服… Ⅱ.①张… Ⅲ.①跨国公司 – 服务贸易 –
国际贸易 – 研究 Ⅳ.①F276.74

中国版本图书馆 CIP 数据核字（2017）第 190199 号

责任编辑：黄双蓉
责任校对：杨　海
版式设计：齐　杰
责任印制：邱　天

服务业跨国公司的贸易效应
张　娟　著

经济科学出版社出版、发行　新华书店经销
社址：北京市海淀区阜成路甲 28 号　邮编：100142
总编部电话：010 – 88191217　发行部电话：010 – 88191522
网址：www.esp.com.cn
电子邮件：esp@esp.com.cn
天猫网店：经济科学出版社旗舰店
网址：http://jjkxcbs.tmall.com
北京密兴印刷有限公司印装
787 × 1092　16 开　17.25 印张　290000 字
2017 年 7 月第 1 版　2017 年 7 月第 1 次印刷
ISBN 978 – 7 – 5141 – 8315 – 3　定价：50.00 元
（图书出现印装问题，本社负责调换。电话：010 – 88191510）
（版权所有　侵权必究　举报电话：010 – 88191586
电子邮箱：dbts@esp.com.cn）

序

跨国公司的发展历史可以追溯到19世纪末，然而，到20世纪80年代后，跨国公司才真正获得了充分发展和大规模扩张的动力。这种大规模扩张意味着越来越多的企业走出母国国界，步入国际化的经营里程。在服务行业，包括公用设施、银行、保险、金融、物流、专业服务等领域的企业也加速跟随制造业跨国公司进行国际化布局及运作。进入21世纪后，伴随着互联网信息技术高速发展和全球服务业开放进程加快，服务业跨国公司的全球化扩张甚至摆脱了追随制造业跨国公司的传统角色。新的信息通信技术使服务贸易成为可能，也使服务的生产日益服从国际分工，由此导致的服务离岸可以为发展中国家提供新的机会，以更好地融入全球市场。服务业跨国公司的重要性也越来越多地反映在国际投资政策的议程中。

服务业跨国公司的大发展对全球贸易的规模、结构和区位分布带来何种影响？在全球价值链贸易中，服务业跨国公司发挥了何种作用，对参与全球价值链国家的贸易收益存在何种影响？服务业跨国公司的全球布局比制造业跨国公司更倾向于接近消费者市场，服务业跨国公司对具有较大市场规模、更加完备的基础设施和配套能力的城市的集聚倾向，能否推动国际贸易中心城市区位功能和作用的演变？这些都是跨国公司研究的新命题，无论是理论层面还是实践层面都非常值得探讨。

发掘现象内在的逻辑,最有效的方式便是回到事物的本源,作者对服务业跨国公司的初始、起步、兴起等阶段深入探究、层层推进,对研究对象及相关概念进行了清晰的界定,包括服务业跨国公司的内涵和范畴、服务贸易分类标准和统计方法、全球价值链和贸易收益衡量方法、国际贸易中心的内涵和外延等。在此基础上,作者将服务业跨国公司的贸易效应分解为贸易规模、贸易结构、贸易收益和贸易区位等效应,并通过机理分析、实证检验和案例剖析,展开了较为系统的研究,较好回答了命题,并在多个方面进行了创新,主要体现如下。

第一,提出了识别服务业跨国公司当代内涵的新方法。作者突破了服务业部门分类的传统方法,根据采矿业跨国公司、制造业跨国公司和服务业跨国公司不断融合的特点,依照服务功能及其演化特征,提出服务业跨国公司的三类形式,即第一类是服务企业国际化形成的服务业跨国公司;第二类是从制造业和采矿业跨国公司转型而来的服务业跨国公司;第三类是基于互联网提供服务的跨国公司。

第二,拓展了贸易效应研究的广度和深度。传统上对跨国公司贸易效应的理论和实证研究多以制造业跨国公司为对象,相关研究的重点主要是对贸易创造效应、贸易替代效应和贸易结构效应的考察。作者既吸收了传统贸易效应研究的分析框架,又抓住服务业跨国公司区位集聚的特点,将研究视野拓展到服务业跨国公司集聚于国际贸易中心功能形成的独特作用,不仅从广度上拓展了贸易效应研究的维度,而且提出贸易区位效应的表现及测算方法,推进了贸易效应的研究深度。

第三,提出了颇具针对性的政策措施建议。作者不仅注意全书在理论、方法、逻辑等方面的规范,而且立足于中国开放发展的现实,提出了政策意见。如针对中国服务贸易行业结构、出口服务增加值收益改善不显著等问题，提出中国在服务业开放、贸易便利化制度和统计制度等方面的政策建议，以及上海如何站在国家战略高度，发挥重要平台作用，加快本土服务业跨国公司的发展，具有一定的实践参考价值。

作为博士论文转化成果，本书框架结构完整，逻辑思路严密，论证系统，实证方法规范，是有效的阶段成果。当然，学术研究没有止境，尤其作者身为决策咨询研究者，本书中仍然有许多有价值的命题可以深究，比如我国如何通过服务业的开放和有效监管提升在全球价值链中的地位；上海作为服务业跨国公司的集聚地，如何承担起我国开放和提升的重任；服务业跨国公司的发展，如何与上海"四个中心"和科技创新中心建设形成互动。希望作者以开放博学的精神追求真理，更以献身开放型经济研究的坚定使命感来追求卓越，以理论指导实践，以实践丰富理论，在决策咨询领域形成自身研究特色。

上海社会科学院世界经济研究所研究员、博士生导师

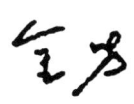

2017 年 5 月

前　言

　　提起福特，人们通常会联想到汽车制造的巨头，而如今它已经悄然成为城市智能出行服务商。IBM 则早已从计算机制造业务退出，全面进入知识服务、软件和顾问等服务市场。

　　跨国公司从制造领域转向服务，已经成为趋势，它们不仅改变了自身，而且改变了全球产业、贸易投资的内容，服务经济时代的到来已经成为现实。服务在全球贸易中的地位越来越高，对贸易内容、结构、方式都带来巨大的改变。中国在改革开放，尤其是加入 WTO 之后，成为全球 FDI 的重要目的地和贸易大国，但是如何从贸易大国向贸易强国的迈进却是非常迫切的命题。2020 年，上海将基本建成国际贸易中心城市，作为跨国公司在中国集聚的首位城市，服务业跨国公司的大发展，将使上海国际贸易中心走向何方，需要我们积极探索。尽管跨国公司、国际贸易等理论对跨国公司的贸易效应进行了有关论述，但是还没有系统的理论来解释服务业跨国公司与全球贸易的内在关系。而服务业跨国公司的特点，更使探索服务业跨国公司的贸易效应既有现实价值，更有理论意义。

　　本书在现有文献研读和相关理论溯源的基础上，提出了服务业跨国公司贸易效应包括贸易规模效应、贸易结构效应、贸易收益效应和贸易区位效应，并通过机理分析、实证检验和案例剖析，得出如下结论。

第一，服务业跨国公司具有贸易规模效应。服务业跨国公司的全球化经营活动分为独立企业间贸易、FDI和非股权模式。独立企业间贸易的产生即扩大了贸易规模。服务业FDI先于贸易产生的特点更是使其成为世界贸易流量增加的驱动因素，从服务业FDI的不同模式来看，垂直型FDI具有贸易创造效用，而混合型FDI（以贸易平台型FDI为主）发挥中介作用，提高了进出口贸易的规模，市场导向型的水平型FDI也具有贸易规模提升的效应。非股权模式通过契约或者合约，提高了公司间贸易增长。本书利用美国和28个国家之间双边贸易额数据，使用引力模型验证了该结论，证明了市场规模、距离、贸易规则等变量是影响服务业跨国公司贸易创造效应的主要因素。

第二，服务业跨国公司具有贸易结构效应。一方面，服务业的异质性使得服务业跨国公司的全球化经营活动具有异质性特点，贸易、金融、专业服务业等跨国公司较早开始国际化活动，具有较高的生产率，产生了较大的贸易规模，信息服务业由于可分割等特点，国际化程度也较高，因此这些行业的贸易占较高比重，产生了贸易结构效应。另一方面，较早开展国际化的服务业跨国公司，推动了行业开放，实现了对母国和东道国生产率溢出效应，推动行业贸易规模增长。本书基于异质性贸易理论，采用贸易、金融、专业服务、信息等行业面板数据实证得出，生产率越高的行业，贸易规模越大，贸易结构效应越明显。

第三，服务业跨国公司具有贸易收益效应。随着制造业服务化，服务作为全球生产和贸易活动重要中间投入要素，在全球价值链中发挥着连接作用，服务业的特殊作用决定了服务业跨国公司在全球价值链治理中占有主导地位。而服务业跨国公司的全球价值链治理模式和国际生产方式，决定了参与国的贸易收益，美国作为服务业跨国公司的主要来源地，贸易服务增加值大幅提高。本书通过OECD

数据实证检验了服务业 FDI 对各国长期贸易服务增加值的积极作用，但是经验数据说明中国获得的贸易服务增加值有限。

第四，服务业跨国公司具有贸易区位效应。服务业跨国公司主要集聚在全球性的城市，而这些城市从国际贸易中心发展而来。国际贸易中心具有区位优势，集聚了与贸易有关的服务业跨国公司，这些跨国公司的集聚不仅为货物贸易提供服务，而且推动了相关服务的跨境交易，使国际贸易中心城市从原来的货物贸易中心成为全球贸易的服务中心，直接体现为与贸易有关的服务业增加值贡献度和就业贡献度提高。本书用中国的数据证明了这一结论，并从纽约、中国香港、新加坡等经验数据验证了以上观点。

本书分为六章，基本结构和主要内容如下：第一章为导言，主要阐述研究背景和意义，提出研究对象和概念界定，根据文献综述提出研究思路和创新点等。第二章梳理跨国公司理论、国际贸易理论、全球价值链理论和国际贸易中心理论等相关理论，提出了服务业跨国公司贸易效应分析框架。第三章将服务业跨国公司的阶段特征、国际化动机、经营特征和区位分布特征与制造业跨国公司进行了比较研究。第四章和第五章分别对第二章提出的服务业跨国公司的贸易规模效应、贸易结构效应、贸易收益效应和贸易区位效应进行了机理分析和实证检验，证明四个效应的合理性。第六章以中国为视角，用经验数据对服务业跨国公司在东道国的贸易效应进行分析，提出我国顺应服务业跨国公司发展、提高贸易收益，以及上海国际贸易中心转型方向的政策建议。

目 录

第一章 导论 ··· 1

 第一节 选题背景和研究意义 ··· 1
 第二节 研究对象及相关概念的界定 ··· 6
 第三节 国内外文献综述 ··· 12
 第四节 研究思路和主要创新点 ·· 21

第二章 服务业跨国公司贸易效应的理论基础和分析框架 ············ 25

 第一节 跨国公司理论 ··· 25
 第二节 国际贸易理论 ··· 32
 第三节 全球价值链理论 ··· 36
 第四节 国际贸易中心理论 ··· 40
 第五节 服务业跨国公司贸易效应的分析框架 ························ 43

第三章 服务业跨国公司的发展阶段和特征 ···································· 48

 第一节 服务业跨国公司的发展阶段 ·· 48
 第二节 服务业跨国公司的国际化动机 ···································· 57
 第三节 服务业跨国公司的经营特征 ·· 60
 第四节 服务业跨国公司的区位分布特征 ································ 71
 本章小结 ··· 81

第四章 服务业跨国公司贸易效应的机理分析 ································ 83

 第一节 服务业跨国公司的贸易规模效应 ································ 84

1

第二节　服务业跨国公司的贸易结构效应 ·············· 100

　　第三节　服务业跨国公司的贸易收益效应 ·············· 112

　　第四节　服务业跨国公司的贸易区位效应 ·············· 126

　　本章小结 ······································ 139

第五章　服务业跨国公司贸易效应的实证检验 ············ 141

　　第一节　贸易规模效应的实证检验 ·················· 141

　　第二节　贸易结构效应的实证检验 ·················· 168

　　第三节　贸易收益效应的实证检验 ·················· 187

　　第四节　贸易区位效应的实证检验 ·················· 194

　　本章小结 ······································ 207

第六章　服务业跨国公司对中国的贸易效应 ·············· 209

　　第一节　服务业跨国公司在中国的发展情况 ············ 209

　　第二节　服务业跨国公司的贸易效应 ·················· 215

　　第三节　政策建议 ······························ 231

　　本章小结 ······································ 234

总结和展望 ·· 236

参考文献 ·· 239

致谢 ·· 262

第一章

导论

第一节 选题背景和研究意义

1983年,现代营销学的奠基人之一的西奥多·莱维特(Theodore Levitt),在哈佛商业评论刊登了《全球化的市场》(*Globalization of Markets*)一文,他用"全球化"一词来形容国际经济发生的巨大变化,即"商品、服务、资本和技术在世界性生产、消费和投资领域中的扩散"。西奥多认为,经济全球化的核心是国际贸易以及跨国公司的全球化生产和销售。

随着计算机和互联网技术的不断涌现,经济全球化的主体也不再单纯以制造业跨国公司为主,服务业跨国公司获得大发展。此背景下,跨国公司如何治理全球的生产和销售?全球贸易产生呈现何种态势?

一、选题的背景和问题的提出

(一)服务业跨国公司的大发展

服务业兴起于20世纪60年代,并逐步成为全球经济化的重要内容。随着经济全球化的深入,服务企业的全球化开始起步,20世纪80年代,包括公用设施、银行、保险、金融、物流、专业服务等领域的企业,跟随制造业跨国公司母公司或者竞争者进行国际化扩张。此后，随着东道国服务业的逐步开放，以及服务业企业自身全球化扩张的需要，服务企业国际化从客户跟随型转变为自身战略发展型的要求，服务业跨国公司发展进入兴起阶段。进入21世纪后，随着互联网信息技术高速发展和全球服务业开放进程的加快，制造业跨国公司服务化趋势也越来越显著。互联网跨国公司的兴起，使服务业跨国公司来源更加多样化，并深刻影响了商业模式和贸易方式。2015年财富500强排名中，服务业跨国公司超过半数，并且在年均增速上超过制造业跨国公司。服务业跨国公司的大发展，推动了全球服务业国际直接投资（FDI）的规模不断扩大，FDI存量从1990年的9967亿美元增加到2014年的166400亿美元，翻了15.7倍，占比从1990年的48%上升至2014年的64%。2015年，服务业在全球经济中也逐步居于主导地位，其中，经济合作与发展组织（OECD）国家服务业占GDP的比重超过70%，发展中国家服务业占GDP的60%以上，部分达到70%以上。

（二）服务业跨国公司区位选择的独特性

跨国公司作为企业，本身具有组织和治理的要求，因此跨国公司布局具有明显的区位特征。服务的不可贸易性与不可储存性，使得服务业跨国公司的全球布局比制造业跨国公司更倾向于接近消费者市场，因此存在较大的市场规模、更加完备的基础设施和配套能力的全球城市成为服务业跨国公司的首选地区。乔尔·科特金（Joel kotkin）在《全球城市史》一书中将所有具有连接国际市场性质的城市归类为全球城市，由于信息通信技术的发展，越来越多的贸易和服务可以跨境传输，国家的作用在全球经济中逐渐减弱，全球城市的地位在上升。全球城市的一个最基础功能是贸易中心，伦敦、纽约，包括后起的东京、新加坡、中国香港是公认的国际贸易中心城市，这些城市凭借优良的区位优势，尤其是港口优势，集聚了大量的货物流和贸易商，成为全球性和地区性的国际贸易中心城市。

大规模货物的集散需要提供配套服务才能完成，因此与贸易有关的服务企业不断在国际贸易中心城市集聚，随着贸易量的增加、贸易方式的复杂化，与贸易有关的服务的内涵也在相应发生变化，因此国际贸易中心城市成为各类服务业跨国公司的首选集聚地。服务业跨国公司的集聚发展，不仅稳固了这些城市作为国际贸易中心的地位，更为重要的是推动了这些城市服务生产效率和产出规模的提高。20世纪80年代以后，尽管制造业和货物流从这些城市逐渐分散，但是这些城市作为国际贸易中心的地位并没有下降，2008年万事达国际贸易中心排名中伦敦、纽约、东京、新加坡、芝加哥、中国香港依次排在前6名，2015年新加坡和中国香港在全球货物贸易和服务贸易国家排名中位于前15名之列。

（三）全球贸易内容和结构的变化

蒸汽机的出现使得铁路和蒸汽轮船货物运输成本降低，货物生产和消费可以从地理上被分开来，规模经济和比较优势使国家从国际贸易中获利。现在，电信技术和互联网技术（ICT）的革命引发了一系列的信息管理创新，这些创新使得远距离协调复杂的活动变得更加简单、迅速、安全，服务的可分割、可存储和可贸易性越来越强，服务贸易在全球贸易中的地位越来越重要。1990~2015年全球服务贸易总额从17060亿美元扩大到93657亿美元，增长了5倍多，平均增速约为18%，高于货物贸易的15%，全球服务贸易占贸易总额的比重从1990年的20%上升至2015年的22%，这一比值在2009年达到22.3%的峰值，预计未来将上升到30%。2015年，除北美洲外，全球其他地区的服务出口额都有所减少，降幅在6%左右。2015年，北美洲是唯一出现服务进口增长趋势的地区。美国保持其作为世界领先的商业服务国的地位，尽管美国出口停滞，进口则增长了3%，但是至少表明了美国的经济正在逐步复苏。2015年，中国是全球第二大服务出口国，占全球服务出口额的6%。该国在排名前十的服务出口国中，是唯一一个出口和进口都有所增长的国家（分别为2%和3%）。然而，中国仍然是服务贸易的净进口国，主要是由于其在最近几年旅游进口的快速增长。在其他服务贸易领先的亚洲国家中，进口降幅超过出口降幅的还有日本，日本的服务进口额下降9%。从服务贸易的结构来看，也不再仅限于传统的旅游、运输等领域，2014年新兴服务贸易领域增速加快，尤其金融服务、研发等服务出口占全球服务出口总额的比重达52%，同比增速为5.1%。

（四）全球生产和贸易方式的变化

除了贸易内容的重要变化外，全球贸易的另外一个重要特征是贸易方式的变化。由于服务在全球经济发展中的作用越来越重要，一方面服务的生产和贸易日益扩大，跨国公司出于自身发展战略需要，劳动分工从制造工序的分工扩展到服务工序的国际分工,这种国际分工使服务贸易从三个方面扩展,一是服务最终产品的增加;二是部分货物产品变成服务产品;三是服务工序增加引起服务中间产品的增加。另一方面,全球制造业生产网络对服务的依赖度越来越高,包括有效和稳定的物流体系的作用,以及研发、设计、金融、分拨等服务的作用。这些变化的核心是服务作为中间要素融入于货物和服务的生产和贸易流程中,使得全球贸易呈现"贸易—投资—服务网络"的特征,而服务在其中发挥连接作用,诸如服务外包、模块化、片段化等概念的提出一定程度上也体现了全球贸易呈现的特征。近年来,为了适应全球生产和贸易方式的变化,在世界贸易组织(WTO)、联合国贸发会议(UNCTAD)、经济合作发展组织(OECD)等国际组织的推动下,全球价值链理论成为解释全球贸易新特征的重要理论工具。

根据以上现象,可以做出以下假设:第一,近20年来,服务业跨国公司获得了大发展,推动了服务业FDI规模的提升,母子公司之间以及与非分支机构之间的服务交易需求,进一步扩大了跨境服务的流动,自身具有贸易创造效应;第二,跨国公司推动了全球价值链活动的广度和深度,服务在全球价值链中的连接作用,提高了服务和制造的生产效率和产出规模,扩大了全球货物和服务的跨境交易;第三,服务业跨国公司和服务业的区位分布具有城市集中的特点,与此同时,国际贸易中心的内涵和形式也发生了变化,贸易内容从货物拓展到服务,服务在城市功能中的作用越来越大。显然,服务业跨国公司的大发展对全球贸易产生了重要的影响,那么具体存在哪些影响?影响的机理又是什么?

第一,服务业跨国公司是否和制造业跨国公司一样,存在贸易的创造效应还是替代效应?如果是贸易的创造效应,影响的机理是什么?如果是贸易的替代效应,又受到哪些因素的影响?服务业FDI的行业结构,是否与服务贸易的结构存在一致性?如果是,其作用的机理是什么?

第二,在以全球价值链为主要特征的全球贸易中,服务业跨国公司对全球价值链贸易产生了何种影响?在这种影响中,服务业跨国公司通过何种形式来治理全球价值链?服务业跨国公司的价值链治理模式,又对参与全球价值链国家的贸易收益存在何种影响,发达国家贸易收益如何,发展中国家的贸易收益如何?不同国家贸易收益的获得又与哪些因素相关?

第三,服务业跨国公司在国际贸易中心集聚,集聚的机理是什么?是所有的服务业集聚,还是其中的某些重点领域?此类服务业跨国公司的集聚又对国际贸易中心区位功能带来哪些变化?其作用的机制如何?

二、选题的意义

(一) 理论意义

由于国界的存在,国际贸易充满了壁垒和规则。随着跨国公司的发展,国际贸易理论迎来了新的视角,跨国公司和国际贸易理论融合的趋势越来越明显,新贸易理论和新新贸易理论的诞生,更是从微观的视角来解释国际贸易,但是目前研究主要集中在制造业跨国公司和货物贸易,对于服务业跨国公司和贸易这二者之间的系统研究相对较少,因此本书的命题研究具有以下几点理论意义和启示。

第一,加深对跨国公司贸易理论的理解。跨国公司理论中,主要的经典理论已经注意到服务业跨国公司的兴起,并不断加入新的解释来适应服务业跨国公司的全球化经营特征。但是关于服务业跨国公司的贸易效应理论目前涉及较少,本研究将有助于系统梳理服务业跨国公司的贸易理论。

第二,加深对国际贸易理论的理解。目前国际贸易理论主要围绕着货物贸易,包括新新贸易理论中的异质性理论仍然讨论的是制造业生产率的差异对贸易的影响,本书将用异质性贸易理论来解释服务业跨国的国际化选择,尤其是异质性理论对服务贸易的解释。

第三,加深对全球价值链理论的理解。全球价值链理论对服务在其中的作用研究越来越多,但是没有服务跨国公司作用的系统理论,本书将在服务业跨国公司理论和国际贸易理论的基础上,侧重从服务业跨国公司的全球价值链治理模式和结果两方面来丰富全球价值链理论和贸易收益理论。

第四,加深对国际贸易中心的理论解释。目前没有专门的理论来解释国际贸易中心,本书将从服务业跨国公司区位布局的特点和对区位影响的路径来丰富国际贸易中心的理论,提出国际贸易中心在服务业跨国公司大发展的背景下,未来发展的方向和路径。

第五,提出服务业跨国公司贸易效应分析框架。尽管跨国公司、国际贸易等理论对跨国公司的贸易效应进行了有关论述,但是没有系统解释服务业跨国公司的贸易效应，本书将在相关理论基础上系统分析服务业跨国公司的相关效应和机理。

(二) 现实意义

服务业跨国公司的大发展和服务业 FDI 规模提升和提速，已经成为全球经济的重要特征。一方面，我国是全球服务业 FDI 的重要目的国；另一方面，我国在全球货物和服务贸易中的地位越来越高，基于这样的背景，服务业跨国公司在我国的贸易贡献度如何？我国又将如何通过服务业跨国公司溢出效应，提高在全球贸易中的收益？此外，上海作为国际贸易中心城市，集聚了大量的服务业跨国公司，这些跨国公司的集聚又将引领上海国际贸易中心未来走向何方？这些都是迫切而且亟须回答的问题，因此本命题对我国贸易强国的建设和上海等国际贸易中心城市的发展也具有较强的现实意义。

第二节 研究对象及相关概念的界定

一、服务业跨国公司的内涵和范畴

服务业跨国公司的起源和发展具有与制造业跨国公司不同的特点，因此服务业跨国公司内涵范畴的界定，需要结合服务业企业的国际化路径。由于服务业具有无形性、生产和消费的不可分性、异质性、多样性和所有权优势，使得服务业跨国公司的形成和发展不同于制造业跨国公司的发展路径。由于服务和货物并不完全分离[1]，货物的生产过程中也存在服务，服务的生产过程也需要货物的支撑，因而使得服务业跨国公司的形成和发展不能与制造业跨国公司完全分割开来。目前对服务业跨国公司的定义存在分歧，有观点提出"服务业跨国公司是在东道国以商业存在形式经营"，有观点认为"服务业跨国公司是在多个国家（地区）控制与管理价值增值活动、从事和参与生产或服务的企

---

[1] Buckley, Peter J, Pass, Christopher L, Prescott, Kate. The internationalization of service firms: A comparison with the manufacturing sector. Scandinavian international business review [J]. 1992: 40.

业"，还有研究以货物和服务的比重多少来划分服务业跨国公司和制造业跨国公司。本书根据1973年联合国跨国公司中心发表的《世界发展中的跨国公司》报告提出的跨国公司的定义，提出服务业跨国公司来源包括以下三个方面。

第一，公用基础设施、金融、酒店、餐饮、批发、零售、交通运输、专业服务等服务企业国际化而形成的跨国公司。这些服务业跨国公司早期跟随制造业和采掘业公司开展跨国经营，为其在东道国的经营提供配套服务。由于跨国经营不仅留住了原来的顾客，而且扩大了市场份额，此外由于东道国贸易壁垒的存在，20世纪80年代晚期，这类服务业跨国公司跨国经营的意愿越来越强烈，不再是单纯的跟随战略，而且更加具有自发意识。这类服务业跨国公司目前是服务业跨国公司主要群体，不仅表现在服务业FDI中占据较大的比重，而且也是服务贸易主导行业，诸如金融、批发零售等行业，此类服务业跨国公司是目前主要的研究对象。由于这些行业的服务具有典型的不可贸易、生产和消费的不可分离等特点，这类服务业跨国公司更加倾向于采用国际投资的形式来开展跨国经营，由于所有权优势的不同，部分跨国公司采取FDI形式，部分跨国公司采取非股权模式来实现跨国经营。此类服务业跨国公司是本书的主要研究对象。

第二，从制造业和采矿业跨国公司演变或分离出来的具有全球化特征的服务机构。这一类跨国公司又分为两类，一类是直接由制造业和采矿业跨国公司转型的服务业跨国公司，随着服务逐渐渗透到生产环节的各个领域，制造业日益变得"服务密集"，任何制造产品的生产都会融入越来越多的服务作为中间投入要素，制造已向服务化发展，部分制造业跨国公司抓住了这样的趋势，逐步服务化，最为典型的例子就是IBM、GE、罗尔斯·罗伊斯等跨国公司，这些制造业跨国公司逐渐将制造功能剥离，强化专业服务，其服务的营收收入占比已经过半。另一类是出于专业化和生产效率的要求，制造业跨国公司将其服务功能剥离，如广告部、决策部、设计部和会计部等，由于分离出的服务部门具有国际化的经营能力，部分服务业部门通过再投资成为服务业跨国公司。

第三，基于互联网的跨国公司。21世纪之后互联网技术的兴起带来商业模式翻天覆地的变化，催生了一批根植于互联网的跨国公司，典型的有谷歌、亚马逊、易贝，以及中国的阿里巴巴等跨国公司，这些跨国公司的典型特征是跨越制造和服务两个领域，使得服务业和制造业跨界融合程度越来越高。一方面，它们通过互联网技术推动了传统贸易的无纸化，成为传统货物贸易重要的交易平台。另一方面,这些互联网公司将互联网技术嵌入制造领域,创造了新的商业模式,如谷歌等搜索引擎越来越来越多地参与手机业务。此外,它们还与电信、媒体、娱乐产业之间和零售业之间的跨行业合作,如微软拥有Facebook的股份。因此,互联网跨国公司不仅自身是服务业跨国公司,而且推动了制造业和服务业领域的融合,使服务业跨国公司来源更加多元化。

二、服务贸易分类标准和统计方法

根据货物贸易的一般定义,服务贸易可以被定义为:服务在一国生产,通过跨境提供的方式交付给另一国的消费者。但是由于大量的服务不可存储,需要生产和消费的连接,因此传统的定义不能囊括所有的服务贸易类别。目前服务贸易的分类有两个标准:第一是IMF《国际收支手册》将服务贸易分为、运输、旅游、通讯服务、建筑服务、保险服务、金融服务、计算机和信息服务、专有权利使用费和特许费、其他商业服务、个人与文化和娱乐服务以及政府服务,其统计方式是国际收支统计方法(Balance of Payment,BOP)。

第二是服务贸易总协定(GATS)对服务贸易作出了的定义(以下简称GATS定义),包括跨境交付、境外消费、商业存在、自然人流动。跨境交付(Cross-border supply)指服务提供者从一成员的境内向另一成员境内的消费者提供服务。这种服务贸易方式强调服务提供者和消费者在地理上的界限,它与一般的货物贸易交付方式非常相似。如在美国的律师为中国的客户提供法律咨询服务,这种形式表现为服务本身的跨越国境流动。境外消费(Consumption abroad)指服务的提供者在一成员境内向来自另一成员的消费者提供服务,即服务消费者移动到提供者境内享用服务。如中国公民到美国旅游或求学。商业存在(Commercial Presence)指一成员的服务提供者在另一成员境内设立商业机构,为其境内的消费者提供服务,商业机构包括法人和非法人的分支机构或代表处。商业存在实际上就是一国服务提供者在东道国设立分支机构,当地化生产和销售。商业存在可以由东道国人员组成,也可由外国人参与,但这些外国人应以自然人流动方式提供服务。例如,一成员的银行或保险公司到另一成员境内开设分行或保险公司,提供金融、保险服务。自然人流动(Presence of natural persons)指一成员的服务提供者以自然人身份进入另一成员境内提供服务。与商业存在不同的是,它不涉及投资行为,如境外劳务服务等。因此商业存在形式的服务业跨国公司本身就属于贸易的范畴。GATS 的四种方式中，只有商业存在建立了对应的统计方法，并且以美国为代表，其建立了相对全面的统计制度和发布制度，即外国附属机构统计方法（Foreign Affiliates Trade in Services，FATS）。

美国的外国附属机构统计方法中将附属机构销售统计为商业存在形式的服务贸易。附属机构销售是指附属企业通过跨国直接投资进行的销售，其中，出口是指美国公司的外国附属机构（即美国公司占多数股权的机构）在海外的销售，进口是指外国公司在美国的附属机构（外国公司占多数股权）在美国的销售。附属机构销售的服务涉及的行业主要包括公共事业、交通运输和仓储、信息、金融保险、房地产和融资租赁、专业服务、科学技术服务、企业管理、行政管理、教育服务、医疗艺术、娱乐、餐饮住宿以及其他服务业等无形商品的销售。由于附属机构又分为在美国的外国公司和在外国的美国公司，所以在统计上分为内向 FATS 统计和外向 FATS 统计。美国的内向 FATS 统计主要是通过"外国直接投资调查"来实现。该调查涉及在美国的所有外国直接投资企业所属的行业，所以服务业只是其中的一个部分。调查对象为所有被外国人（自然人或法人）拥有或控制着 10% 以上有投票权的股权或相等权益的外国附属公司。美国的外向 FATS 统计主要通过"美国跨国公司统计"来实现。该项调查也涉及所有行业，服务业是其中的一个方面。随着美国跨国公司的发展和全球经济一体化的推进，美国跨国公司统计不仅能够提供传统的国际收支数据，而且还能够提供财务与经营数据。

本书将同时采用 BOP 和 FATS 两种统计数据，分别用来说明跨境交付和商业存在两种形式的服务贸易。需要说明的是，这两种方式统计的服务贸易额并不是服务贸易四种形式的总额，尤其是自然人流动没有纳入该范畴。而且这二者之间有重叠，数据简单相加会导致重复计算而高估或低估进出口额。

三、全球价值链和贸易收益衡量方法

（一）全球价值链的概念和比较

在全球贸易、经济增长和就业中，全球价值链扮演的角色越来越重要。20世纪 80 年代以来，波特等学者提出价值链概念，指每一个企业都是在设计、生产、销售、发送和辅助其产品的过程中进行种种活动的集合体，所有这些活动可以用一个价值链来表明。格里芬（Geriffi）等把波特价值链概念应用于全球范围的企业之间的合作关系，提出了全球商品链（GCC）的概念，即商品的生产被分解为不同的环节分布在全球，形成了全球商品链。21世纪初期全球价值链（GVC）概念提出，此外还有全球生产网络（GPN）概念。GCC、GVC和GPN三者的研究范围都极其广泛，而且这三个概念的内涵很相似，都是侧重分析全球生产和贸易专业分工不断细化下，跨国公司在其中的协调和组织作用，一定程度上来说，后者是对前者的进一步包络和发展。目前各国际组织，例如世界银行（World Bank）、WTO、OECD、UNCTAD等都偏向于用全球价值链理论来研究全球经济和贸易相关问题，因此本书也主要从全球价值链的视角下研究服务业跨国公司的贸易收益效应。

（二）贸易收益的计算方法

全球价值链贸易中涉及大量的中间品贸易，如果采取传统的贸易统计方法，会造成重复计算。2012年5月15日，OECD和WTO联合推出全球贸易增加值（Trade in Value-Added，TiVA）数据库，用贸易增加值法来界定全球价值链贸易收益的计算方法。贸易增加值核算，就是将出口产品各生产环节中的增值部分归入不同的国家，各国的出口产品只反映为本国的增值（domestic value added，DVA），与国内贸易增加值相对应的概念是外国贸易增加值（foreign value added，FVA）。本书用贸易服务增加值来衡量服务业跨国公司的贸易收益效应，所谓贸易服务增加值是指贸易增加值中的服务部分[①]，其计算基于贸易增加值测算方法，为服务业部门在某国所有部门出口增加值中的贡献率加总测算得来。

四、国际贸易中心的内涵和外延

20世纪80年代以后，跨国公司全球化经营引发了全球化进程的加速，全球化推动的贸易投资自由化，在经济和空间方面带来了深刻的变革。第一，在空间概念上，由于人才、货物和服务的全球流动性增强，国家的重要性下降。第二，经济全球化空间有新的变化。有观点认为，国家作为独立经济单元的重

---

① Elms, D K and P Low. Global value chains in a changing world. 2013：World Trade Organization Geneva. P. 90.

要性下降，城市作为经济单元的重要性上升（周振华，2007）①。对于具有全球功能的城市甚至可以追溯到更早，科特金（2006）将所有具有连接国际市场性质的城市归类为全球城市，包括各种形态的贸易中心、商业中心、金融中心城市②，由于本书主要研究服务业跨国公司的贸易区位效应，因此将国际贸易中心城市作为研究对象。

关于国际贸易中心，至今尚未形成科学、权威的概念及内涵表述。国际贸易中心最早在20世纪90年代初由邓小平提出③，但是国外学术界对此的提法和研究较少，一般使用贸易城市（trading cities 或 cities as trading centers）来表述，并提出贸易功能是一个城市成为全球性城市的首要功能④。传统的贸易城市是依靠港口发展起来的，如今的国际贸易中心城市更加具有现代化的特征⑤，其中，贸易内容包括货物贸易和服务贸易，最终产品和中间产品贸易。贸易网络拓展包括线下交易和线上交易。贸易主体包括贸易企业和为贸易提供服务的各类企业。贸易功能体现在为全球国际贸易提供服务的能力⑥。

本书提出在国际贸易中心城市主要集聚的是与贸易有关的服务业跨国公司。与贸易有关的服务，目前有两种英文表达方式：一是"trade service"，在OECD数据中，作为服务业的一个子行业，包括汽车和摩托车的销售和汽油的零售、除汽车和摩托车之外所有货物的批发和代理服务、除汽车和摩托车之外所有货物的零售业务，可见OECD对于"trade service"的分类主要包含批发零售业。二是"trade-related service"即与贸易有关的服务业，香港统计局提出的分类标准是会展、进出口贸易、航空运输、海上运输、运费到付、快件、工业检测、仲裁与调解⑦；澳大利亚运输经济局提出的与贸易有关的服务包括通关、货代、船公司、集装箱租赁公司、金融、销售公司、标准化机构等⑧；OECD提出定义和分类标

---

① 周振华. 崛起中的全球城市：理论框架及中国模式研究 [M]. 上海人民出版社，2008：78.
② 乔尔·科特金. 全球城市史 [M]. 社会科学文献出版社，2006：26.
③ http://chinaup.info/2011/09/227（二）html.
④ Behrens, K and F Robert-Nicoud. Survival of the fittest in cities: Agglomeration, selection, and polarisation. Centre for Economic Performance, London School of Economics and Political Science. [J]. 2008：4；Jacobs, J. The economy of cities. The economy of cities. [M]. 1970；Harris, C D. A functional classification of cities in the United States. Geographical Review [J]. 1943：P. 86.
⑤⑥ 陶昌盛，沈雅琴. 上海未来的选择：构建现代国际贸易中心 [J]. 经济纵横，2003（5）：52.
⑦ http://www.nein.org.cn/xiandaifuwuye/xdfwyshidian/xdfwyshidian2/2014-02-15/20935.html.
⑧ O'Connor, K. Australian ports, metropolitan areas and trade-related services. The Australian Geographer, 1989. 20（2）：P. 169.

准是：与贸易有关的服务是指在贸易中产出不是有形货物的行业，包括保险、运输、银行、建筑和工程服务、会计、设备租赁、宾馆和酒店管理服务、数据服务、特许经营、广告、专业服务和计算机服务[①]。本书采取"trade-related service"表达，其中，中国香港和澳大利亚提出的分类是范畴的差异，而 OECD 分类与前两者有本质差异，其更加接近可贸易的服务业的概念。由于中国香港的分类中忽略了金融服务等服务业，但是在贸易中，结算、融资等金融服务是重要的方面，因此本书倾向于采取澳大利亚的分类。

第三节　国内外文献综述

一、跨国公司相关研究

（一）世界 FDI 和贸易的效应研究

UNCTAD 历年出版的《世界投资报告》是研究跨国公司的权威报告，《1994 年世界投资报告》提出跨国公司贸易占了总贸易量的 1/3。《1996 年世界投资报告》提出国际投资和贸易的关系，报告认为特定产品贸易与投资的关系取决于国际化过程中的发展顺序，制造业和采掘业初期是贸易替代效应，后期是贸易创造效应，而服务业先以 FDI 为主，后期发生贸易，从这一点上来说服务业 FDI 是贸易创造效应，并得出最终结论：贸易最终将会导致国际直接投资，国际直接投资将会带来更多的贸易。《1999 年世界投资报告》对 FDI 和贸易流进行了实证研究得出，人均 FDI 提高 1%，拉动高技术产品出口上升 0.55%，中技术产品上升 0.31%，低技术产品出口上升 0.28%，即 FDI 对贸易总体上具有促进作用。《2004 年世界投资报告》重点研究了服务业 FDI，提出了可贸易化的服务，同时提出跨国公司将服务业离岸化，主要采取内部化的形式，而非完全外包，并通过转移定价获取利润。《2011 年世界投资报告》提出了跨国公司的非股权模式效应，非股权模式具有显著的贸易生成效

---

① http://stats.oecd.org/.

应,尤其是制造业合同和服务外包领域,在一些行业非股权模式的出口占行业出口的79%~80%。《2013年世界投资报告》重点关注了跨国公司主导下的全球价值链治理对发展中国家和发达国家贸易增加值的影响,主要结论是全球价值链参与程度越高,贸易增加值越高,贸易增加值对GDP提升作用越大。

(二)贸易规模和结构效应研究

1. 贸易规模效应

小岛(Kojima,1973,1978,1982,1985)提出了FDI对国际收支的影响,不同国家的贸易投资效应不同,越是在经济基础好的国家,FDI越具有贸易创造效应。小岛(1985)以崇光百货为例,提出服务业跨国公司FDI也具有贸易效应。李和吉辛格(Li and Guisinger,1992)、邓宁(Dunning,1989,2008)提出服务业跨国公司具有所有权、区位和内部化优势,服务业FDI可以强化其优势,提高对当地市场、母国市场和第三方市场的出口能力,跨国公司的内部贸易效应主要由国际生产中的跨国经营的收益来决定。

2. 贸易结构效应

弗农(Vernon,1966,1979)认为FDI进入东道国设立生产企业,随着资本移动往往还伴随着技术、管理经验等的移动,不仅会为东道国带来资本,先进技术还将带来产品技术含量的提高进而影响到出口商品结构的提高。小岛(1973,1985)认为FDI表现为机器设备、技术、知识的转移,再加上工人的培训、经营管理、市场销售等技能的转移,东道国因吸收外国直接投资而被投资国的生产函数所替代,从而得以提高,将东道国因缺少资本、技术和管理经验而没有充分发挥的潜在比较优势挖掘出来,提高东道国的出口商品结构。邓宁和伦丹(Dunning and Lundan,2008)提出跨国公司的溢出效应有助于改善东道国和母国的贸易结构。

(三)国内相关研究

国内学者关于跨国公司和贸易的研究有,金芳(1990)指出,服务业跨国公司通过向劳务供应和需求两端的渗透,通过分支机构促进东道国产品的出口,影响旁侧行业产品的价格和质量,因此服务业跨国公司贸易具有间接性的特点。尽管服务业跨国公司贸易创造效应不可忽视,但是整体而言服务业跨国公司的贸易创造效应低于制造业跨国公司。一方面,由于服务品的可贸易性低于制造品，服务业跨国公司不能像制造业跨国公司那样开展大规模的国际分工；另一方面，服务业跨国公司的子公司多为所在地市场提供服务，很少将劳务返销母公司。裴长洪、杨志远（2012）提出FDI自身是一种特殊的服务贸易形式，中国的服务贸易是典型的FDI创造，而美国和德国等国家通过FDI活动也有效促进了服务贸易规模增长。

二、国际贸易相关研究

（一）不同FDI模式的贸易效应

从克鲁格曼（Krugman，1979，1981，1983）和海普曼（Helpman，1981）开始，国际贸易理论也开始引入产业组织文献中的重要因素，如不完全竞争、规模经济和产品差异化，并形成了所谓的新贸易理论。新贸易理论将国际贸易理论和跨国公司理论有效结合，提出垂直型FDI和水平型FDI等重要理论。

海普曼（1984）和与克鲁格曼（1985）对垂直型FDI进行了开创性研究，提出垂直型FDI和贸易之间是互补的，而且不受东道国市场规模的影响。但张和玛库森（Zhang and Markusen，1999）在垂直型FDI模型基础上引入了运输成本后，发现东道国市场规模和垂直型FDI数量之间存在正比关系，因为如果东道国市场规模太小，企业就必须更依赖母国市场，而运输成本增加了企业负担。另外，东道国熟练劳动力的多少也会影响FDI的数量。玛库森（1984）提出水平型FDI通过将大多数或全部生产流程复制到不同地区来节约运输成本和交易成本，是贸易替代的。布雷纳德（Brainard，1993）认为当国际生产收益超过成本的时候，企业就会选择水平型FDI而不是出口。玛库森和维纳布尔斯（Markusen and Venables，1998）提出东道国的市场规模和资源禀赋，决定了FDI模式的选择和贸易效应。耶普尔（Yeaple，2003）提出东道国市场规模越大，企业的出口倾向度越低于FDI。芬斯特拉（Feenstra，1998，2003）认为跨国公司的贸易效应，与跨国公司的三种决策行为相关，第一是直接出口的到国外市场，第二种是设立工厂在当地销售，第三种是与外国公司组建合资企业。卡尔、玛库森和马斯克斯（Carr，Markusen and Maskus，2001，2003）提出了知识—资本模型，用来估计跨国公司垂直一体和水平一体化模型，并且实证的结果发现美国跨国公司是技能劳动力寻求型。

（二）企业异质性与贸易的相关研究

梅里兹和伯纳德（Melitz and Bernard，2003）首先将企业异质性引入了对出口企业和非出口企业的研究，发现企业生产率高的行业在贸易中所占的比重也较高。海普曼（2004）将梅里兹（2003）的模型扩展到跨国公司的FDI决策，研究了在既定固定成本、可变成本和市场规模下，企业生产率差异对出口和水平FDI选择的影响。结果显示生产率最高的企业选择FDI，次之的选择出口，最低为国内市场。由于异质性是服务业跨国公司的重要特点，越来越多的研究将异质性理论延伸到服务业跨国公司的研究，耶普尔（2006）利用美国跨国公司内部贸易数据，实证发现生产率差异较大的行业，倾向于采取FDI形式实现内部贸易，反之则采取外部贸易。诺克和耶普尔（Nocke and Yeaple，2007）进一步区分了FDI中的新建投资与兼并收购，得出结论企业异质性来源于具有可流动能力的行业，如研发技术密集型行业。生产率高的企业选择跨国并购，而生产率低、流动性差的行业，如广告营销等企业选择与前者相反。

（三）服务业FDI贸易效应的实证研究

孔杜和麦钱特（Kundu and Merchant，2008）提出服务业的异质性，耶普尔（2009）还利用美国的企业数据对其结论进行了实证研究。布赫和利普纳（Buch and Lipponer，2004，2007）利用德国银行的数据分析了FDI和贸易的关系，得出银行FDI和贸易之间的关系更多体现为互补而不是替代。阿米蒂和魏（Amiti and Wei，2006）指出，美国服务业跨国投资有利于生产率的提高，指出通过出口国的高生产率替代进口国低生产率的生产，从而获得生产力的提升，增进社会福利。菲亚-卡斯特容等（Fillat-Castejón et al.，2008）选取了1994~2002年OECD国家的数据得出，长期来看，服务业FDI和服务贸易存在互补关系，尤其是商业服务、信息和金融服务领域。孔杜和麦钱特（2008）提出服务业FDI比制造业FDI更加有助于通过东道国市场的竞争来提高生产能力，降低价格水平，推动贸易的增长。吉兰（Guillin，2011）通过实证发现，服务业FDI在OECD国家是水平型，具有贸易替代作用，而在非OECD国家是垂直型，具有贸易创造作用。戴维斯和吉兰（Davies and Guillin，2014）将美国制造业跨国公司和服务业跨国公司的投资动机进行了对比,东道国选了 OECD 和非 OECD,分为 1983~2007 年和 2000~2007 年两个时间段,通过实证发现美国服务业跨国公司国际生产的动机和制造业跨国公司基本是一致的,人口、GDP 和市场潜力仍然是服务业跨国公司 FDI 经营所考虑的重要区位因素。贸易成本、劳动力成本以及投资成本是服务业跨国公司的国际生产的主要障碍。

尼科莱蒂 (Nicoletti, 2001)、尼科莱蒂和斯卡尔佩塔 (Nicoletti and Scarpetta, 2003) 以 OECD 国家贸易开放度、国内不同市场管制作为研究对象,提出全球不同行业开放度水平,也是引起行业生产率差异进而影响贸易结构差异的原因。孔杜和麦钱特 (2008) 提出不同服务业行业跨国公司生产率水平的差异引起了贸易结构的差异,此外服务业 FDI 结构也是形成服务贸易结构差异的主要原因。

(四) 国内相关研究

近年来,国内很多学者对 FDI 对中国贸易结构,特别是贸易商品结构的影响做了大量实证研究,很多结果都表明,吸收的外商直接投资有助于中国贸易商品结构的优化。如金紫汇、杨臻黛 (1998) 利用外资企业商品出口额在全国商品出口额中所占的比重说明了外资企业在中国出口商品结构中的决定作用日趋明显。刘恩传 (1999) 通过回归分析指出外商直接投资对中国出口商品结构的优化产生了积极的影响,使中国出口商品结构实现了从初级产品为主向以工业制成品为主的根本转变。江小涓 (2002) 采用出口金额比重分析方法考察了外商直接投资对中国出口商品结构变化的贡献,得出外商直接投资对机电产品和高新技术产品的贡献尤为显著的结论。陈艳林 (2007) 从 FDI 集群区域的进出口、贸易结构等方面的影响分析了 FDI 集群化的贸易效应,FDI 集群化有助于集群内跨国公司子公司的出口和提高集群区域的出口竞争力;FDI 集群化有助于贸易结构的优化等。付娟 (2008) 分别研究了服务业 FDI 对中国服务贸易量、质、结构、竞争力的影响。裴长洪 (2008) 提出中国的服务贸易是 FDI 创造型的。浦云燕 (2012) 提出服务业 FDI 对货物贸易出口的影响。王恕立与胡宗彪 (2010) 采用中国 1992~2008 年的相关数据,运用协整理论与误差修正模型等计量经济学方法进行经验研究得出,中国服务贸易出口与服务业 FDI、货物贸易出口之间存在一个长期稳定、正向的均衡关系。

关于服务业跨国公司的异质性研究较少，张庆昌等（2012）提出美国服务中国市场的方式主要以混合型直接投资为主。运输成本越大、生产率异质性越大和工厂水平固定成本越小，跨国公司就会更加偏爱直接投资而不是出口贸易。胡宗彪（2013）基于异质性的假设，检验了中国贸易成本和服务业生产率的关系。陈景华（2014）采用中国服务业行业数据面板数据和全球最大的非金融服务业跨国公司的截面数据，研究得出异质性理论仍然适用于服务业和服务业跨国公司，效率越高的行业，贸易倾向性越高。

三、全球价值链相关研究

在全球价值链的研究之前，很多学者开始注意到全球贸易中出现的"价值链切片""外包化生产"等现象，并进行了相关的研究和探索，芬斯特拉（1998）提出了全球经济中生产的分割化和贸易一体化特点，提出中间品贸易以及芭比娃娃的案例。格罗斯曼和海普曼（2005）提出了外包替代"垂直专业化""产品内分工"等概念，并建立了模型来检验外包的区位分布特点，提出生产的效率、契约的保护程度会相应影响外包的执行。同时经济地理领域也开始关注此方面的研究，包括迪肯（Dicken，1986），赫斯和杨（Hess and Yeung，2006）从跨国公司和地区发展的角度也开始关注全球价值链的发展，并在此基础上提出全球生产网络的概念。

真正提出系统性研究全球价值链的学者是格里芬（1994，2005，2009，2011，2014）、卡普林斯基和莫里斯（Kaplinsky and Morris，2001）等，提出包括全球价值链的产生、治理的模式和各国的收益等理论。彼得罗贝利（Pietrobelli，2007）等提出跨国公司通过全球价值链，使全球贸易增加值重新在不同国家之间进行分配。阿诺德等（Arnold et al.，2007，2011）提出，服务业是经济增长的重要的中间投入要素，并用捷克的数据证明了服务业开放提高了服务业生产效率，并对货物贸易具有改善作用。尼尔等（Neil et al.，2008）比较了全球价值链、全球商品链和全球生产网络之间的关系，认为全球商品链和全球价值链专注于公司间内部交易的治理，全球生产网络则涵盖了生产过程中所有相关的主体和它们之间的动态关系，全球价值链、全球商品链是一种链式关系，而全球生产网络包含线性平行和垂直结构的节点和连接，具有多维空间的特征。鲍尔温（Baldwin，2012）提出信息通信技术使得全球贸易方式性质发生变化,产生了世界贸易的 2.0 模式,即"全球贸易—投资—服务网络",核心是由跨国公司主导的全球价值链体系的形成,不仅改变了全球贸易方式,而且对贸易规则投资规则提出了新要求。

鲍尔温(2013)利用世界投入产业表,实证了各国在供应链贸易网络中的作用,发现货物贸易的区域化程度要高于服务贸易,也就是说服务贸易更加具有全球性特点。从国家来看,美国和德国是总部服务的主导者,而中国是全球货物中间品进出口的最大买方,但是鲍尔温认为数据并不能证明中国的贸易增加值有明显的提高。艾斯基夫等(Escaith et al., 2013)实证检验了最不发达国家通过参与全球价值链,2000~2012 年货物和贸易出口年均增速为 15.5%。G20(2013)报告提出,服务业生产效率的提高使得企业参与全球价值链的能力和国际竞争力增强。UNCTAD(2014)解析了服务在全球价值链体系中的作用,并提出了服务增加值指数法和离岸贸易两个指标来衡量全球价值链中的服务贸易。格里芬和费尔南德斯 - 斯塔克(Gereffi and Fernandez - Stark, 2011)提出全球价值链较好解释了由跨国公司主导的服务业外包现象。奥塔维亚诺等(Ottaviano et al., 2011)使用了 2007~2009 年法国企业层面的数据,解释跨国公司通过 GVC 治理对贸易衰退的影响。格里芬等(2014)根据 OECDCapturing the Gains(CTG)项目的结果发现,非洲国家通过参与全球价值链获得贸易规模增长和市场份额的提升,但是贸易收益相对有限,具体表现就是国内增值部分较低。并且通过园艺、家电和旅游三个产业来分析发现,批发、零售和旅游业跨国公司实现对该类行业的全球价值链的治理。

国内的研究者主要探讨中国在全球价值链的地位和贸易收益。周升起等(2014)采用库普曼等(Koopman et al.)提出的"GVC 地位指数",在全球价值链中,中国在劳动密集型产品贸易中地位较高,而在技术和知识密集型产业中地位不高。陈雯和李强(2014)基于增加值贸易核算方法,对中国各行业增加值出口规模进行了计算,得出传统的统计方法高估了贸易规模。樊茂清(2014)实证发现,通过参与全球价值链,中国知识密集型服务业出口在过去几年中一直呈现增长态势,而健康、教育和公共服务业出口的增加值占比仍处于相对稳定的较低水平。马风涛和段治平(2015)利用世界投入产出表和 Ti-VA 数据库计算出中国的贸易增加值中国外的比重在增加,国内的比重在减少,服务业在贸易增加值中的贡献在提高。

四、国际贸易中心相关研究

目前关于国际贸易中心城市的理论和实证的专题研究的文献较少,因此没有一个既定的研究框架来研究国际贸易中心,沈玉良(2009)提出国际贸易中心的研究主要体现在经济地理学和全球城市的研究之中,由于经济地理学研究在近年来引入了新新贸易理论的研究,尤其是引入了微观主体在区位中的作用机制,与本书研究主题更为贴近,因此本书关于国际贸易中心的研究主要关注新新经济地理和全球城市领域的研究。

(一) 新新经济地理学研究

根据全球城市理论,跨国公司对城市产业功能影响路径是基于国际贸易下实现的,而国际贸易对城市产业功能的影响主要来自于空间经济学理论。克鲁格曼(1991)在《地理与贸易》将 D－S 模型引入区位经济的发展中,讨论了公司为了提高劳动生产率的行为对区域经济的影响。同年,克鲁格曼提出了中心—外围模型,改变了产业集群理论在经济学界处于边缘地位的状态,并引发了研究产业集群的热潮。藤田昌九、克鲁格曼和维纳布尔斯(2005)综合了区域经济、城市经济和国际经济学三个领域的研究,并在前三者的基础上形成了空间经济学理论,其理论核心是对外贸易使得大城市的制造业就业人口减少,制造业向其他国内城市集中,大城市专业发展另一种产业。因此,国际贸易中心功能是全球性城市最基础的功能(科特金,2006)。

随着新新贸易理论的发展,鲍尔温和大久保(Baldwin and Okubo, 2006)最早将异质性理论引入新经济地理研究当中,得出生产率较高的企业选择向"中心"地区集中,而生产率较低的企业选择分布在"外围"。梅里兹和奥塔维亚诺(2008)使用 OTT(Ottaviano, Tabuchi and Thisse)框架分析市场规模和贸易对生产率的影响,市场规模越大的地区,代表竞争越激烈,将有助于生产率的提高,而贸易也具有相同的效果,因此只有生产率较高的企业才能在市场规模较大的地区生存,并提出了新新经济地理学理论(Ottaviano, 2010)。贝伦斯和罗伯特－尼克德(Behrens and Robert－Nicoud, 2008)以城市为视角,提出城市的劳动生产率和全要素生产率 TFP 和城市的规模有关,具有较高生产率的企业和劳动力的集聚使得城市获得更大的生产能力，使城市成为国际贸易中心。

（二）全球城市研究

20世纪60年代以后，跨国公司日益成为全球化的载体，带动资金、技术、劳动、商品在各国之间流动中发挥着重要作用，从而引起学者对跨国公司在城市功能形成中作用的关注。海默（Hymer，1972）将跨国公司引入全球城市的研究，提出用跨国公司总部数量作为全球城市衡量指标。萨森（Sassen，1991）提出全球城市理论，关注到了制造业从大城市离散、服务业不断集中的趋势，体现了资本主义世界经济逐渐进入后工业化时代特征，提出大量集聚的服务业跨国公司通过全球生产体系为企业和政府提供跨国的金融和专业服务，使全球城市对全球经济事务产生控制能力。奥康纳（O'Connor，1989）提出世界大城市一般都是从港口发展起来，贸易是城市发展的基础，而与贸易有关的服务业是贸易区位集聚的结果。与贸易有关的服务包括通关机构、货代、船公司和集装箱租赁公司。

（三）国内的相关研究

宁越敏和李健（2007）提出，上海市政府制定了相关政策吸引跨国公司地区总部、研发中心以及跨国银行进驻，提升了上海城市功能。周振华（2008）提出，全球化使得城市传统功能逐步丧失，而以新功能来予以替代，失去的功能主要是在货物的制造和处理方面，而新的功能是指与大量分散化的制造业活动有关的服务和管理，从而实现了城市从货物贸易中心向服务贸易中心的转变，而这个转变是由贸易主体的利益所决定。沈玉良（2009）提出国际贸易中心已经不再是传统的货物贸易中心，而更加具有现代化的特征，大量的服务业跨国公司的集聚，尤其是大型跨国贸易企业为主导，跨国采购商、跨国渠道商、国际品牌制造商、贸易增值服务商、跨国公司制造商、贸易促进机构等贸易主体的共同参与，使国际贸易中心更加具有现代特征，具体表现就是富有活力的产业组织结构的形成（王子先，2012）。刘海洋、孔祥贞和汤二子（2012），何雄浪和杨继瑞（2012）陈建军、袁凯和陈国亮（2013）等人对新新经济地理的文献进行综述，提出具有异质性的跨国公司的作用是在城市或区域产业空间分布新动力。

根据以上相关研究可以发现，关于贸易主体对国际贸易中心功能的作用，越来越多的研究更加集聚到具有现代特征的国际贸易中心，这个现代特征就是为贸易提供服务的能力，而不是传统货物的集散功能。

根据相关的文献综述，目前服务业跨国公司与贸易的相关研究主要集中于贸易规模、结构效应，全球价值链理论主要研究贸易收益，国际贸易中心中理论主要研究服务业跨国公司对所在区位产业结构的影响。

第四节 研究思路和主要创新点

一、研究思路和章节安排

根据以上分析，本书分为六章，其基本结构和主要内容如下。

第一章为导言，主要阐述本书的研究背景和意义，研究对象和概念界定，根据文献综述确定研究思路、内容和主要创新点等。

第二章为相关理论梳理和提出理论分析框架，主要梳理跨国公司理论、国际贸易理论、全球价值链理论和国际贸易中心理论，提出了服务业跨国公司贸易效应系统分析框架。

第三章对服务业跨国公司发展的阶段特征、国际化动机、全球化经营的特征和区位分布特征和制造业跨国公司进行了比较研究。

第四章和第五章分别对第二章提出的服务业跨国公司的贸易规模效应、贸易结构效应、贸易收益效应和贸易区位效应进行了机理分析和实证检验，证明分析框架的合理性。

第六章以中国为视角，对服务业跨国公司在东道国的贸易效应用经验数据进行了解释和分析，并进一步提出了我国集聚服务业跨国公司、提高贸易收益、凸显上海作为国际贸易中心话语权的政策建议。

根据以上六章的安排，提出全书的框架结构如图1-1所示。

```
                         ┌──────────┐
                         │   导论   │
                         └────┬─────┘
              ┌───────────────┼───────────────┐
          ┌───┴──┐      ┌─────┴────┐     ┌────┴────┐
          │ 背景 │      │概念界定  │     │文献综述 │
          └──────┘      └──────────┘     └─────────┘
                              ⇩
    ┌──────────────────────┐        ┌──────────────────────┐
    │理论溯源和分析框架的提出│        │现状梳理和特征分析    │
    └──────────────────────┘        └──────────────────────┘
                              ⇩
    ┌─────────────────────────────────────────────────────┐
    │ 贸易规模效应  贸易结构效应  贸易收益效应  贸易区位效应│
    │                                                     │
    │      机理解析      实证检验      案例分析           │
    └─────────────────────────────────────────────────────┘
                              ⇩
                       ┌──────────────┐
                       │结论和政策建议│
                       └──────────────┘
```

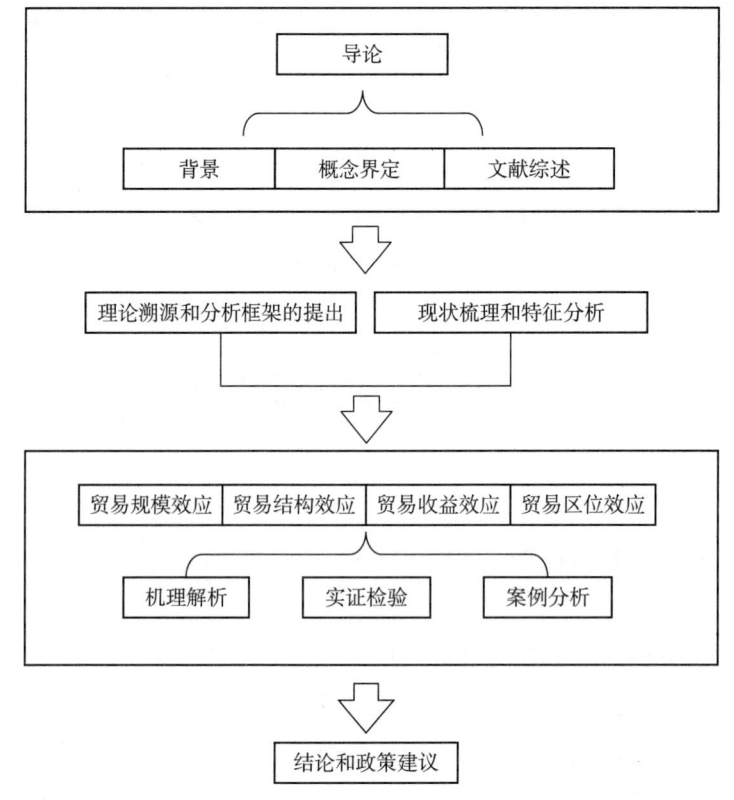

图 1-1　本书研究的框架

二、主要创新点和不足

（一）主要创新点

1. 创新性地梳理服务业跨国公司的内涵和外延

在服务业跨国公司的分类和范畴方面，根据采矿业跨国公司、制造业跨国公司和服务业跨国公司不断融合的特点，提出服务业跨国公司的三类形式：第一，公用基础设施、金融、酒店、餐饮、批发、零售、交通运输、专业服务等领域服务业企业，国际化形成的服务业跨国公司。第二，从制造业和采矿业跨国公司转型而来的服务业跨国公司，其中制造业跨国公司是主要来源。这一类跨国公司又分为两类：一类是直接由制造业和采矿业跨国公司转型的服务业跨国公司；另一类是出于专业化和生产效率的要求，制造业跨国公司将其服务功能剥离，如广告部、决策部、设计部和会计部等形成的服务业跨国公司。第三，基于互联网的跨国公司。这是本书的创新点之一。

2. 创新性地提出贸易效应内容、范畴和测算方法

第一，关于贸易的内容，包括货物贸易和服务贸易，传统的贸易效应一般是货物的贸易效应，由于全球贸易的内容包括了货物和服务，服务业跨国公司除了自身具有贸易创造效应，还使得全球制造业服务流程剥离，提高了制造的效率，使得货物交易渠道多样化，因此本书所指的贸易效应的内容包括货物和服务。此外，还提出了不同类型服务业跨国公司的贸易效应，例如贸易、金融、信息和专业行业的跨国公司贸易效应的特点。

第二，关于贸易效应研究范畴。目前的文献主要研究贸易创造效应、替代效应，贸易结构效应以及贸易收益效应，本书将视野拓展到国际贸易中心研究，从广度上拓展服务业跨国公司贸易效应，提出贸易区位效应。具体而言，将目前的贸易创造效应、替代效应等表述进行归纳，提出贸易规模效应；在贸易结构效应的基础上，提出总贸易结构效应和服务贸易内部结构效应；贸易收益效应，在贸易增加值效应的基础上，提出贸易服务增加值效应；贸易区位效应，即对国际贸易中心城市贸易内容和功能的影响。

第三，关于贸易效应的测算方式。贸易规模效应用服务贸易总量来衡量；贸易结构包括服务贸易/总贸易的结构，以及服务贸易内部行业结构的影响，用各行业贸易额占比来衡量；贸易收益，用一国出口中国内服务增加值来衡量；贸易区位效应用与贸易有关的服务业增加值衡量。

3. 创新性地提出服务业跨国公司贸易效应的分析框架

现有文献对服务业跨国公司的研究主要集中在服务业跨国公司的动因和区位选择，有关服务业跨国公司与贸易的研究，主要围绕着服务业跨国公司对贸易的替代还是创造问题。本书将跨国公司、国际贸易、全球价值链和国际贸易中心等理论进行梳理和整合，创新性地提出了服务业跨国公司贸易效应的分析框架和四个贸易效应。

第一，贸易规模效应，基于跨国公司的垄断优势、产品生命周期、边际产业扩张理论和国际生产折中理论，以及新贸易理论提出了贸易规模效应的分析框架。

第二，贸易结构效应，基于跨国公司的垄断优势和国际生产折中理论，以及新新贸易理论提出了贸易规模效应的分析框架。

第三，贸易收益效应，基于全球价值链理论形成和治理理论，提出了贸易收益效应分析框架。

第四，贸易区位效应，基于国际贸易中心理论，提出贸易区位效应分析框架。

以上四个贸易效应的分析框架共同构成了服务业跨国公司贸易效应的系统分析框架。

（二）不足之处

由于服务业跨国公司还在动态发展中，没有形成系统、明确的理论指导，使得研究会存在一定的理论局限性；此外，由于服务业跨国公司和服务贸易的统计数据获得难度较大，本书主要将美国服务业跨国公司和在美国的服务业跨国公司分支机构作为主要的研究对象，因此得出的结论也主要基于美国的数据，另外贸易增加值的数据统计刚刚建立，使实证分析也存在一定的局限性。对中国的经验研究和实证研究，也受到数据的影响。

第二章

服务业跨国公司贸易效应的理论基础和分析框架

目前还没有一个系统的理论来解释服务业跨国公司的贸易效应,根据对文献的综述,已经有相关的理论来支持这一命题。自20世纪80~90年代开始,随着服务业跨国公司快速发展和全球扩张,理论界也开始重视服务业跨国公司的研究。从企业的性质来看,服务业跨国公司与传统跨国公司并无二异,若从整体性来讲,大多数学者认为传统的跨国公司理论和贸易理论可以解释服务业跨国公司的经营行为,这样的争论基本以邓宁(1989)[①]为定论。同样地也包括货物贸易理论对服务贸易适用性解释的争论。目前理论界基本认同跨国公司理论和国际贸易理论可以分别来解释服务业跨国公司和服务贸易现象,但是也认为这样存在缺陷,主张进行若干修正。

根据服务业跨国公司发展的阶段和特征,以及区位布局的特点,在跨国公司公司理论、贸易理论的基础上,同时结合全球价值链理论和国际贸易中心理论,本书提出贸易规模效应、贸易结构效应、贸易收益效应和贸易区位效应。

第一节 跨国公司理论

第二次世界大战以后,随着全球国际投资的发展,理论界相继出现了海默

---

① Dunning, John H. Multinational enterprises and the growth of services: some conceptual and theoretical issues. Service industries journal [J]. 1989: 5-39.

的垄断优势理论、弗农的产品生命周期理论、小岛的产品生命周期理论、卡森和贝克利的内部化理论和邓宁的国际生产折中理论,这些理论解释了跨国公司的国际投资和国际生产活动,并阐述了跨国公司对贸易的影响。

一、垄断优势理论

垄断优势理论提出垄断优势是企业开展 FDI 的条件。垄断优势有助于克服市场的不完全性,获得跨国经营的额外成本之上的超额收益,在东道国市场竞争中获胜。海默(1968)提出垄断优势理论可以应用于服务业 FDI,并加入科斯(Coase,1937)交易理论来解释跨国公司倾向于采取垂直一体化的方式进行海外生产布局,以规避市场的不完全性。垄断优势理论(Hymer,1976)[①]提出企业国际经营和贸易的关系论。

(一) 国际生产的贸易效应

垄断优势理论提出当企业遇到贸易壁垒,会通过国际生产来规避贸易风险,当垄断优势成为企业生产的要素,企业会选择将具有垄断优势的产品出口,一旦海外投资成本降低,企业会选择通过海外生产的方式寻求在国外的新垄断优势。因此,国际生产和国际贸易是相互促进的。

跨国公司国际经营和贸易在产业和区位上高度相关,跨国公司的国际生产究竟是贸易创造还是贸易替代是很难评估的,但是贸易和国际生产的相互性是确定的,跨国公司国际生产活动所在国和贸易活动所在国一般是合一的,如果没有贸易往来,也不太可能存在国际生产活动。产生贸易的行业,也是容易产生国际生产活动的行业。

(二) 直接投资的贸易效应

垄断优势理论提出,直接投资可能存在三种贸易效应:(1)直接投资提高出口(export-increasing);(2)直接投资减少进口(import-decreasing);(3)直接投资对贸易没有影响。垄断优势理论得出,直接投资和贸易存在较为复杂的关

---

① S H Hymer. The international operations of national firms: A study of direct foreign investment. 14. MIT press Cambridge, MA. 1976. P. 38.

系，因此不能绝对提出具体是何种关系，例如美国企业对某国出口的行业进行了投资，这不能理解为是出口提升效应。

二、产品生命周期理论

产品生命周期理论分析了第二次世界大战以后，美国产品从国内市场到出口，再到国外生产的发展历程。产品生命周期理论的核心思想是在产品新品、成熟和标准化的不同阶段，贸易投资之间的更迭（shift）关系（Vernon, 1966）[1]。由于美国相关制造业产品技术不断成熟，国内生产者不断进入该领域进行生产，为了避免国内的激烈竞争，制造行业企业通过在出口国进行生产，降低生产成本。此后，弗农（1979）[2] 提出如果知识存在生命周期，并且跨国界流动，也就是说知识可以贸易，生命周期理论同样适用服务业跨国公司。

产品生命周期理论提出，美国企业的特定所有权优势在于产品和流程创新，这由本国的资产禀赋、市场结构来决定。产品生命周期分为三个阶段，在这三个阶段贸易和投资呈现以下更迭关系：（1）新产品开发阶段，产品发明企业首先在国内市场生产，在满足国内市场需要后，出口到其他发达国家和次发达国家。（2）当产品进入成熟阶段之后，生产者开始比较边际成本和运输成本之和与国际生产成本的大小，进而决定是否在其产品进口国开展生产，如果二者成本之和小于国际生产成本，美国生产者仍然考虑在国内生产。随着进口在进口国同类产出中的比重越来越高，进口国国内生产者加大了对进口的抵制力度，该国倾向于采取一定的贸易壁垒来限制进口，对于生产者而言，此时需要衡量出口市场份额的损失，以便进一步决策是否需要到进口国进行生产。（3）产品进入标准化阶段，美国将不再是生产的最佳区位，发明企业将把生产基地首先转移到其他发达国家，这些国家该产品进口减少、出口增多，而美国出口减少、进口增多。随着产品标准化程度进一步提高，次发达国家市场条件的成熟，美国生产者也开始投入生产，该产品出口逐渐超过进口。

由于产品生命周期理论起源较早，解释了在产品周期的不同阶段，企业选

---

[1] R Vernon. International investment and international trade in the product cycle. The quarterly journal of economics, 1966: pp. 190 – 207.

[2] Vernon. The product cycle hypothesis in a new international environment [J]. Oxford bulletin of economics and statistics, 1979, 41 (4): pp. 255 – 267.

择出口还是投资，这一发展进程终止于产品进入标准化生产的成熟期。从企业的角度来看，在为国外市场服务的方式上，可以通过设立生产基地直接服务于当地市场，既避免了贸易壁垒，同时也扩大了市场份额。其存在一定的不足之处包括：第一，产品生命周期理论主要从单一商品角度，论述了企业对外直接投资和贸易的迭代关系；第二，产品生命周期理论仅解释了市场导向型跨国公司，而不能解释资源、效率和战略资产寻求型跨国公司的贸易投资行为。

三、边际产业扩张理论

边际产业扩张理论提出，一国应该将自己已经或者即将处于比较劣势的产业转移到更加具有成本和资源优势的国家，这不仅有利于改善国内产业结构，而且有利于对东道国产业结构调整形成溢出效用。边际产业扩张理论有关跨国公司的贸易效应主要体现在以下两个方面。

（一）对外直接投资的贸易规模效应

边际产业扩张理论提出对外直接投资 FDI 具有贸易规模（trade volume）效应，即对一国贸易收支平衡表或者净外汇收入的影响。

（二）对外直接投资的贸易创造效应

除了贸易规模效应之外，FDI 具有创造效应。贸易创造效应的前提是，国际价格比给定，不存在永久性的贸易壁垒，进行海外投资的产业是本国具有比较优势的产业，并且能够利用本国不具有比较优势的资源和活动创造出新的增值活动。FDI 的贸易创造效应分为两个阶段：进口替代和出口扩张阶段。在进口替代阶段，FDI 带来产出和产品进口的提高，即使表现为贸易赤字，这时候也是贸易创造；当投资产业逐步成熟并形成出口能力，进口逐渐减少。但是即使如此，FDI 也不一定能够改善贸易平衡。

边际产业扩张理论提出中间产品贸易存在的重要性。中间产品行业的 FDI 提高了中间产品的产出，即使相同的中间产品进口减少，但是东道国产业形成了比较优势，具有较强的价格优势和产出规模，这也属于贸易创造。与进口替代和出口扩张阶段的思想不同，边际产业扩张理论提出，中间产品贸易不仅是由 FDI 带来的贸易创造效应，同时也是东道国产业的内生增长带来的贸易创造效应。

边际产业扩张理论中贸易创造效用的结论是：首先，FDI 无论是通过直接或者间接的途径刺激了出口的增长，都为贸易创造效应；其次，只要 FDI 能够带来进口，即使是贸易收支平衡恶化，也归为贸易创造效应；再次，衡量贸易创造效应的指数可以是 FDI/贸易的比值，也可以是进口和出口贸易的和；最后，贸易创造效应越大，未必对 GDP 的贡献越大。

四、国际生产折中理论

国际生产折中理论的核心：一是国际生产的动机理论，跨国公司国际生产的动机有四个方面，包括资源、市场、效率和战略资产。二是国际直接投资理论，国际生产折中理论提出，当企业拥有所有权优势（O：Ownership）、内部化优势和区位优势（L：Location），市场内部化优势（I：Internalization），才能有效开展国际直接投资。国际生产折衷理论的全面性，总体而言比其他理论更能解释跨国公司的国际生产和经营行为，其提出跨国公司的国际生产和经营行为，必须同时具有 OLI 这三个优势，而不是只拥有其中的一部分。例如，如果企业没有国际化的动力，也没有规模和范围经济，那么只能通过许可贸易或者技术合约，而不是进行国际直接投资。如果企业没有降低跨境交易成本的动力，企业就没有全球垂直一体化生产的行为，那么跨国公司的内部贸易就不可能产生。

邓宁（1989）从所有权优势、内部化优势和区位优势三个方面对服务业跨国公司的国际生产行为进行了调整，具体如表 2－1 所示。

表 2－1　　　　　　服务业跨国公司国际生产折中理论

		优势来源	相关核心资源	典型行业
服务业跨国公司的国际生产折中理论	所有权优势（O）	服务质量	商标、商誉等	商务服务、专业服务、商贸服务
		范围经济	商标、专有信息等	商贸服务、运输、咨询
		规模经济和专业化	商标、专业信息和知识、跨国学习能力	酒店、银行、咨询业
		专业信息和技术	专业信息及其渠道、技术、软件	经纪、咨询、信息服务业
		专有知识	专有知识、跨国学习能力	专业服务、金融、银行、信息服务
		供求信息渠道	金融产品和商品的供求信息及其渠道	保险、证券经纪、商品经纪、旅游业

29

续表

		内部化动机	相关核心资源	典型行业
服务业跨国公司的国际生产折中理论	内部化优势（L）	防止专有知识外泄	专有知识和信息	金融、银行、专业服务、信息服务
		保证服务质量	商标和商誉	广告、市场研究和消费者服务
		避免机会主义行为	商标和全球网络	餐饮和健康服务业
		节约搜索成本和谈判成本	商标和商誉	商贸服务业
	区位优势（I）	优势来源	相关核心要素	典型行业
		国家政策	市场准入、知识产权保护、竞争政策	金融、银行、软件信息服务业、电信
		市场结果和特征	市场规模、消费能力	非可贸易服务
		相关资源的可获得性	自然资源和人力资源	可贸易服务

资料来源：Dunning J H. "Transnational Corporations and the Growth of Services: Some Conceptual and Theoretical Issues", 1989.

因此，总体来说，国际生产折衷理论对于服务业跨国公司解释的完整性要优于垄断优势理论、产品生命周期理论、内部化理论、边际产业扩张理论，但是国际生产折中理论对国际贸易的解释仍然存在着一定的缺陷，跨国公司的国际生产模式本身较为复杂，而不同模式对国际贸易效用是不同的。国际生产折中理论并没有区分不同FDI模式带来的国际贸易效应差异化。此外，除了FDI行为外，服务业跨国公司非股权投资行为和独立企业间贸易，也是比较普遍的现象，国际生产折中理论并没有专门论述其贸易效应。总体而言，国际生产折中理论提出的跨国公司贸易效应分为三个方面。

（一）国际收支平衡效应

FDI流入是否会改变进出口贸易平衡，取决于FDI的动机，出口导向型的投资有助于通过增加出口来改善国际收支。

（二）公司内贸易效应

公司内部贸易的规模受到跨国公司的所有权优势和东道国优势影响，当东道国和母国之间的协同性越高、要素价格差越大，公司内贸易规模越大；当跨国公司垂直化程度越高，公司内贸易规模越大；跨国公司国际化程度越高，规模越大，生产能力越强，公司内贸易的规模和复杂度越高。

（三）贸易结构效应

跨国公司拥有知识、资本等所有权优势，通过跨国经营获得增值，因此跨国公司必然对东道国和母国的贸易结构产生影响，这主要通过四个路径来实现：第一，对劳动生产率的影响，即提高单位资源的劳动产出率；第二，提高资源在行业中的分配效率，即从生产率较低的行业转向增加值较高的行业、从劳动密集型行业向资本密集型行业转移；第三，对规模经济和范围经济的影响，跨国公司的发展使得劳动效率和资源分配效率提高，生产和交易成本下降，这又使得跨国公司的经营行为得到激励，推动了产业和行业的产出更加多元化。第四，提高对需求的适应能力。

五、内部化理论

跨国公司内部化理论是由英国里丁大学学者贝克利和卡森与加拿大学者鲁格曼为主要代表人物的西方学者，在沿用科斯等的新厂商理论和市场不完全的基本假定上，于1976年在《跨国企业的未来》一书中提出了跨国公司内部化理论。跨国公司内部化理论的核心是，市场不完全或者存在垄断因素，会增加企业市场交易成本和风险，因此企业会选择内部生产。内部化降低了市场交易成本和风险，增加了收益。但是当企业采取内部化生产而使得规模经济下降、成本提高超过内部化收益的时候，跨国公司倾向于通过贸易的形式来替代投资。根据内部化理论，市场的不完全性主要是指中间产品市场[①]，与服务相关的是，当中间产品是知识密集型的产品，特别是技术、信息、营销技巧、管理方式和经验时，跨国公司倾向服务外包，而具体表现就是离岸服务外包的出现。

内部化理论并没有对跨国公司贸易和投资的创造或是替代关系的进行直接论述，该理论主要研究跨国公司在何种情形之下选择内部化或者外部化：（1）当跨国公司采取内部化方式，母公司通过购买子公司的产品就形成了公司内贸

---

① 刘小军. 知识密集型服务活动外包动因的内部化理论视角 [J]. 学术月刊, 2008 (4): 69.

易；(2) 跨国公司采取离岸外包的方式，属于独立企业间贸易，内部化理论解释了服务外包的重要理论。服务业跨国公司是否外包，也取决于成本和收益的比较。由于服务的无形性和生产消费的不可分离性，使服务基本由跨国公司通过在东道国设立的分支机构进行内部化生产。随着信息技术的发展，部分服务可标准化生产，使外包成本和风险降低，此外，随着服务生产者增多，服务供应市场的竞争加剧，也有效降低了生产成本，因此使服务外包成为服务业跨国公司的重要选择。

内部化理论并没有对跨国公司贸易和投资的创造或是替代关系进行直接论述，其隐含的前提是跨国公司具有贸易创造效应，因此侧重论述贸易的方式，以及内部贸易和外部贸易两种不同贸易方式的产生机理。

第二节　国际贸易理论

除了经典的跨国公司理论外，国际贸易理论也试图将跨国公司引入国际贸易的一般均衡模型当中，这些理论对跨国公司贸易效应的解释如下。

一、古典—新古典—新兴古典贸易理论

（一）古典贸易理论

古典贸易理论的代表性理论是绝对优势理论和比较优势理论。1776 年，史密斯（Smith）提出了绝对优势理论，每个国家都应当出口自己具有绝对优势的产品，进口其他国家所生产的具有绝对优势的产品。1817 年，里卡多（Ricardo）提出比较优势理论，认为一国应专门生产并出口其相对优势最大的产品，进口具有比较劣势的产品。[①] 古典贸易理论主要从国家层面来论述贸易产生的原因，而服务业跨国公司更加具有微观特点，总体而言，古典贸易理论不能解释服务业跨国公司的贸易效应。

---

① 彭徽. 国际贸易理论的演进逻辑：贸易动因、贸易结构和贸易结果 [J]. 国际贸易问题，2012 (2)：169.

(二) 新古典贸易理论

1933年,俄林(Ohlin)在赫克谢尔(Heckscher)的研究基础上提出要素禀赋理论,指出各国都应生产并出口其要素相对充裕的产品,进口其要素相对稀缺的产品,两国开展贸易之后,两国两种生产要素价格趋同,即要素价格均等化思想。此后沃夫岗和萨缪尔森(Wolfgang and Samuelson)发展了H-O-S定理,提出了贸易对不同要素所有者的影响。21世纪以来,张幼文提出要素收益理论,即要素合作条件下的国际收益分配正是由要素收益规律决定的,要素稀缺性决定要素价格,进而决定收益分配,发达国家拥有更高的收益,发展中国家拥有低级非稀缺要素,而后者收益则相对较低。要素相对稀缺理论也可以用于说明国际贸易理论中的收益分配,高级稀缺要素密集型产品的收益必然高于低级非稀缺要素密集型产品。

新古典贸易理论假设生产要素不能流动、商品可以自由流动,国家根据要素禀赋进行分工,贸易有助于通过廉价生产要素代替国内昂贵的生产要素,使得商品生产成本下降,提高社会总福利。

(三) 新兴古典贸易理论

杨小凯一方面继承了古典贸易理论分工的思想基础;另一方面引入超边际分析法,创立了新兴古典贸易理论。提出厂商是内生的,既是生产者又是消费者,可以进行专业化选择,如果存在专业化报酬递增,比较优势基础形成,当交易效率非常低的时候,就没有国内贸易和国际贸易的产生。当国内交易效率得到提高的时,就出现了国内区域性的交易市场,当交易效率进一步提高时,国内交易市场出现。交易效率水平的提高,意味着专业分工需要更大的市场来满足效率提高的要求,因此国际贸易产生。

新古典贸易理论和古典贸易理论都是从国家和产业的角度来研究贸易问题,而不具有微观基础,新兴古典贸易理论中交易成本的引入使得该理论具有微观基础,但是总体来说并不能解释服务业跨国公司贸易效应的原因,但是对解释服务业跨国公司贸易效应结果具有一定的适用性,尤其是随着服务的可贸易化,服务业跨国公司的国际生产经营活动一定程度上使当地的研发等服务生产能力增强,使得一国相关产业产出水平和贸易规模提高。

二、新贸易理论

20世纪90年代开始，跨国公司理论和国际贸易理论相互渗透和影响，垂直型FDI和水平型FDI的贸易创造和替代效应的提出是新贸易理论的重要突破。

（一）垂直型FDI的贸易效应

新贸易理论引入垂直型FDI模型，该模型主要基于新古典理论的2-2-2模型，在垄断竞争和产品差异化的基本假设条件下，提出跨国公司国际投资理论，即：根据母国和东道国资源禀赋的差异，跨国公司将总部服务放在母国，而将其他劳动密集型的生产放在劳动力资源充裕的东道国，充分利用两国的要素禀赋资源优势进行内部分工，跨国公司通过国际直接投资进行内部垂直一体化分工，分工的结果是，在东道国生产的产品直接出口到母国，而没有留在东道国市场。因此，国际投资的结果是促进了东道国和母国之间的贸易往来，因此FDI是贸易创造型。

（二）水平型FDI的贸易效应

所谓水平型FDI是与垂直型FDI相对的，即：跨国公司国际投资不是按照内部垂直化分工，而是在东道国采取和母国相似的生产流程和组织水平，东道国生产的结果是为了满足东道国的市场需求，东道国和母国之间没有贸易往来，因此水平型FDI是贸易替代的。水平型FDI的一个重要动机就是临近—集中抉择，东道国的相对市场规模和资源禀赋也是影响跨国公司贸易行为的因素，由于东道国市场规模比较大，而且要素禀赋资源与母国相近，因此企业容易采取水平型FDI投资，即产生贸易替代效应。

新贸易理论建立在不完全竞争与规模经济等假设之上，提出了国际直接投资的贸易效应，对于解释服务业跨国公司具有较强的适应性。但是由于服务业与制造业存在很大差异，简单用垂直型或者水平型来解释服务业跨国公司国际生产的模式，总体上来说是不全面的。

三、新新贸易理论

新新贸易理论的内容包含两个方向:(1)异质性理论主要用来解释生产率差异下企业国际化行为选择,生产率较高的企业进入出口市场,而生产率较低的企业只能在国内生产经营甚至被市场淘汰;(2)企业内生边界理论提出,根据生产率的高低,企业国际化可以选择 FDI 或者出口两种形式,生产率高的企业倾向于通过 FDI 服务国外市场,生产率低的企业倾向于通过出口形式服务国外市场。

除了以上两个基本理论外,新新贸易理论的内容和研究范畴不断拓展,包括 FDI、贸易增长等问题①。(1)在 FDI 领域的拓展研究中,新新贸易理论不仅提出企业国际化过程中 FDI 和出口的选择问题,并且从市场规模和竞争的角度进一步完善了该理论;(2)在贸易增长领域的研究中,新新贸易理论提出生产效率的提高,降低了贸易成本,提高了贸易规模。同时,贸易成本的降低意味着处于生产率边界的出口商也能够生存下来,这就会降低企业的平均出口额。但是,贸易中间商理论提出,由于贸易中间商的存在,使得原先生产率较低的企业也能够通过这些出口平台,进入国际市场,增加出口规模。该理论的核心是生产率的提高有助于提高贸易规模。

不管新新贸易理论如何演绎,其核心思想仍然强调企业生产率差异对贸易的影响,生产率的高低决定了企业选择国内贸易还是国际贸易。由于高生产率能够降低贸易成本的负面影响,因此生产率低的企业开展国内贸易,生产率高的企业开展国际贸易,企业分工更加有效。

从跨国公司对贸易的影响来说,新贸易理论和新新贸易理论都比古典、新古典、新新古典贸易理论更能从微观的基础来解释跨国公司 FDI 产生的原因以及和贸易之间的关系,但是这两个理论的核心还是描述跨国公司内部化的问题,并不能解释例如非股权式贸易和独立企业间贸易,而且仅仅限于对于跨国公司 FDI 对贸易的创造和替代效应的研究。

---

① 邵军,冯伟. 异质性企业贸易理论研究进展综述[J]. 国际贸易问题,2013(3):167.

第三节 全球价值链理论

一、全球价值链的形成和治理理论

全球价值链理论根源于波特价值链理论，随着跨国公司的全球化经营，价值链活动具有全球化特征，价值链理论获得进一步发展。随着国际贸易领域"价值链片切""外包""模块化""产品内分工"等概念的提出，说明全球化生产贸易过程专业分工越来越细的现象。格雷芬在此基础上提出了全球商品链的概念，此后在前者基础上正式提出全球价值链理论，即全球价值链活动既包含有形的货物，也包含无形的服务，并且贯穿了从设计、生产到消费终端的活动。

全球价值链理论的核心是全球价值链治理。治理模式是指价值链的主导者对其各个环节的协调和控制，决定了价值链的运行机制和收益。最早由格雷芬（1994）提出，所谓的治理是指决定金融、原材料和人力资源在链条中配置的方式和控制能力，例如全球商品链分为生产者驱动和购买者驱动型[1]。购买者驱动型显示了诸如沃尔玛和易购等大型零售商的控制能力。生产者驱动型体现了生产的垂直化形式。格雷芬和费尔南德斯－斯塔克（2011）提出了全球价值链的治理模式的理论主要包括四个方面[2]。

一是治理主体，全球价值链的治理主体以跨国公司为主。

二是治理动机，分为生产者驱动和购买者驱动。购买者驱动，强调大型零售商和品牌商整合能力，而生产商驱动则更强调垂直型跨国公司利用技术和规模优势协调价值链的能力。

三是治理模式，包括市场型、模块型、关系型、领导型和层级型，主要由协调控制能力来决定（如图 2-1 所示）。市场型由主导企业通过价格调节来实现；如果生产流程较为容易控制，则主导企业通过模块型方式来控制；当生产

---

[1] Gereffi. The organization of buyer-driven global commodity chains: how US retailers shape overseas production networks [J]. Contributions in Economics and Economic History, 1994: 95. P. 97.

[2] Gereffi, Fernandez – Stark. Global value chain analysis: a primer [J]. Center on Globalization, Governance & Competitiveness (CGGC), Duke University, North Carolina, USA, 2011. P. 9.

者和销售者之间往来的信息传输较为复杂时，通常是关系型；如果有众多的厂商依附于大型领导者，这种关系为领导型；层级型治理模式需要主导企业具有较高的指控能力，这与市场型正好处于两端。

四是贸易收益，全球价值链的收益主要由治理模式来决定，由于全球价值链的主导者是发达国家跨国公司，因此，在全球价值链上发达国家占据高附加值环节和价值份额，发展中国家通过融入全球价值链实现了贸易规模扩张，但是在其中获得收益相对有限。

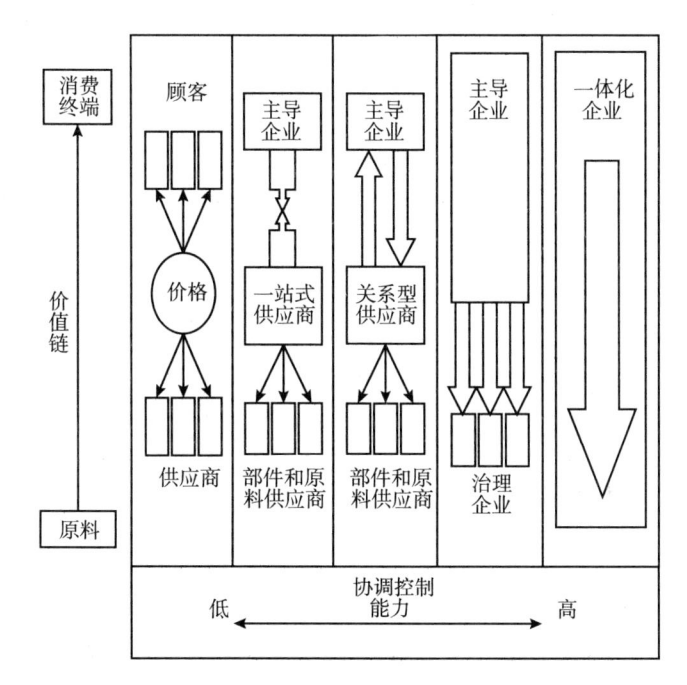

图 2 - 1　全球价值链的五种治理模式

资料来源：Gereffi G, Fernandez - Stark K. Global value chain analysis：a primer [J]. Center on Globalization, Governance & Competitiveness (CGGC), Duke University, North Carolina, USA, 2011, P. 11.

科等（Coe et al., 2008）[①]和杨（2009）[②] 等经济地理学理论的代表，在全球价值链的基础上，提出用全球生产网络（GPN）来解释跨国公司在区域和

[①] Coe, Dicken, Hess. Global production networks：realizing the potential [J]. Journal of economic geography, 2008, 8 (3)：295.

[②] Yeung. Regional development and the competitive dynamics of global production networks：an East Asian perspective [J]. Regional Studies, 2009, 43 (3)：325.

城市增长中发挥的作用,其演进过程和理论区别见表 2-2。GPN 从微观角度来解释跨国公司和全球城市的关系,还包含了生产网络中各区域和地区的其他组织和参与者,强调投入产出的结果。否定其他理论将地理和区位作为外生变量,提出跨国公司是 GPN 的控制力量,跨国公司全球生产体系的扩张,使得更多城市和地区的供应商、客户、战略伙伴纳入 GPN 当中,由于这些供应商、客户和非企业组织具有地理集聚特征,使跨国公司通过全球生产网络推动了当地企业的创新,以及当地行业组织结构的变化。国家为了地区的增长,不断推动产业开放和贸易自由化,使城市在全球贸易,尤其是服务贸易中发挥的作用越来越显著,进而推动了城市的转型发展。

表 2-2　　　　　　　　　　全球价值链的演进过程

	价值链理论	全球商品链	全球价值链	全球生产网络
提出时间	20 世纪 80 年代	20 世纪 80 年代	20 世纪 80 年代	20 世纪 90 年代
主要观点	企业与企业竞争,不只是某个环节的竞争,而是整个价值链竞争	围绕某种产品的生产形成的一种跨国生产体系,是全球价值链理论的基础	从全球产业的视角,研究跨国公司的治理模式和收益分配效用	以关系契约为治理基础的组织形式,跨国公司的生产网络推动了当地企业的创新和产业组织结构的变化,是全球价值链的高级形式

资料来源:根据涂颖清《全球价值链下中国制造业升级研究》整理。

全球价值链比原来的国际贸易理论和跨国公司理论更加能解释目前全球贸易投资的关系和结果,并全面解释了跨国公司如何来治理全球范围内的分支结构和供应商。但是从全球价值链理论本身的发展来说,全球价值链理论还不成熟,甚至不能称之为理论,而主要是对现象的探讨和解释的方法[①],因此该理论还有更大的发展空间。尽管关于其合理性和适用性还在不断争论,但是目前 OECD、WTO、UNCTAD 基本都认同了全球价值链理论,并提出相应的统计制度来完善全球贸易收益的统计和测算。因此全球价值链理论对于服务业跨国公司贸易的效应总体上可以解释,但是对于其产生的机理,还需要借助传统的国际贸易理论和跨国公司理论来诠释。

---

① Gereffi, Gary Fernandez - Stark, Karina. Global value chain analysis: a primer. Center on Globalization, Governance & Competitiveness (CGGC), Duke University, North Carolina, USA.

二、全球价值链的贸易效应

根据全球价值链理论,跨国公司主导的全球价值链对贸易的影响主要体现在以下方面。

(一) 全球价值链的贸易方式

全球价值链的产生,使全球贸易方式发生了变化,大量的中间品贸易出现,全球价值链贸易逐渐替代传统的贸易方式(OECD,2011;WTO and IDE - JETRO,2011)[①]。进出口规模不再是衡量一国贸易收益的主要方法,贸易增加值成为全球价值链贸易中衡量一国贸易收益的主要办法。

(二) 全球价值链的贸易收益的计算

传统的贸易统计方法中,中间品被重复计算在一国的贸易量中,因此会高估一国的贸易收益。胡梅尔斯、石井、易(Hummels, Ishii and Yi, 2001)[②] 利用投入产出表,减去中间品贸易,避免重复计算。他们提出,一国的出口分成两个部分:出口贸易中国内增加值和出口贸易中国外增加值,其中国内增加值表示一国贸易对 GDP 的贡献。库普曼、鲍尔、王和魏(Koopman, Powers, Wang and Wei, 2010)[③] 进一步把国内增加值拆解为三个部分:国内直接增加值、国内间接增加值和国内再进口增加值。多丹、茜弗拉尔、施韦斯古特(Daudin, Rifflart and Schweisguth, 2011)[④] 提出测算进口品中包含的增值折返的测算方法[⑤]。

以上方法有效解决了中间产品被重复计算的问题,比较准确地测算了全球价值链中各国的贸易收益,但是由于这些计算基本基于全球和各国投入产出

[①] Escaith, Inomata, Degain. Trade patterns and global value chains in East Asia: From trade in goods to trade in tasks [M]. World Trade Organization, 2011.

[②] Hummels, Ishii, Yi. The nature and growth of vertical specialization in world trade [J]. Journal of international Economics, 2001, 54 (1): 75 - 96.

[③] Koopman, et al. Give credit where credit is due: Tracing value added in global production chains [R]. National Bureau of Economic Research, 2010.

[④] Daudin, Rifflart, Schweisguth. Who produces for whom in the world economy? [J]. Canadian Journal of Economics/Revue canadienne d'économique, 2011, 44 (4): 1403 - 1437.

[⑤] 黎峰. 全球生产网络下的贸易收益及核算——基于中国的实证 [J]. 国际贸易问题, 2014 (6): 14.

表,而使得数据的获取计算难度加大。

第四节　国际贸易中心理论

国际贸易中心理论主要源于经济地理理论和全球城市理论。经济地理理论以新经济地理和新新经济地理理论为代表,前者研究了贸易自由化对区域产业的影响路径和结果,后者将新新贸易理论的异质性理论引入新经济地理理论,包括企业和劳动力异质性,得出企业和劳动力异质性对区域发展的作用机制和结果。

一、经济地理学理论

(一)新经济地理学理论

在过去的几个世纪里,国际贸易和经济地理是两个相对独立的经济学科,俄林提出,经济地理理论其实就是国际生产活动地点选择理论。新经济地理的初始正是基于新贸易理论研究过程中的新发现,得出经济活动空间效果和国际贸易是存在相互关联的,国际贸易活动能够对区位经济产生集聚作用。在这个认识的基础上,新地理经济理论引入迪克西特-斯蒂格利茨模型,提出中心—外围(Core - Operiphery)模型。在新经济地理理论的基础上,克鲁格曼等人在综合区域经济、城市经济理论和国际经济学理论的核心要素之后,提出了空间经济学理论:对外贸易使国内两个城市的市场规模差异逐渐缩小,规模较小的城市也可以通过对外贸易获得外部市场[①],但是这并不会弱化大城市的作用,由于拥塞成本引起人口分散,使诸如制造业活动更加分散,会使大城市的制造业离散化,同时又促使某些产业集聚。空间经济学理论较好地回答了国际贸易对于城市功能演化的路径,在空间集聚的问题上引入了微观主体。但是由于微观主体(厂商和工人)是非远见的,贸易在推动城市或者区域产业结构转变过程中,微观主体究竟起着何种作用,新经济地理理论并没有回

---

① Masahisa Fujita 等. 空间经济学:城市,区域与国际贸易 [M]. 中国人民大学出版社, 2005. 89.

答这个问题。

(二) 新新经济地理学理论

新新经济地理理论采用新新贸易理论假设条件,即异质企业、垄断竞争和规模经济,主要得出产业集聚效应、人才归类效应和市场选择效应。新新经济地理脱胎于新新贸易理论,但是同时拓展了新新贸易理论,不仅强调了企业的异质性,同时还引入了人的异质性。其具体思想如下:假设存在两个地区:H和F。地区H具有较大的市场规模和更低廉的生产成本,这两个地区之间存在运输成本。由于技术约束,垄断厂商只能在一个地区经营一家工厂。因此,垄断厂商将会把其工厂置于H处,既能获得市场规模优势,又可以降低生产成本,并节省了高昂的运输费用,因此H地区获得相关行业的集聚。地区集聚力的强度受到贸易壁垒的影响,随着贸易壁垒的减小,市场接近度越来越不重要了,地区集聚力降低。

当有其他竞争者的时候,企业的区位选择决策变得更加复杂。假设有两个企业的情况:每一个企业供给一种存在水平差异的产品,受制于技术约束和贸易成本的影响,每个企业为获利只能经营一个工厂。在理性的条件下,两个利润最大化的企业之间的博弈只会产生两种可能的均衡结果:"集聚"——企业共同定位在低成本/市场空间大的H地区;"分散"——低成本企业选择低成本/市场空间大的区位。当两个地区在市场规模和生产成本方面是同质的,企业在生产效率方面是同质的,如果产品在本地市场具有竞争力而在远距离市场存在弱竞争力,那么会产生集聚在H地区。当产品替代性高,竞争成本超过贸易成本的时候,低效率的企业会选择到F地区,因此,竞争会导致分散。除非寡头厂商的规模和成本优势都足够强大,仍然会偏好于选择H地区。随着本地规模经济活动相对规模的作用逐渐增大,地区H和地区F之间的市场规模差异和生产成本差异被内生决定。受自我集聚效应的驱使,产生了内生空间不对称的标志性结果:企业和劳动者被吸引而移动到更大市场空间和更低生产成本的地区,最终增强了地理的不平衡,H地区集聚度会更高。较低效率的企业为避免激烈竞争,选择不在H地区生产经营。

二、全球城市理论

全球城市理论认为,随着经济全球化的发展,国家和城市在全球经济中相互联系越来越紧密。传统的贸易投资理论,一般以国家为单元进行研究,但是20世纪80年代之后,城市在全球经济中作为单元的重要性日益提升,成为全球经济的控制和指挥中心。城市对经济活动的管理作用,则通过集聚在城市的金融、专业服务业跨国公司对全球区域上分散的生产点、销售点以及办公场所进行控制和指挥。因此,全球经济活动越是分散化和区域化,由于治理和管理必要性,城市作为金融和专业服务集聚的必要性越强。

在全球经济中,跨国公司是全球贸易投资的载体,对各国经济不断渗透,随着全球经济服务化发展,服务业跨国公司成为全球价值链网络和生产网络的治理者,而主要发挥控制和协调作用的是金融和专业服务业跨国公司。金融业跨国公司的扩张刺激了许多小规模的金融市场的发展,满足了全球工业化扩张的需要。专业化的服务业跨国公司发挥着管理分散的工厂、办公室和服务商网络的作用。但是,金融业的高层控制活动和管理活动却集中在少数主要的城市,尤其是纽约、东京、法兰克福和巴黎等金融中心。这些城市服务的生产不仅服务于自身需求,同时也满足全球经济活动的服务需求。

全球城市理论还强调,城市与城市之间通过跨国公司的全球贸易投资活动实现了彼此之间的连通性,形成城市之间紧密性、层次性的结构,而服务业跨国公司是实现这种关联的主导者,这些服务业跨国公司通过贸易、资金、信息、人才的跨境流动,使得城市之间彼此联系。

总体来看,全球城市理论论述了城市在全球经济中的地位和实现机制,但是仍然存在一些缺陷。首先,全球城市理论认为其经济基础是金融和专业服务业,这个论断与城市历史上形成的制造业基础缺乏延续性。无论是纽约、伦敦,还是东京,这些被全球城市理论推崇的全球城市的样本,其城市发展均建立在雄厚的制造业基础上。伦敦城市功能演变的驱动力是制造业技术革命,18世纪以后伦敦城市地位的确立正是来自于大规模的工业生产,由于强大的制造业需求和产出,伦敦开启了广阔的原材料基地和欧洲以外的新市场,伦敦的贸易机构雇用了成千上万的职员,督管着世界贸易。正是源于制造业的力量，美国城市才能异军突起，成为世界文明的先锋，20世纪初，移民、欧洲投资和北美消费能力增长使得纽约的制造业迅猛发展，仅仅曼哈顿岛就创造了4000多个制造业岗位，就业带来大量"白领"和办公需求，并对城市的建筑形态带来深刻的变革，同历史上的大都市雅典、亚历山大里亚、开罗和伦敦一样，纽约商业增长也促成了全球的文化、广告的发展，并向全球输送文化和理念，它因在国际贸易、金融领域的地位而成为全球城市，进而影响到全球经济的动向（乔尔·科特金，2005）[①]。其次，全球城市理论集中关注金融和专业服务业两个领域，这种论断是偏颇的。服务业是全球性城市控制世界生产体系的核心要素，但是服务业领域是多样化的，而且从全球城市服务发展的基础来看，也并不是金融和专业服务业发挥着最为基础和重要的作用。

第五节 服务业跨国公司贸易效应的分析框架

一、相关理论基础的总结

（一）跨国公司理论的总结

第二次世界大战以后，随着国际投资和国际贸易的发展，对国际分工的研究逐渐从国别的视角转向微观主体，特别是垄断优势理论、产品生命周期理论、边际产业扩张理论、国际生产折中理论和内部化理论等的提出，则更加有效解释了跨国公司的贸易行为，并且这些理论的提出者根据国际产业转移的趋势，不断修正原有理论，分析对象从制造业跨国公司拓展到服务业跨国公司。

本书对有关跨国公司理论中有关贸易效应的论述进行了梳理。根据表2-3的整理，跨国公司理论对贸易效应的分析从不同的角度来开展，本书主要归纳为两类。

---

① 科特金. 全球城市史：The city: a global history [M]. 社会科学文献出版社，2006：200.

第一，贸易规模效应。跨国公司理论主要论述了 FDI 和贸易的效应，聚焦与 FDI 的创造（trade creation）/替代效应（trade substitution）、互补（trade complementation）/转移效应（trade diversion），更迭效应（shift）。除了 FDI 的贸易效应外，还有非股权模式的出口生成效应（export generation）。无论是创造互补、替代还是转移，更迭还是生成效应，都是对贸易量的描述，因此本书统一为贸易规模效应。贸易规模效应不仅体现为公司内贸易，还体现为对公司外贸易和国际收支平衡的影响。

第二，贸易结构效应。垄断优势理论和国际生产折中理论提出了跨国公司经营活动对一国贸易结构的影响。

表 2-3　　　　　　　　跨国公司理论对贸易效应的论述

跨国公司理论	贸易效应	
垄断优势理论	国际经营活动与贸易的关系： 区位和行业关联性	对外直接投资的贸易效应： 提高出口 减少进口 没有关系
产品生命周期理论	贸易与投资的更迭关系： 新产品阶段：出口 成熟阶段：出口 标准化阶段：投资增加，出口减少，进口	
边际产业扩张理论	贸易规模效应： 改善国际收支平衡	贸易导向效应： 投资具有贸易创造效应
国际生产折衷理论	贸易规模效应： 对国际收支平衡的影响 对公司内贸易的影响	贸易结构效应
内部化理论	贸易方式的影响： 内部贸易 独立企业间贸易	

（二）国际贸易理论的总结

新贸易理论和新新贸易理论最大的贡献，是将国际贸易和国际投资理论放入统一的体系，使得国际贸易理论和国际投资理论不断融合。新贸易理论从东道国的区位优势，包括要素价格、运输距离和资源禀赋，以及企业规模经济和贸易成本的角度，丰富了跨国公司 FDI 的贸易效应理论基础。新新贸易理论从差异化产品、生产率差异、劳动力技能的差异等异质性更深入解释了跨国公司 FDI 的贸易创造/替代效应产生的机理。本书对国际贸易理论的梳理如下（如表 2-4 所示）。

第一，贸易规模效应。不同类型的 FDI 对贸易具有创造或者替代效应，无论是贸易创造还是贸易替代效应，都是规模效应。

第二，贸易结构效应。生产率更高的企业，出口规模越大，在总贸易中比重越大，表示为贸易结构效应。

表 2-4　　　　　　　　国际贸易理论 FDI 的贸易效应

国际贸易理论	FDI 的贸易效应
新贸易理论	垂直型 FDI：贸易创造
	水平型 FDI：贸易替代
新新贸易理论	生产率越高，企业出口倾向越高，出口规模大
	生产率越高，企业国际化的 FDI 的倾向大于出口

（三）全球价值链理论

21 世纪之后，现代信息技术和柔性生产方式的普及，国际分工的国家边界和企业边界越来越模糊，跨国公司通过价值链片切的方式来实现全球化经营。尽管跨国公司理论和国际贸易理论已经慢慢注意到该现象，但是全球价值链理论则更加全面地解释了这个现象，其从跨国公司基于对交易的控制能力，来决定"购买"还是"生产"，服务业跨国公司为了提高生产经营的效率，不仅采取离岸内部一体化生产的模式，同时采取非股权贸易和独立企业间贸易来获得效益最大化，国际贸易被"价值链切片""外包化""垂直化"。服务业跨国公司由于具有"总部服务"功能，通过不同的治理模式，协调起整个全球价值链。

全球价值链理论对贸易效应的分析，也不再从贸易规模和贸易结构这样的视角来研究，而重点关注融入全球价值链国家的贸易收益。由于全球价值链的主导者是跨国公司，因此跨国公司的价值链的区位配置方式决定各国的贸易收益。服务业跨国公司的大发展，不仅产生大量的服务贸易流，而且对货物带来服务增加值效应。全球价值链的贡献不仅将贸易投资放在价值链的框架下分析，更为重要的是注意到了服务在价值链上的连接作用，更好解释了全球贸易方式的新特征。

根据全球价值链提出的贸易增加值效应，即出口贸易中国内增加值代表一国的贸易收益，本书提出服务业跨国公司的贸易收益效应，即出口中国内服务增加值，代表服务业跨国公司的发展给各国带来贸易收益。

（四）国际贸易中心理论

国际贸易中心理论框架建立在经济地理理论和全球城市理论的基础上，但是这两个理论都没有直接提出服务业跨国公司对国际贸易中心的区位效应。其中，空间经济学解释了贸易对城市产业分工的影响，即较早参与国际贸易的城市，随着所在国家开放度的提高，这些城市的产业结构会发生变化。新新经济地理理论回答了企业生产率的差异决定了区位选择的差异、技术溢出和劳动偏好，也决定了区位选择的差异，在这二者共同作用下，城市集聚了具有更高生产率水平的企业和更高劳动技能的劳动力，因此城市代表着全球经济中更高的产业结构。全球城市理论主要描述了全球城市集聚了金融和专业服务业跨国公司，发挥着对全球经济的协调和控制能力。

本书在这些理论的基础上试图提出国际贸易中心城市的分析框架，即：国际贸易中心城市由于具有货物集散的作用，吸引了为贸易提供服务的企业集聚，以及具有相关技能的劳动力资源的集聚，这些与贸易有关的服务业跨国公司一方面需要为货物提供服务；另一方面彼此之间也存在交易需求，国际贸易中心从原来的货物贸易中心，转型为为贸易提供服务的中心。从区位效应的表现来看，就是与贸易相关的服务业集聚，与贸易有关的服务业增加值提高，本书用与贸易有关的服务业增加值表示。

二、分析框架的提出

根据前文对相关理论总结和演绎，本书提出服务业跨国公司的贸易效应包括：贸易规模效应、贸易结构效应、贸易收益效应和贸易区位效应，分析框架如图 2-2 所示。

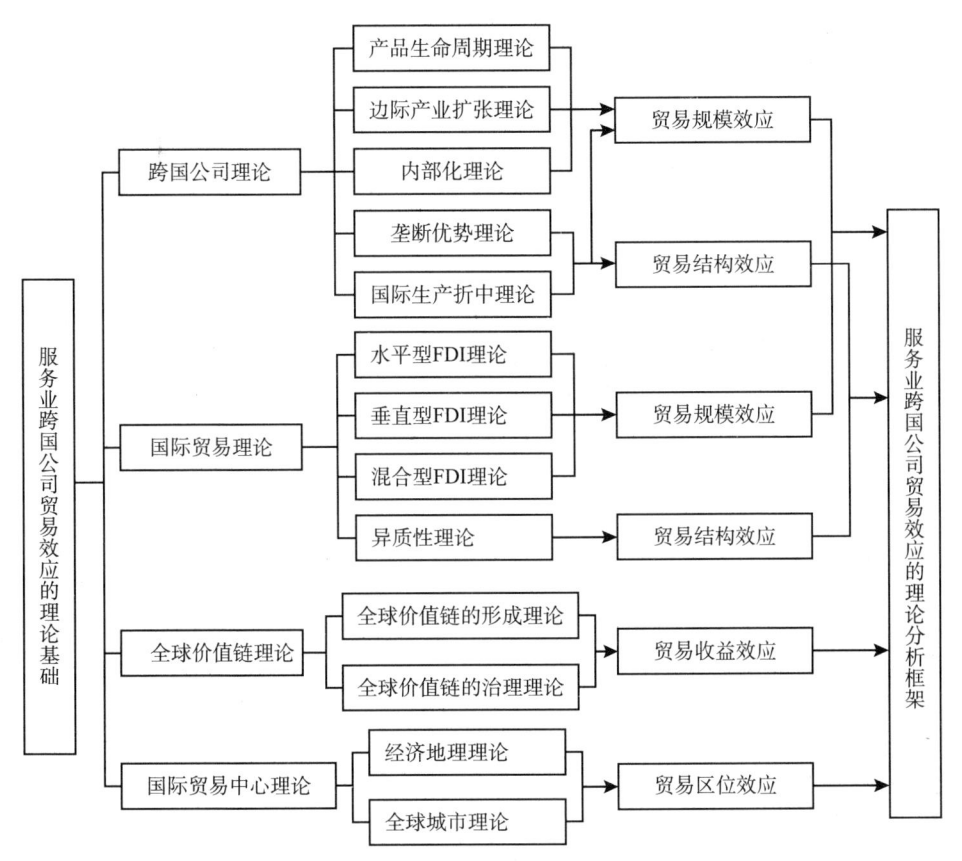

图 2-2 服务业跨国公司贸易效应的分析框架

```
服务业跨国公司贸易效应的理论基础
├── 跨国公司理论
│   ├── 产品生命周期理论 ──┐
│   ├── 边际产业扩张理论 ──┼──→ 贸易规模效应
│   ├── 内部化理论      ──┘
│   ├── 垄断优势理论    ──┐
│   └── 国际生产折中理论 ──┴──→ 贸易结构效应
├── 国际贸易理论
│   ├── 水平型FDI理论  ──┐
│   ├── 垂直型FDI理论  ──┼──→ 贸易规模效应
│   ├── 混合型FDI理论  ──┘
│   └── 异质性理论      ──→ 贸易结构效应
├── 全球价值链理论
│   ├── 全球价值链的形成理论 ──┐
│   └── 全球价值链的治理理论 ──┴──→ 贸易收益效应
└── 国际贸易中心理论
    ├── 经济地理理论 ──┐
    └── 全球城市理论 ──┴──→ 贸易区位效应

→ 服务业跨国公司贸易效应的理论分析框架
```

根据服务业跨国公司贸易效应的分析框架，本书提出：服务业跨国公司的贸易规模效应；服务业跨国公司的贸易结构效应；服务业跨国公司的贸易收益效应；服务业跨国公司的贸易区位效应。在本书的第四章、第五章和第六章将通过机理分析、实证检验和案例分析等方法来阐述该理论。

第三章

服务业跨国公司的发展阶段和特征

在研究服务业跨国公司的贸易效应之前,本章首先对服务业跨国公司的发展历程进行回顾和分析,对其贸易效应进行预判。由于服务业不同于制造业的特征,服务业跨国公司的发展阶段、国际化动机、全球化经营以及区位分布特征都与制造业跨国公司存在差异,因此研究服务业跨国公司和制造业跨国公司存在的差异和联系,有助于理解服务业跨国公司贸易效应的机理。

第一节 服务业跨国公司的发展阶段

一、初始阶段

服务业跨国公司的发展可以追溯到第一次世界大战之前,其形成原因可分为两类。一类是服务企业跟随制造业和采掘业公司开展跨国经营。制造业公司为利用殖民地国家的资源及廉价劳动力而开展跨国经营,但是这些殖民地国家的基础设施不能满足这些制造业公司的需求,为了更好地在当地经营,这些制造业跨国公司带动母国的铁路公司、公用设施公司等服务企业向海外的拓展[①]。随着海外经营活动的频繁和加深,制造业跨国公司对销售、金融、专业服务等

---

① 金芳. 服务业跨国公司当前的地位及影响 [J]. 世界经济研究. 1990 (4): 25.

配套服务的需求日益增多，尤其是银行和金融业公司为了留住原来的顾客，跟随已经从事跨国经营的顾客提供海外服务。另一类是服务业企业跨国经营的自发要求。一方面，由于贸易壁垒的存在，贸易类企业为获取更大的市场份额，在海外设立附属机构专门从事当地的销售活动，开展跨国经营。另一方面，服务业企业为逃避国内管制而开展跨国经营，例如20世纪80年代金融企业的海外扩张。

在发展的初始阶段，服务业跨国公司一般是跟随制造业和采掘业公司的国际化而开展跨国经营，从投资规模、对母国和东道国的经济影响力来看，服务业跨国公司整体弱于制造业跨国公司，20世纪50年代服务业对外投资不到20%，70年代也只有25%。

二、起步阶段

20世纪80年代中后期到21世纪初，这个阶段是服务业跨国公司兴起的阶段。但是相比制造业而言，服务业跨国公司对全球经济的影响力整体而言仍不如制造业跨国公司。

（一）制造业跨国公司服务化加速了服务业跨国公司形成

随着区域经济一体化发展、交通通信技术和生产技术的进步，跨国公司可以充分利用比较优势、集聚经济以及政策优势的国别差异，实现价值链不同环节的空间布局，将包括区域营运、研发、培训、销售、售后服务机构等在内的服务性环节布局到母国之外，以更好地服务于国外的生产制造环节，这个现象也被称为制造业服务化。从美国的情况看，这一比例在40%以上，美国、德国、日本的制造业跨国公司在海外从事此类服务业投资现象也比较普遍，比如通用、IBM。出于提高专业化水平和生产效率的要求，部分制造业跨国公司将其服务功能剥离，在独立于制造母体之后，这些服务部门的国际化经营能力越来越强，发展成为服务业跨国公司。

（二）服务业企业跨国经营速度加速

20世纪80年代以后，世界整体趋于和平稳定，经济全球化的脚步加快。为了在东道国设立分支机构来满足当地市场的需求、获取更多的世界市场的份额，服务业企业的跨国经营更加具有自发意识。并且，各国对外国直接投资的政策日趋自由化，越来越多的国家放松了对海外投资者的进入限制更加促进了服务业的海外经营行为。特别是20世纪90年代以后，各国陆续开放了金融、电信等行业市场准入，服务业企业海外扩张获得极大的推动力，比如1996年英国对外开放电信市场，欧盟在1998年开放电信市场，许多通信企业迅速成长为跨国企业，从1995年开始，英国电信先后在德国、美国、意大利等国家收购对方企业，或与当地电信企业设立合资企业，建立起了全球性的网络。

在这个阶段，发展中国家也成为服务业跨国公司发展的目的地，并呈现两个特点，一是发达国家服务业企业加快进入发展中国家，例如从1993年开始，汇丰银行、美国运通、麦肯锡等服务业跨国公司加快进入印度市场。二是发展中国家服务业跨国公司开始起步。比如在世界最大的电信跨国公司中，新加坡电信、马来西亚电信、中国移动等公司也名列其中。在世界最大的跨国银行中，也有中国银行的身影。发展中国家服务业对外直接投资无论在增长速度还是在总量上都有较大提高。20世纪70年代，服务业跨国公司几乎全部来自发达国家，2002年发展中国家的服务业跨国公司占比从1991年的1%上升到2002年的4%（UNCTAD，2004）[1]。

（三）服务业跨国公司的进入模式以跨国并购（M&A）为主

20世纪90年代，大多数国家将基础设施项目向外国投资者开放，这使跨国并购达到了顶峰，尤其以服务业跨国公司为主。一方面，由于跨国并购具有投资迅捷和有效避税等优点；另一方面，由于服务业发展的特点，一些服务业公司使用跨国并购的模式以便获得当地市场的认同，比如银行业以及电信、电力和水力等这样的基础设施服务。1987～1990年，服务业跨国并购占比约为36%，1996～2000年，大约上升到63%[2]，而且发展中国家的比例要稍高于发达国家，发展中国家的比例为64%，发达国家为57%（UNCTAD，2004）。发达国家服务业跨国公司的并购大多数为西欧内部交易和跨大西洋交易，而跨大西洋交易主要表现为欧洲跨国公司对美国企业的购买。

---

[1] UNCTAD. World Investment Report 2004：the shift towards services.
[2] 吕志华．多边投资体系与服务业跨国公司［D］．湘潭大学，2006：90．

(四) 服务业跨国公司全球化程度依然低于制造部门

这一阶段,服务业跨国公司获得了长足的发展,在全球国际直接投资中的作用也越来越大,但是总体而言,服务业跨国公司的全球化程度低于制造业跨国公司,尤其是表现在企业数量和销售规模上(见表3-1)。

表3-1 2002年世界最大的100家非金融业跨国公司的跨国经营程度指数

部分	公司数量(家)	国外资产/总资产(%)	国外销售额/总销售额(%)	国外雇员/总雇员人数(%)	TNI
服务业	31	57.6	52.7	52.6	54.3
制造业	56	54.5	62.9	56.5	57.9

资料来源:UNCTAD. World Investment Report 2004: the shift towards services.

三、兴起阶段

进入21世纪,互联网信息技术高速发展,全球服务业开放进程加快,服务业跨国公司获得大发展。

(一) 制造业跨国公司向服务业跨国公司转型的趋势越来越明显

在全球分工分段化、模块化的背景下,跨国公司出于提高生产率的要求和专业化发展的愿望,将非核心的制造和服务流程外包出去,保留知识密集型业务,实现对关键性服务工序和制造工序的控制和主导权。在技术密集型较低的领域,跨国公司通过制造外包、控制品牌和渠道方式实现全球产品销售,通过跨境贸易的方式实现产品的采购和销售。在中等技术产品中,跨国公司最核心服务一般配置在跨国公司母国,称之为总部服务(Headquarter Service)。其他关键性的服务(以跨国公司地区总部方式)配置在主要区域市场的中心城市。同时,要协调全球产品的同步研发、销售,跨国公司需要专业服务提供商提供服务,一般情况下,由于需要解决当地产品市场的繁琐问题,需要通过现场管理的方式,因而需要通过在东道国设立分支机构的方式。2011年,全球制造业跨国公司服务业化的比重已经提高到30%,其中美国的制造业服务化已经超过了55%,中国的制造业服务化也从不到1%提高到了20%左右,部分制造业跨国公司转型情况如表 3-2 所示。例如，世界最大的电气和电子设备制造商，也是全球最大的技术及服务提供商之一的通用电气（GE）公司不断将服务渗透到日常业务中，充分利用品牌、技术、人力、财力等能力，不断开发和拓展高利润增长业务，依托制造业发展金融、运输、信息技术等前景广阔的生产性服务业，将企业生产制造与服务功能相融合，扩大了市场综合占有率和竞争力。GE 逐步减少电气电子业务，发展医疗金融创新业务、提供物流服务，呈现业务的多元化。GE 在原有产品制造的基础上，还拓展了金融服务，包括商业贷款、设备融资及针对建筑、零售、制造、运输、医疗等多方位金融服务，其中设备融资面向工业、医疗、船舶、公务机、工程建设。GE 服务业发展，使得服务业已经成为公司核心的业务领域。目前，GE 的服务主要包括基于产品的支持性服务，以及贯穿整条产业链的客户指向型生产性服务，前者主要包括安装、维修保养、技术升级、监控产品等质量支援和工程服务，而后者包括产品研发、设计及定制、金融服务、各类解决方案及咨询、信息技术服务、技术支援及培训服务。随着 GE 自身服务机构的发展，服务业收入占比明显增加，从 1980 年的 16% 上升到 2013 年的 60%。

表 3-2　　　　　　　　　部分制造业跨国公司转型情况

公司名称	大致转型时间	转型标志性事件	转型前	转型后
General Electri 通用（美国）	20 世纪初	服务业相关收入占 80% 以上	电子元器件生产	贸易、研发、租赁、金融服务
IBM	2002 年	成功收购普华永道	笔记本制造	信息技术和业务解决方案
罗尔斯罗伊斯	2007 年	扩展发动机维护、发动机租赁和发动机数据分析管理等服务，通过服务合同绑定用户，2007 年服务收入达到公司总收入的 53.7%	发动机制造	技术服务
耐克	1975 年	产品线转移，集中精力建立最好的海外生产运作模式	运动用品制造	运动用品设计
米其林轮胎	2010 年左右	在全球推出的轮胎零售服务网络品牌	轮胎制造	车辆保养等服务

续表

公司名称	大致转型时间	转型标志性事件	转型前	转型后
三星	2002年左右	转向以高技术和尖端设计为核心的追求高利润率和现金流的品牌营销模式	半导体制造	研发、技术服务
西门子股份公司	2001年左右		半导体制造	客户技术服务
杜邦	2001年左右	研发模式基本形成	化学制造	研发
海尔	2010年	张瑞敏提出向互联网转型	家电制造	物流服务
戴尔	2009年	收购毕博公司的佩罗系统	笔记本制造	咨询、应用外包
诺基亚	2007年	诺基亚正式将自己定位为互联网公司	手机制造	软件服务
SK集团	1994年	取得韩国移动通信的经营权	能源化工	信息通讯服务
惠普	2000年	建立起自己的咨询网络	笔记本制造	客户咨询服务

资料来源：根据上述公司有关网站整理。

（二）基于互联网跨国公司推动了制造和服务的跨界融合

这一阶段，互联网技术的兴起带来商业模式翻天覆地的变化，一方面使服务业跨国公司来源更加多元化；另一方面互联网技术推动了传统贸易的无纸化，这种交易通过中间服务产品的模块化形成服务的全球价值链，使得服务业和制造业跨界融合程度越来越高。第一，互联网跨国公司推动制造业企业的服务化，互联网服务提供商、设备制造商和软件生产商越来越多地参与数字内容的发行。在某些情况下，互联网公司以捆绑不同的服务或者将这些嵌入设备或软件，制造业企业可能会担当全新的角色，例如手机企业参与移动电视发行，Google等搜索引擎越来越来多地参与手机业务。第二，互联网企业和其他服务业跨国公司之间业务的相互渗透，带来新的商业模式，尤其是在互联网、电信、媒体、娱乐产业之间和零售业之间的跨行业合作，形成新的商业伙伴关系。例如维亚康姆拥有在线音乐服务Real Rhapsody的股份，微软拥有Facebook的股份，苹果和诺基亚与主要唱片公司在发行方面有交易，亚马逊和苹果分别凭借Kindle和iPad成为在线新闻领域有影响的商业模式。

如表3-3所示，亚马逊和谷歌等以互联网为根基的服务业跨国公司近年来呈现出较高的增长速度，在财富500强中的排名从2009年的第400多名，上升到 2016 年的 100 名以内，显示了快速发展的特点。

表 3-3　　基于互联网的服务业跨国公司在财富 500 强中的排名情况

年度	排名	公司名称	国家	行业	营业收入（百万美元）	利润（百万美元）
2009	485	亚马逊（Amazon.com）	美国	零售	19166	645
	423	谷歌（Google）	美国	软件和计算机服务	21795.6	4226.9
2010	340	亚马逊（Amazon.com）	美国	零售	24509	902
	355	谷歌（Google）	美国	软件和计算机服务	23651	6520
2011	270	亚马逊（Amazon.com）	美国	零售	34204	1152
	325	谷歌（Google）	美国	软件和计算机服务	29321	8505
2012	206	亚马逊（AMAZON.COM）	美国	零售	48077	631
	277	谷歌（GOOGLE）	美国	软件和计算机服务	37905	9737
2013	149	亚马逊（AMAZON.COM）	美国	零售	61093	-39
	189	谷歌（GOOGLE）	美国	软件和计算机服务	52203	10737
2014	112	亚马逊（AMAZON.COM）	美国	零售	74452	274
	162	谷歌（GOOGLE）	美国	软件和计算机服务	60629	12920
2015	88	亚马逊（AMAZON.COM）	美国	零售	88988	-241
	124	谷歌（GOOGLE）	美国	软件和计算机服务	71487	14444
2016	44	亚马逊（AMAZON.COM）	美国	零售	107006	596
	94	ALPHABET	美国	软件和计算机服务	74989	16348

注：2016 年 8 月 13 日，谷歌宣布成立新公司 Alphabet。
资料来源：http://fortune.com/global500/。

（三）服务业跨国公司的全球化程度越来越高

1. 服务业跨国公司在财富 500 强中的地位越来越突出

从 2001~2016 年世界 500 强排行榜中服务业与制造业的排名来看，整体而言，服务业跨国公司保持着较为平稳的数量，通过分析图 3-1 企业数量变化，可以发现：首先，服务业跨国公司的数量占比一直处于较高的水平，相当于制造业企业数量的 1.8 倍左右。但受 2008 年全球金融危机的影响，2009 年服务业跨国公司的数量有所下降，2009 年金融业跨国公司仅有 102 家，较 2008 年减少了 23 家，随后在世界 500 强中金融业跨国公司的数量一直处于较低的水平。其次，服务业跨国公司整体数量处于下降的趋势，这是因为发展中国家制造业跨国公司的兴起。近年来，由于中国经济的发展，世界 500 强中中国企业数量以惊人的速度在增加，从2001年的11家增加到2016年的110家，15年间增加了10倍，而以中国为代表的发展中国家的跨国公司以制造业企业为主，2016年中国进入世界500强的公司服务业仅占29%，从整体上冲淡了服务业跨国公司数量。最后，其他企业数量整体处于上升趋势，本书分类中其他企业主要包括建筑业、采掘业、电力与天然气等公共事业以及一些其他类型的企业。由于中国及新兴国家的崛起，使来自这些国家的炼油业与采矿企业迅速发展，进入了500强的行列。在2001年炼油及采矿企业有35家，主要分布在发达国家日本（9家）、美国（8家）与德国（6家）。而2016年有51家炼油业与采矿业企业，主要分布在中国（16家）、美国（7家）与印度（4家）。此外，在其他企业中，有些企业是属于服务业跨国公司的，例如，途易（TUI）的前身普罗伊萨格（Preussag AG）是一家矿石开采企业，之后逐渐转型为跨国旅游企业，可以看出由于目前对于服务业和制造业跨国公司的分类标准，导致很多服务业跨国公司被分类到制造业和其他类别中，因此如果剔除了金融危机、新兴国家制造业跨国公司的崛起以及分类标准等因素，从总体来看，服务业跨国公司的数量是处于上升的趋势。

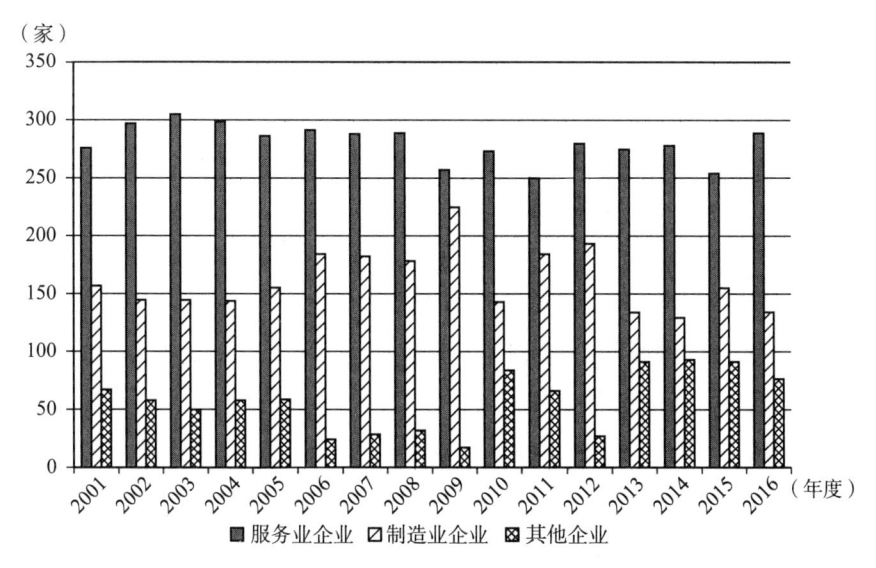

图 3-1　2001~2016年世界500强跨国公司行业分布变迁

注：原500强数据只分了服务业企业（为1）和非服务业企业（为2），没有划分出制造业和其他，本书根据国标行业的划分，将能源类企业、工程与建筑、采矿、原油生产、炼油业划分为其他企业，其他非服务业企业划分为制造业企业。

资料来源：http://fortune.com/global500/相关数据整理而得。

从 2016 年财富 500 强排行榜来看，一共有 289 家服务业跨国公司入榜，主要分布在金融、保险、批发与零售、电信、交通设施服务等行业。其中批发与零售占 17.3%，金融与银行占 20.42%，保险占 19.38%，尽管受到金融危机的影响，金融服务业仍然是服务业跨国公司重要力量（如图 3-2 所示）。

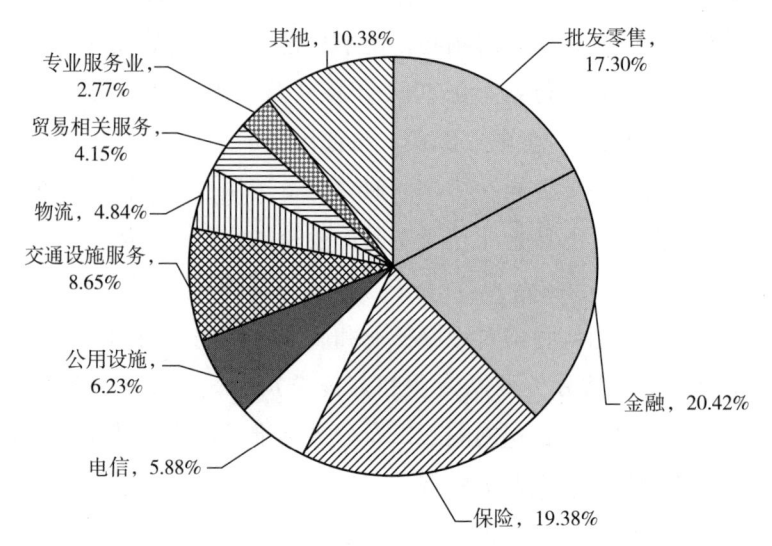

图 3-2　2016 年世界 500 强服务业跨国公司行业构成分析

资料来源：http：//fortune.com/global500/相关数据整理而得。

根据 2012~2016 年财富世界 500 强营业收入的数据可得出，服务业跨国公司的营业收入这几年来增长速度较快，从 2012 年的 149362.4 亿美元增长到 2016 年的 154567.6 亿美元，增长率较为平稳；制造业跨国公司的营业收入有下降趋势；此外，建筑业、采掘业、电力与天然气等公共事业以及其他企业的营业收入也具有下降趋势（如图 3-3 所示）。500 强行业营业收入的变动服务业的营业收入与制造业的营业收入的差距上升缓慢，近 5 年间一直维持在 2 左右，这也说明世界 500 强公司不断地向服务业集聚，同时服务业跨国公司的经营规模也在不断增大，整体收益也高于制造业跨国公司。

2. 服务业跨国公司地区总部的逐渐增加

由于企业总部与其他服务部门的分离，加大了跨国公司总部对企业的生产流程的监督、协调和管理的障碍，服务业跨国公司内部管理上支出大幅增加。一方面为了提高整体运行效率；另一方面为了应对国际竞争的加剧，服务业跨

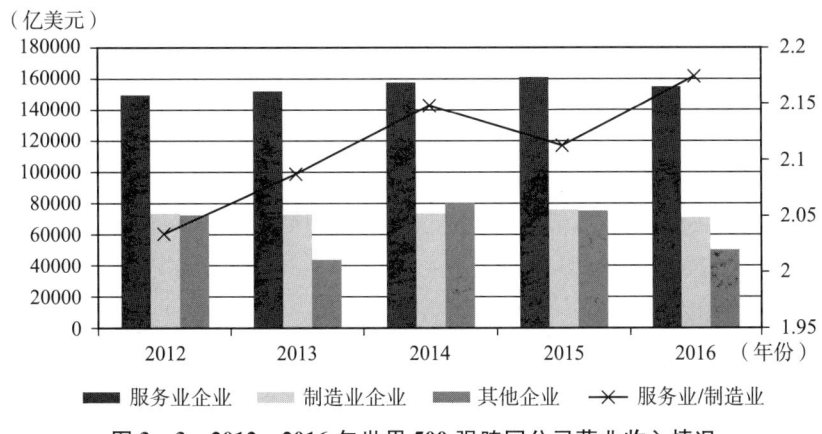

图 3-3　2012~2016 年世界 500 强跨国公司营业收入情况

资料来源：http://fortune.com/global500/相关数据整理而得。

国公司加大在区域建立相应的总部，进行对分支结构的有效管理。跨国公司地区总部经历着从制造业的地区总部向服务业地区总部的转型，包括金融、专业服务业等地区总部比重逐渐增加。

总体来看，服务业跨国公司快速成长的原因主要有：第一，国际服务业转移的趋势越来越明显，全球经济出现服务化的浪潮[1]；第二，发达国家放松了对服务业外国直接投资的管制；第三，服务贸易自由化国际性制度安排的推进；第四，信息技术和通信技术的成熟，服务企业生产率提高，克服了国际化的组织管理成本的困难[2]。

第二节　服务业跨国公司的国际化动机

根据邓宁和伦丹（2008）[3] 对跨国公司国际化动机的描述，本书总结了服务业跨国公司的国际化动机如下：

---

[1] 刘兵权. 服务业跨国公司的发展与母国经济 [D]. 湘潭大学，2006：56.
[2] 郑吉昌，夏晴. 论服务业对外直接投资及产业整合效应 [J]. 北京工商大学学报（社会科学版）. 2004（5）：11.
[3] Dunning J H, Lundan S M. Multinational enterprises and the global economy [Z]. Edward Elgar Publishing，2008：251.

一、寻求资源

由于国内某些特别的资源难以获得，或者成本比较高，自然资源寻求型的服务业跨国公司进行海外投资，以获取更高的利润和更强的竞争力。这些服务业跨国公司寻求的自然资源包括三种：第一种是地理资源，典型的例子是人力资源、旅游、租车、钻油、医疗和教育服务行业的跨国公司。第二种是成本低廉、容易驾驭的非熟练工和半熟练工，这些类型的跨国公司是劳动力成本导向型，一般生产劳动密集型的产品或者中间产品，如信息通信业跨国公司的呼叫中心。第三种是技术、管理、销售、组织等技术人员。从服务业跨国公司发展的趋势来看，在其全球生产体系中，越来越倾向于将低端的服务活动外包给劳动力成本较低的发展中国家，而通过 FDI 的形式获得发达国家的信息和专业管理技术。

二、寻求市场

服务业跨国公司的市场导向型生产活动的目的，在于维持或者扩大现有市场份额。除了增加市场份额的目的外，服务业跨国公司进行海外生产活动，还有四个目的：第一，为原有的顾客或者供应商提供服务，例如 1990~2000 年，商务服务跨国并购数增长了 10 倍，几乎是同期制造业的 3 倍。第二，满足本土化的需求，尤其体现在金融和专业服务领域。第三，摆脱贸易管制的束缚，例如 20 世纪 80 年代，为了平衡日美贸易顺差，日本优先从美国采购电信设备，加拿大电信业跨国公司为了获得日本的订单，在美国设立了分支机构。第四，参与国际生产体系，例如会计和广告业垄断寡头既是市场的主导者，也是研发创新者，很多服务业跨国公司跟随这些行业领导者开拓市场。但是总体来看，市场导向型国际生产的推动力来自于东道国市场的开放，东道国分支机构的生产主要服务于当地市场，而不是出口到其他地区。

三、寻求效率

效率寻求型 FDI 主要是为了平衡单一市场导向型和资源导向型 FDI 的不

足，从而通过区位的分散化获得更高的效率。效率导向型服务业跨国公司具有国际化经验丰富、规模大、产品多元化等特点，一方面可以获得不同东道国市场优势的资源禀赋；另一方面可获得多个国际市场的规模效应。对于寻求效率的服务业跨国公司来说，其意图是充分利用不同的要素禀赋、文化因素、制度因素、需求模式、经济政策和市场结构，在有限的几个区位进行生产活动以满足多个市场的供给。通常来说，效率追求者都是一些富有经验、多元化的大规模服务业跨国公司，这些公司生产的产品都是非常标准化的产品，他们致力于在全球范围内都可以进行生产，因此目前信息行业的服务业跨国公司更倾向采取这种模式，诸如爱尔兰、印度等国家成为重要的生产平台。对于制造业跨国公司而言，只有在基于资源型或者市场寻求型投资已经大量存在，效率追求型的国际生产模式才会出现。而现在越来越多的服务业跨国公司采取这种战略的时候主要考虑产品的特点和全球战略，而不是跟随在市场和资源型投资之后。为了使这种寻求效率的国外生产过程得以顺利进行，服务业跨国公司一般还同时考察东道国市场是否满足两个条件：市场开放度较高和经济发展基础较好，因此服务业跨国公司更加倾向于区域一体化的国家。

寻求效率的国外直接投资的区位布局主要有两种特点：一种是在要素禀赋、相对成本存在差异的不同国家中，如在发达国家和发展中国家中都进行生产，资本、技术和信息密集型附加值活动集中于发达国家，而劳动和自然资源密集型活动则集中于发展中国家。另一种寻求效率的投资则发生在有着相似经济结构和相似收入水平的国家，这种投资旨在利用范围经济和规模经济以及消费者品味和供给能力的差别。

四、寻求战略资产

所谓寻求战略资产是指服务业跨国公司的国际投资活动通过获取国外的战略资产，来获得长期的竞争力。这些公司既包括追求全球一体化或者区域化的跨国公司，也包括初次进行国外直接投资以获得在未知市场上竞争力的公司。采取这种模式的服务业跨国公司多为投资性公司，可以获取全球实体资产和人力资本。例如，2005年中国的联想公司获得了 IBM 公司的个人电脑业务，印度的 Tata 公司在 2007 年收购了英国的钢铁巨头公司 Corus，这些行为都属于战略资产寻求型动机。

与寻求效率的跨国公司做法类似,战略资产导向型的服务业跨国公司也是将多样化活动和所有权优势的收益资本化,或者是将不同经济体和环境中相似的活动和能力进行资本化。战略资产导向型的动机来自于中间品市场的不完善,一般而言,战略资产导向型的服务业跨国公司是综合性公司,主要涉及以不同货币度量的金融资产的管理。例如,像 Hanson Capital Ltd 这样的公司,是资产组合投资者,并且对投资的公司拥有大部分的股权。同时,服务业跨国公司还会把自己的组织系统和管理风格注入所投资的公司中,尽管他们自己并不参与该公司的日常管理。在战略资产导向型投资中,私募股权基金投资是重要的形式,在过去十年中该形式投资获得大幅增长,其优点在于不仅可购买股权,还可以对管理提出建议和指导。事实上,大部分战略资产导向型投资(包括那些小型跨国公司)都意图通过收购、兼并或者联合等投机行为给其自身带来更大收益,通过开放新市场、创造研发合并效果或生产经济、购买市场力、降低交易成本、获得新型组织技能、分摊管理费用、提高策略灵活性和更好地进行风险分散化来提高收益。

第三节 服务业跨国公司的经营特征

一、经营方式

一般而言,跨国公司全球经营的主要形式是国际直接投资和贸易,由于服务业本身的特性,使得服务业国际化呈现更加复杂的形式。根据邓宁和伦丹(Dunning and Lundan, 2008)[①] 对跨国公司的界定,跨国公司的全球化经营活动分为 FDI、非股权形式和独立企业间贸易。

(一) 服务业 FDI

服务业包括可分服务和不可分服务,可分服务不需要生产者和消费者面

---

① Dunning, J H and S M Lundan. Multinational enterprises and the global economy [M]. Edward Elgar Publishing, 2008: 197.

对面，可以和货物一样出口，而不可分服务需要生产和消费的同步进行，服务业企业的国际化一般从国际投资开始，服务贸易的发生在投资之后，这与制造业企业存在很大的不同，尤其是不可贸易的服务行业，如果企业需要扩大国际市场份额，只能通过 FDI 的形式在当地生产，因此服务业企业国际化与制造业企业贸易投资的线性顺序是不同的，这也是过去 30 年中服务业 FDI 存量比重上升的主要原因。此外，从贸易和投资方式的选择来看，埃克莱多和西瓦库马（Ekeledo and Sivakumar，2004）[1] 提出，投资资本被认为是造成制造业企业和服务业企业之间进入模式选择不同的关键因素，服务业企业的国际投资资本低很多，因此大多数的服务业企业采取国外直接投资的形式进行跨国经营。在国外追随其国内客户的服务业企业往往更偏好独资模式，这些企业已经与当地客户建立了比较好的合作关系，所以并不需要当地企业的支持来了解或者获取当地市场。但是，到国外寻求新客户，并且对目标市场不熟悉的服务业企业，往往采取收购当地企业，以便快速且成功地进入当地市场。并且，服务业的异质性使得产品质量的控制难度较大，出于保持服务质量的要求，服务企业通常也会选择以 FDI 形式进入当地市场。总体而言，20 世纪 90 年代以后，服务业 FDI 的增加不仅是跟随制造业企业国际化而产生，而且是自身扩大国际市场份额的需要，也是全球经济服务化下的必然结果。随着各国服务业市场的逐步开放，制造业向服务业转移的趋势越来越明显。

据 UNCTAD 各年《世界投资报告》显示，全球服务业的对外 FDI 存量从 1990 年的 9967 亿美元增加到 2014 年的 166400 亿美元，翻了 15.7 倍，1990 年全球服务业对外 FDI 存量占比 48%，2014 年上升至 67%（见图 3-4）[2]。

---

[1] Ekeledo, Ikechi Sivakumar, K. International market entry mode strategies of manufacturing firms and service firms: A resource-based perspectiveInternational. Marketing Review. [J]，2004：70.

[2] 注：世界投资报告中列示的资料来源 UNCTAD，FDI/MNE database 能够搜集到的只有全球对外 FDI 存量（百万美元）、绿地投资行业分解、跨境并购行业分解，没有行业分解，2014 年全球对外 FDI 存量采用世界投资报告 2016 中提到的"可得的最新 FDI 存量分解为 2014 年，服务业占比为 60%"。2015 年世界投资报告中这句话的表述为"可得的最新 FDI 存量分解为 2012 年，服务业占比为 63%"，2013 年的无法得知，UNCTAD 的数据中心也没有对行业分解做介绍，2013 年的服务业 FDI 存量我取的是 2012 和 2014 的均值。

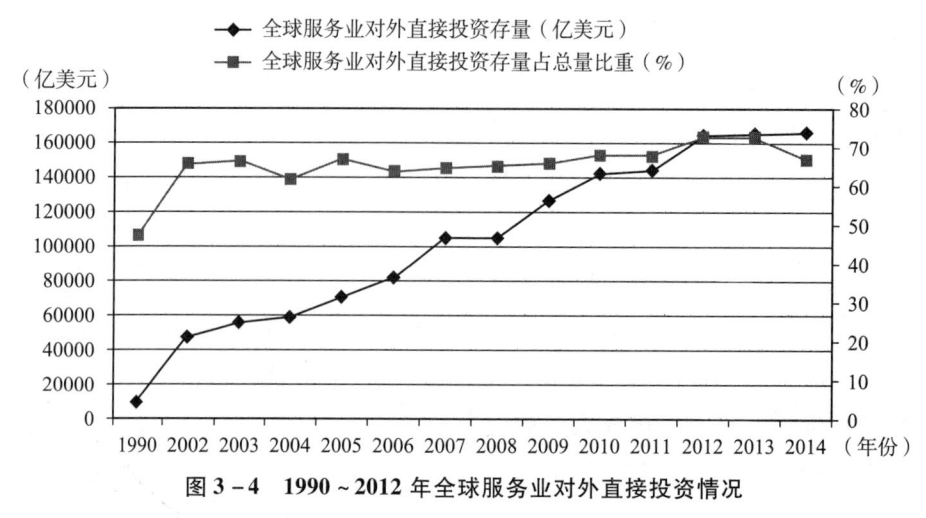

图 3-4 1990~2012 年全球服务业对外直接投资情况

资料来源：UNCTAD. World Investment Report 2016：Investor Nationality：Policy Challenges.

从 FDI 的形式来看，绿地投资仍然是服务业 FDI 的主要形式和来源，2015 年在世界绿地投资和跨国并购仍然占据最大的比重，其中绿地投资项目减少了 21%，尤其以发展中国家商业投资增速最快（UNCTAD，2016）（如图 3-5 所示）。而 2014~2015 年的服务业跨境并购则增长了 4%（如图 3-6 所示）。

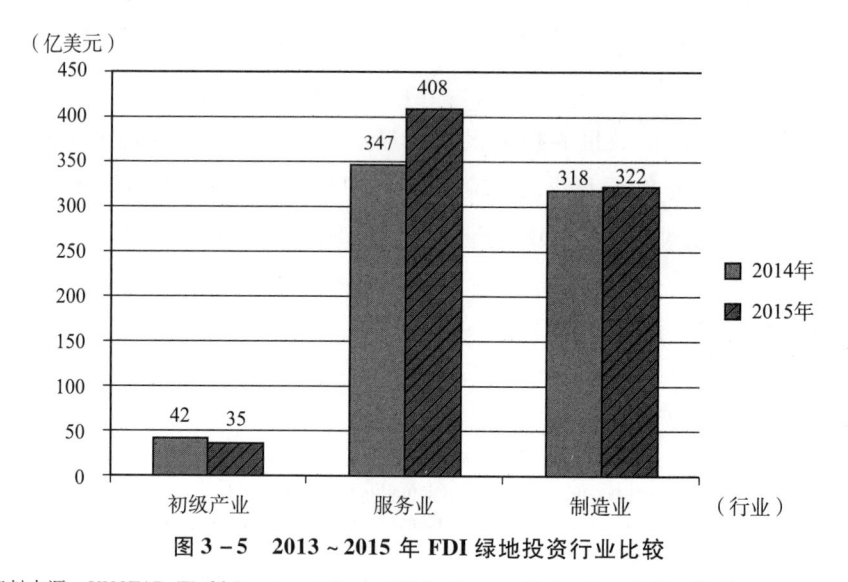

图 3-5 2013~2015 年 FDI 绿地投资行业比较

资料来源：UNCTAD. World Investment Report 2016：Investor Nationality：Policy Challenges.

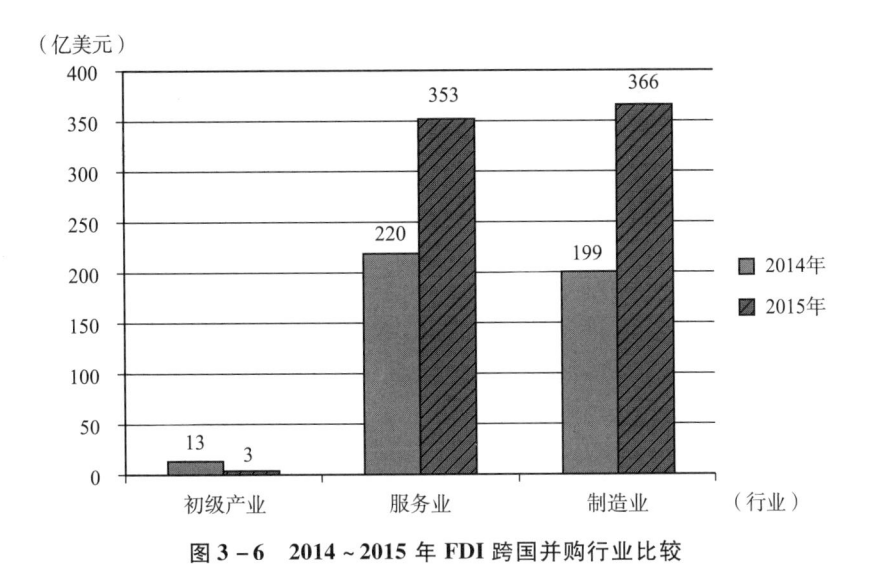

图 3-6　2014~2015 年 FDI 跨国并购行业比较

资料来源：UNCTAD. World Investment Report 2016；Investor Nationality：Policy Challenges.

（二）非股权模式（MNE）

服务业国际投资的模式并不仅仅局限于 FDI，非股权模式在服务业跨国公司全球化经营中的重要性日益突出。UNCTAD（2011）[1] 提出，非股权模式是介于 FDI 和独立企业间贸易的中间模式，非股权经营模式包括合同制造、服务外包、订单农业、特许经营、技术许可、管理合同，以及其他类型的契约关系。[2] 与服务业跨国公司相关的经营活动主要是服务外包、特许经营、技术许可等类型的契约关系。非股权模式的优点是既能实现对全球价值链的协调和控制，又能减少管理的成本。服务业跨国公司选择采用非股权模式经营的主要是非核心领域业务，特别是其不具有专长的核心业务，如信息技术业务、人力资源、物流等业务。通过业务外包降低业务成本，将资源集中于核心领域，提高整体服务质量。

非股权模式的形式多种多样，在价值链中的业务主要有商业流程外包、合约研发、合约设计、引入许可、采购中心、合约管理、呼叫中心、品牌许可等

---

[1] UNCTAD：World Investment Report 2011：Non-Equity Modes of International production and Development，2011：126.

[2] 本刊编辑部. 国际生产和发展的非股权经营模式——解读《2011 年世界投资报告》[J]. 国际经济合作，2011（8）：7.

形式（如图3-7所示）。服务业跨国公司采取非股权模式可以通过合约或者非合约形式来控制和协调独立企业的活动。作为FDI和贸易的中间环节，非股权模式在很多领域影响了贸易方式，是IT、宾馆、商业流程等行业贸易的重要组成部分。

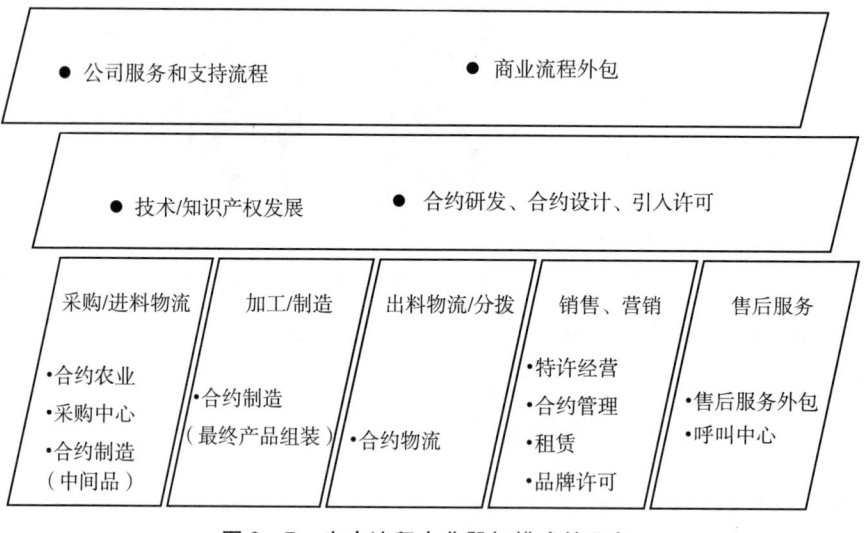

```
● 公司服务和支持流程        ● 商业流程外包

● 技术/知识产权发展        ● 合约研发、合约设计、引入许可

采购/进料物流  | 加工/制造       | 出料物流/分拨 | 销售、营销   | 售后服务
•合约农业     | •合约制造       |             | •特许经营    | 
•采购中心     | （最终产品组装） | •合约物流    | •合约管理    | •售后服务外包
•合约制造     |                |             | •租赁        | •呼叫中心
（中间品）    |                |             | •品牌许可    |
```

图 3-7　生产流程中非股权模式的业务

资料来源：UNCTAD：World Investment Report 2011：Non-Equity Modes of International production and Development，2011：126.

非股权模式主要是服务外包和特许经营。第一是服务外包。服务外包于20世纪90年代起源于在岸外包，随着信息技术的发展，服务外包迅速向离岸化发展，尤其体现在发展中国家和转型经济体国家，UNCTAD测算2009年服务外包的规模约为1亿美元。目前服务外包的主导者是发达国家跨国公司，例如埃森哲、凯捷、惠普、IBM、NTT数据等。而承接服务外包的主要是印度、菲律宾、中国等发展中国家。第二是特许经营，许多服务业行业采取特许经营的方式，最为典型的零售业、宾馆、商业服务业、教育和个人服务。但是具体到每个行业，特许经营的模式也是有差异的（见表3-4）。在发达国家，高增加值的服务业比重较高，商业和个人服务占特许经营的比例为37%，在发展中国家，低端服务业的特许经营比较普遍，如南非便捷酒店的特许经营模式占比为25%，其次为零售业，占比为22%。印度零售业特许经营模式占比高达32%，其次是快捷宾馆。

表3-4　　　　　　　服务业跨国公司全球治理模式的行业差异

组织控制模式	行业分布	相关描述
股权方式	• 银行、运输、医疗服务业、教育服务业、电信业	这类企业倾向于控股、大多数追求绝对控股地位，甚至全资控股。
特许经营等非股权式安排	• 饭店、酒店、快餐和租车公司。	这类企业最欣赏的国外经营方式为管理合同或特许安排。在多数情况下，合同可以保护签约者的技术、经营方式或信息交流和业绩等资产，不存在股权投资的高风险等问题。
	• 会计、咨询与法律等一些商务和专业服务的	这类企业主要资产是人力资本、信誉、联系和牌号，无须投入昂贵的构成资本股权的固定资产，但这些服务机构的主要竞争优势在于它们可以通过非股权安排（如合伙）进行转让和予以控制。
	• 工程和技术等商务服务	这些需要适应当地口味的广告、会计和法律服务。与当地合作者合伙和少数参股可以利用当地的专门知识并使自己的产品更适合用户的需要。在工程和建筑行业，与当地企业合营有助于跨国公司赢得东道国政府合同，并减少过去存在的国有化风险。
	• 投资银行、财产和伤亡保险等行业	服务提供的风险较高，企业希望与其他企业合作，共同分担风险。

资料来源：Dunning, John H. Multinational enterprises and the growth of services: some conceptual and theoretical issues. Service industries journal, 1989 (1): 5-39.

目前全球最大的特许经营商主要来自于发达国家，在全球最大的15个特许经销商中，除了有三家来自于日本、加拿大和英国之外，其余都是美国公司，其中大多数是快餐连锁企业，如麦当劳和必胜客，其次是便利店，如日本的7-11，此外，发达国家的酒店也倾向于采取特许经营模式，如英国的洲际酒店等（见表3-5）。跨国特许经销商的网络一般遍布全球，其中发展中国家占了绝大多数比重，例如KFC网络遍布110个国家，发展中国家有75个，假日酒店在100多家个国家有网点，这些跨国企业选择的主要动机是市场规模。此外是许可证等模式。

表 3-5　　　　　　　　　　酒店业特许经营开展情况

公司	母国	房间数	销售收入	雇员	国际化程度（%）	特许经营比例（%）	管理合同比例（%）
洲际酒店	英国	647161	18700	335000	90	74	25
万豪	美国	618104	19691	300000	20	53	45
温德姆酒店	美国	612735	7169	315970	25	96	1
希尔顿	美国	587813	18757	303118	17	69	26
雅高	法国	507306	10083	261603	75	24	22
精品国际	美国	495145	6538	145000	15	100	—
喜达屋	美国	308736	12260	159206	43	39	52
贝斯特韦斯特	美国	308477	6931	145000	39	100	—
卡尔森	美国	159756	4844	160000	55	65	21
凯悦	美国	127507	5124	130000	30	16	53
总计		4372740	110101	2254898	41	68	22

资料来源：UNCTAD：World Investment Report 2011：Non – Equity Modes of International production and Development，2011：141.

FDI 和非股权式模式可以互补的，并非完全替代。例如，零售业跨国公司可以在东道国建立销售渠道，也可以通过特许经营的方式，甚至可以通过在东道国建立分支机构来管理特许经销商。

总体而言，服务业跨国公司国际化中非股权模式的普遍性，一方面与服务产品的特点有关，如服务以劳动和知识密集型为主，可以与有形资产相分离。另一方面，也与非股权模式的特征有关，例如，所需的资本和劳动力投入较少，风险也较小，弹性比较大，而且有利于提供核心业务竞争力，关注价值增值部分等优点。

（三）独立企业间贸易

根据邓宁和伦丹（2008）的描述，企业开展国际贸易的原因有两个：一是从比本国更具有价格优势的国家降低采购成本获益，或者获得更低的中间要素。二是开拓新的市场。目前服务业企业开展独立企业间贸易存在以下几种形式：第一，服务企业把其中间投入要素或者最终产品的生产过程外包出去，例如呼叫中心的外包。第二，服务企业希望出口产品到一个新的国外市场中，由于对当地需求状况的不了解或者不确定,会倾向于从当地购买售后、维修和保养等服务,因此独立企业间贸易发生。第三,由于服务很难或者不可能在空间上进行贸易,想要进入国外市场要么采取国外直接投资的形式(如果中间品可以进行贸易),要么采取和进入国生产企业签订合约的形式,如连锁酒店的批准合同、食品饮料连锁的授权合同(比如麦当劳或星巴克),这种独立企业间贸易与非股权模式接近。

总体而言,服务企业的独立企业间贸易与FDI和MNE模式存在转换的可能性,不能严格的区别,服务业企业全球经营的方式很容易从贸易走向FDI,也很容易从独立企业间贸易转化为服务外包的形式,因此目前服务业国际化活动的主要形式是FDI和非股权模式。

二、组织形式

由于服务业跨国公司经营方式的多样化,使得其必须采取有效的组织来保证经营活动的有效性。跨国公司组织要素包括母公司、子公司和协作网络[1]。按照跨国公司经营活动中职能、产品、地区的重要性,跨国公司可按照产品线、职能、区域和矩阵等四种形式来确定组织形式。服务业跨国公司由于本身的特点,不能按照传统的组织形式来划分(Johanson and Vahlne,1977[2];郑琴琴,2004[3]),其具有以下特征。

(一)子公司和母公司以水平分工为主

从母子公司的组织结构来看,由于部分服务业产品的生产和消费的难以分割性,因此服务业跨国公司的分支结构一般采取母公司类似的水平型结构。与制造业跨国公司不同的是,服务业跨国公司以软技术优势见长,包括雇员技能培训、管理经验、金融技术、营销经验等技术,通过直接投资建立的分、子公司的软技术水平基本和母公司一致。相对于制造业研发技术的封闭性,服务业

---

[1] Dunning, Lundan. Multinational enterprises and the global economy [M]. Edward Elgar Publishing, 2008: 233.

[2] Johanson, Vahlne. The internationalization process of the firm-a model of knowledge development and increasing foreign market commitments [J]. Journal of international business studies, 1977: 23.

[3] 郑琴琴. 服务业跨国公司扩张理论及应用研究 [D]. 复旦大学, 2004: 110.

跨国公司软技术的复制和模仿性更强，因此容易产生溢出效应，有助于带动东道国服务生产率的提高。

（二）地区总部重要性提高

在跨国公司的四种组织形式中，地区总部最为符合服务业跨国公司的组织形式。由于服务业跨国公司参与国际程度越来越高，其通常在贸易、生产布局比较集中的国家/地区的某个城市设立分支机构，甚至可以行使类似母公司的职能。比如几乎所有的服务业跨国公司都会在纽约、伦敦、东京等地区设立地区总部，管理所在区域机构的运作。由于服务业生产和消费的接近性，服务业跨国公司区位布局主要取决于地区资源和垄断优势的匹配度，例如，运输企业一般集中在拥有海港、空港等资源优势的地区，旅游机构一般布局在具有重要自然资源、人文历史资源的地区，批发零售企业一般布局在具有生产制造业基地腹地和具有较高消费能力的城市。除了FDI形式之外，非股权模式也是服务业跨国公司的重要经营方式，服务业跨国公司不需要非常高的资本投入，可以通过契约的形式实现其产品在当地市场的布局，而不需要通过FDI来实现，这使得国际化经营的风险和成本降低，可以加速服务业跨国公司在各地区的网络布局。

（三）范围经济的特征显著

根据以上服务业跨国公司组织形式的特点，无论是水平型布局、还是区位的多样化，说明了服务业跨国公司更为呈现多样化的网络布局，而不是与制造业跨国公司一样存在严格的产品、事业等组织布局形式。由于服务业跨国公司的网络化布局，其职能、事业部之间以独立运作的形式为主，而为一个顾客同时进行多项服务有助于成本最小化、利润最大化，因此从生产范畴来看，一般而言，制造业企业的扩张表现为产品范畴和为生产和贸易提供给服务部门的扩张。而服务企业的国际扩张内容大多会向价值链中的"服务"环节靠近或集中。服务业跨国公司更多的是向同行业其他部类的服务领域扩展，如银行不仅提供融资、外汇结转等服务，还提供相关的咨询服务。会计事务所不仅提供会计、审计服务，还提供市场调研、管理咨询等业务，这更加凸显了服务业跨国公司的组织形式呈现网络化发展。

三、经营程度

如表3-6所示，2013年全球非金融跨国公司100强中，服务业跨国公司有33家，由于行业的差异，各类跨国公司的海外资产、销售和雇员都存在极大的个体差异性，从整体情况来看，2013年服务业跨国公司平均TNI指数为58.7%，低于整体64.5%的均值，服务业跨国公司的全球化生产程度弱于第一产业和第二产业，另外由于服务业轻资产的行业特点，服务业跨国公司的海外资产和总资产分别为54254百万美元和100664百万美元，都低于整体水平，但是从销售情况看，服务业跨国公司的海外销售额高于整体水平，海外就业人数和总人数分别为164529百万美元和231552百万美元，而100强海外就业人数和总人数分别为96672人和169491人。

表3-6　　　　2013年全球非金融类服务业跨国公司TNI排名

排名 海外资产	排名 TNI	公司	国家	行业	资产（百万美元）海外	资产（百万美元）全部	销售（百万美元）海外	销售（百万美元）全部	雇员（人）海外	雇员（人）全部	TNI（%）
7	9	沃达丰	英国	电信	182837	202763	59059	69276	83422	91272	88.9
11	73	意大利国家电力	意大利	公用事业	140396	226006	61867	106924	37125	71394	57.3
14	97	法国电力	法国	公用事业	130161	353574	46978	100364	28975	158467	34.0
16	33	德国能源	德国	公用事业	124429	179988	115072	162573	49809	62239	73.3
17	75	苏伊士	法国	公用事业	121402	219759	72133	118561	73000	147199	55.2
18	59	德国电信	德国	电信	120350	162671	50049	79835	111953	228596	61.9
19	64	苹果	美国	电子	119918	207000	104713	170910	50322	84400	59.6
21	88	三菱	日本	批发	112762	148752	17645	75734	19790	65975	43.0
24	46	恩德萨	西班牙	公共事业	108679	127235	23534	44106	18702	30680	66.6
27	16	和记黄埔	中国香港	多元化	91436	105169	26133	33035	215265	260000	82.9
31	96	沃尔玛	美国	零售和贸易	88206	204751	137613	476294	800000	2200000	36.1
33	53	西班牙电信	西班牙	电信	87156	163654	58237	75758	76969	126730	63.6

续表

排名 海外资产	排名 TNI	公司	国家	行业	资产（百万美元）海外	资产（百万美元）全部	销售（百万美元）海外	销售（百万美元）全部	雇员（人）海外	雇员（人）全部	TNI（%）
34	48	三井物产	日本	批发和贸易	86023	107016	22208	57286	36291	45148	66.5
36	100	中信	中国	多元化	78602	565884	9561	55487	25285	125215	17.1
46	62	IBM	美国	软件信息服务	60841	126223	64942	99751	306757	431212	61.5
49	89	微软	美国	信息软件	57087	142431	36505	77849	41000	99000	42.8
56	84	Orange	法国	电信	52362	118178	23238	54409	85472	165488	46.2
57	85	莱茵	德国	公用事业	52336	111688	30905	68233	28287	66341	44.9
60	55	住友	日本	批发和贸易	49662	84326	17396	33105	56867	73953	62.8
63	52	马士基	丹麦	交通运输	48730	74451	43931	47397	29701	88909	63.8
65	42	瑞典能源	瑞典	公用事业	47667	75105	18491	26363	22301	31891	67.9
68	47	Schlumberger	美国	消费服务	45507	67100	31369	45266	76857	123000	66.5
71	28	迪奥	法国	服装服饰	43908	71981	34235	38511	86102	108546	76.4
72	92	乐购	英国	零售和贸易	43488	83565	32127	99604	223899	537784	42.0
73	80	中远	中国	运输和仓储	43452	56126	19139	29101	4400	130000	48.9
80	93	谷歌	美国	软件	40916	110920	33057	59825	16080	47756	41.9
82	57	丸红	日本	批发和贸易	40677	70578	45041	70409	22031	33566	62.4
83	40	ABB	瑞士	工程服务	39893	48064	27463	41848	82700	147700	68.2
85	39	因自由	英国	电信	38129	67714	10821	14474	26250	35000	68.7
86	54	家乐福	法国	批发和零售	37913	59981	51594	98644	267590	364795	63.0
88	82	伊藤忠	日本	批发和贸易	37075	76347	17502	55193	47269	77513	47.1
93	10	WPP	英国	商业服务	35649	41236	15018	17229	105190	117115	87.8
94	43	德国邮政	德国	运输和仓储	35489	48848	50466	73135	266360	435285	67.6

资料来源：UNCTAD：World Investment Report 2014：Investing in the SDGs：An Action Plan.

  从行业分布来看，批发零售行业有8家，其中5家来自日本，TNI均值为52.9%；公用事业有7家，全部来自于欧洲，TNI指数均值为57%；电信企业有5家，全部来自于欧洲，TNI指数均值为65.9%；软件信息服务业有3家，分别是来自于美国的微软、IBM和谷歌，TNI指数均值为48.7%；交通运输有3家，来自于丹麦、中国和德国，TNI指数均值为60.1%，其余来自于消费服务、工程服务和商业服务。从国家来看，美国公司有6家，TNI指数均值为51.4%，日本有5家，全部为批发零售业跨国公司，TNI指数均值为56.3%，欧洲企业有19家，TNI指数均值为63%，其余来自于中国，除去和记黄埔外，中国的服务业跨国公司TNI指数都低于整个行业的平均水平。

根据金融跨国公司的地理扩张情况来看，总体而言全球金融跨国公司在地理上的分散性越来越强，从2005年的39.56%上升到2012年的44.63%（如表3-7所示），提升了约5%，其中日本金融跨国公司的扩张程度最高，约为10%，其次依次是欧洲为7%，澳大利亚和加拿大约为6%，而美国金融类跨国公司的地理扩张却呈现波动收缩状态。因此，整体而言近些年来主要国家的金融类跨国公司地理扩张指数都呈明显的上升趋势，金融类跨国公司正在朝着全球化经营的方向高速发展，并且在地理上分布更加广泛。

表3-7　2005~2012年前50名金融跨国公司的平均地理扩张指数　　单位：%

国家	2005年	2006年	2009年	2010年	2011年	2012年
美国	41.44	41.67	44.95	43.40	41.34	41.21
日本	28.25	27	37.01	27.97	36.90	38.15
加拿大	34.33	33.67	35.17	41.59	38.67	40.67
澳大利亚	—	—	22.97	37.81	30.27	29.15
欧洲	40.94	41.32	46.24	47.53	49.60	47.28
平均	39.56	39.78	43.67	44.92	45.4	44.63

资料来源：由UNCTAD《Top 50 financial TNCs ranked by Geographic Spread Index (GSI)》整理，报告数据来自UNCTAD/蒙特利尔高等商学院。

第四节　服务业跨国公司的区位分布特征

一、服务业跨国公司区位分布总体特征

在过去的几个世纪中，大部分跨国界活动是以国家为单位的，但是20世

纪80年代以后，城市成为跨国公司的主要空间组织形式。城市从形成之日开始，便是财富和权力集中的象征，而全球性城市更是国际经济事务的核心。尤其是服务业跨国公司向大城市集中的趋势更加明显（O'Connor，1989；周振华，2008）[①]。20世纪90年代以后，服务业跨国公司的全球化主要依托于全球各大城市向腹地扩散，并以此为节点形成全球生产和服务网络体系。首先，在区位选择上，服务业FDI呈现明显的集聚特征。例如，投资到日本的跨国公司80%集中在东京都区域，投资到美国的跨国公司主要集中在加利福尼亚州、纽约州、得克萨斯州、伊利诺伊州和新泽西州等地区。其次，在行业选择上也存在集群化趋势，主要集中在批发零售、金融、信息、专业服务等领域（陈艳林，2007）[②]。

随着经济全球化和金融投资的开放，以及信息通信技术的发展，全球资本流动速度加快，并且向少部分大城市集中趋势明显，金融类跨国公司集中在伦敦、纽约、东京，以及中国香港、新加坡、迪拜等全球金融中心城市。以纽约为例，纽约从一个港口城市，发展成为美国重要的服装、糖加工、机器设备的制造中心。20世纪50年代末，纽约制造业人口达到顶峰。纽约利用加工制造能力以及国内市场的商品吸纳能力，国际贸易比重快速上升，纽约迅速成为全球重要的国际贸易中心。20世纪60年代末，随着公路和铁路的运输成本下降，纽约水上运输的优势不再，港口的地位下降，经济危机使得跨国公司500强从纽约迁出，制造业就业人数急转直下，1961年的140万人下降到1985年的57万人，其占就业总数的比例不到20%（周振华，2011），2008年纽约制造业人数只占3%左右。在制造业衰落的过程中，纽约开始了"后工业化"的转型，大量的服务业跨国公司开始向纽约集中。虽然制造业的基础丧失，但是其作为全球金融中心、美国的首位城市的地位不可撼动。

第一，FIRE产业。FIRE产业是由萨森（1991）[③]提出，包括金融、保险和房地产等行业，根据美国财富杂志2014年发布的全球500强榜单中，128家上榜的美国企业有17家将全球总部设于纽约市内，虽总数锐减，但在美国各

[①] O'Connor, K. Australian ports, metropolitan areas and trade-related services. The Australian Geographer, 1989. 20 (2): P.170；周振华. 崛起中的全球城市：理论框架及中国模式研究 [M]. 格致出版社，2008：50.

[②] 陈艳林. 外商在华直接投资集群化及其贸易效应研究 [D]. 华中科技大学，2007：139.

[③] Sassen, S. The Global City: New York, London, Tokyo. Princeton University Press [M]. 2001: 90.

大都市中优势仍极为明显（如表3-8所示）。就纽约市而言，纽约市生产者服务业的主要部类是金融业，金融公司的数量、资产、收益总额位列全国首位。在世界500强中的17家跨国公司中就有6家金融企业、5家保险公司，两者占总数的65%。从集聚纽约市的企业总部构成来看，纽约市更多体现其作为全球金融中心和经济中心的功能，主要以银行、保险、证券等金融服务业企业为主。总部设在纽约的17家本土500强企业，5家为银行，占29%；6家为金融保险机构，占35%。

表3-8　　　2014年总部设于纽约市内的全球财富500强企业名录

美国排名	全球排名	企业名称	行业	美国排名	全球排名	企业名称	行业
16	42	弗莱森电讯	电信	84	315	阿美拉达赫斯	炼油
18	57	JP摩根大通	银行	85	318	二十一世纪福克斯	娱乐
26	82	花旗	银行	88	324	纽约人寿	保险
40	127	美国国际AIG	保险	90	333	美国运通	银行
42	131	大都会人寿保险	保险	95	353	美国教师退休基金会	保险
51	191	辉瑞制药	制药	100	390	菲利普莫里斯烟草公司	烟草
66	243	国际资产控股	金融	102	408	时代华纳	娱乐
74	270	高盛	银行	114	457	旅行者保险公司	保险
83	312	摩根士丹利	银行				

资料来源：根据世界与美国财富500强排名整理。

第二，法律和会计等其他生产服务业。据美国经济分析局数据，2011年纽约大都市区约有各类专业服务机构和公司13.2万家，其中企业人数规模小于20人的公司约占了90%。纽约集中了美国最多、最具有实力的专业服务机构。在咨询服务领域，2015年北美地区咨询公司50强排行榜中纽约有14家公司上榜，其中，前10强中纽约占了6个席位，分别是麦肯锡咨询公司、博思艾伦咨询公司、德勤咨询公司、奥纬咨询公司、普华永道（咨询）和埃森哲（如表3-9所示）。在法律服务领域，纽约集中了全美前100家律师事务所中的38家，前50强中的27家，前10强中的9家（如表3-10所示）；在会计服务领域，2013年北美地区会计公司50强排行榜中纽约有13家公司上榜（如表3-11所示）。

表 3 – 9   2015 年北美地区咨询公司 50 强排行榜中纽约上榜公司名单

2015 年排名	2014 年排名	公司英文名称	公司中文名称	得分	公司总部
2	1	McKinsey & Company	麦肯锡咨询公司	9.159	纽约
4	4	Strategy &, part of the PwC network (formerly Booz & Company)	博思艾伦咨询公司	7.977	纽约
5	7	Deloitte Consulting LLP	德勤咨询公司	7.869	纽约
6	5	PwC（PricewaterhouseCoopers）LLP（Consulting Practice）	普华永道咨询公司	7.607	纽约
8	6	Oliver Wyman	奥纬咨询公司	7.426	纽约
10	10	Accenture	埃森哲咨询公司	7.368	纽约
18	23	KPMG LLP（Consulting Practice）	毕马威（咨询）	7.161	纽约
20	17	Alvarez & Marsal	奥迈企业顾问公司	7.084	纽约
32	38	Novantas, Inc.		6.807	纽约
38	24	Mercer LLC	美世咨询公司	6.603	纽约
41	30	NERA Economic Consulting	美国国家经济研究协会经济咨询公司	6.528	纽约
48	—	Pearl Meyer & Partners, LLC		6.251	纽约
49	48	IMS Consulting Group（IMSCG）	IMS 咨询集团	6.053	纽约
50	—	Capco	Capco 咨询	5.986	纽约

注：2014 年上半年，Vault 公司根据公司威信（占比 30%）、满意度（占比 15%）、文化（占比 15%）、补偿（占比 15%）、工作/生活平衡（占比 10%）、整体业务前景（占比 10%）、促销政策（占比 5%）七大指标调查生成 2015 年北美咨询公司排名。

资料来源：Consulting Firm Rankings 2015：Vault Consulting 50，http：//www.vault.com/.

表 3 – 10   2015 年北美地区律师事务所前 50 强排行榜中纽约上榜的名单

2015 年排名	2014 年排名	公司英文名称	公司中文名称	得分	公司总部
1	1	Wachtell, Lipton, Rosen & Katz	沃切尔利普顿罗森卡茨	8.982	纽约
2	2	Cravath, Swaine & Moore LLP		8.961	纽约
3	4	Skadden, Arps, Slate, Meagher & Flom LLP and Affiliates	世达	8.489	纽约

续表

2015年排名	2014年排名	公司英文名称	公司中文名称	得分	公司总部
4	3	Sullivan & Cromwell LLP	苏利文克伦威尔	8.483	纽约
5	5	Davis Polk & Wardwell LLP	达维	8.127	纽约
6	7	Simpson Thacher & Bartlett LLP	盛信	7.793	纽约
7	8	Cleary Gottlieb Steen & Hamilton LLP	佳利	7.722	纽约
8	6	Weil, Gotshal & Manges LLP	威嘉	7.691	纽约
10	10	Latham & Watkins LLP	瑞生	7.636	纽约
13	15	Boies, Schiller & Flexner LLP	博伊斯，席勒弗莱克斯纳	7.356	纽约
14	14	Paul, Weiss, Rifkind, Wharton & Garrison LLP	宝维斯	7.321	纽约
16	13	Debevoise & Plimpton LLP	德普	7.263	纽约
20	20	White & Case LLP	伟凯	6.938	纽约
26	28	Paul Hastings LLP	普衡	6.434	纽约
27	26	Clifford Chance US LLP	高伟绅（美国）	6.354	纽约
28	27	Shearman & Sterling LLP	谢尔曼×思特灵	6.315	纽约
32	38	Proskauer Rose LLP	普士高	6.099	纽约
34	35	Cadwalader, Wickersham & Taft LLP	凯威莱德	6.049	纽约
36	36	Milbank, Tweed, Hadley & McCloy LLP	美邦	6.046	纽约
37	31	Linklaters LLP（US）	年利达（美国）	6.032	纽约
39	37	Orrick, Herrington & Sutcliffe LLP	奥睿	5.969	纽约
40	33	Allen & Overy LLP	安理（美国）	5.966	纽约
41	39	Fried, Frank, Harris, Shriver & Jacobson LLP	法朗克	5.95	纽约
42	41	DLA Piper	欧华	5.907	纽约
47	52	Cahill Gordon & Reindel LLP	—	5.724	纽约
48	44	Freshfields Bruckhaus Deringer LLP	富而德（美国）	5.679	纽约
49	49	Willkie Farr & Gallagher LLP	威尔基·法尔&加拉赫	5.677	纽约

注：2014年上半年，Vault公司调查了17000多名律师生成了2015年北美律师事务所前100排名。
资料来源：Law Firm Rankings 2015：Vault Law 100，http://www.vault.com/.

表 3-11　　2015 年北美地区会计公司前 50 强排行榜中纽约上榜的名单

FDFDF	2014 年排名	公司英文名称	公司中文名称	得分	公司总部
1	1	PwC（PricewaterhouseCoopers）LLP	普华永道	8.354	纽约
2	4	Ernst & Young LLP	安永	8.22	纽约
3	2	Deloitte LLP	德勤	8.08	纽约
4	6	KPMG LLP	毕马威	7.71	纽约
13	14	Friedman LLP	弗里德曼	6.322	纽约
19	31	CohnReznick LLP	—	5.993	纽约
20	16	Berdon LLP	—	5.87	纽约
30	41	Marks Paneth LLP	—	5.37	纽约
34	29	EisnerAmper LLP	—	1.458	纽约
35	34	Marcum LLP	麦楷	1.277	纽约
40	38	WeiserMazars	—	1.115	纽约
42	39	Anchin，Block & Anchin LLP	—	1.07	纽约
44	42	Citrin Cooperman & Company，LLP	—	1.036	纽约

注：2014 年上半年，Vault 公司根据公司威信（占比 40%）、文化（占比 20%）、工作/生活平衡（占比 10%）、补偿（占比 10%）、整体工作满意度（占比 10%）、业务前景（占比 5%）、正规培训（占比 5%）七大指标调查生成 2015 年北美会计公司排名。

资料来源：Accounting Firms Rankings 2015：Vault Accounting 50.

二、服务业跨国公司世界 500 强总部区位分布

根据《财富》2014 年发布的排行榜，本书对世界 500 强企业总部所在城市进行了分析。总体来看，跨国公司总部所在城市分布更加分散，其中 2001 年 500 家跨国公司分布在 201 个城市，而 2014 年分布在 225 个城市，如表 3-12 所示。

表 3-12　　2001 与 2014 年世界 500 强企业总部城市分布情况

城市	2001 年			2014 年		
	总部企业数	服务业	其他	总部企业数	服务业	其他
纽约	23	14	9	17	14	3
伦敦	25	15	10	18	12	6

续表

城市	2001年			2014年		
	总部企业数	服务业	其他	总部企业数	服务业	其他
东京	80	37	43	43	21	22
巴黎	25	12	13	18	11	7
芝加哥	4	3	1	3	2	1
大阪	13	5	8	7	3	4
北京	11	8	3	53	22	31
多伦多	10	8	2	5	5	0
苏黎世	7	6	1	6	5	1
里约热内卢	1	0	1	2	0	2
洛杉矶	1	0	1	1	0	1
墨西哥城	2	1	1	3	1	2
中国香港	1	1	0	4	4	0
莫斯科	2	0	2	7	2	5
法兰克福	5	5	0	2	2	0
新加坡	1	0	1	2	0	2
夏洛特	6	4	2	2	1	1
亚特兰大	9	5	4	4	3	1
上海	—	—	—	7	3	4
孟买	—	—	—	6	1	5
圣保罗	—	—	—	4	1	3

资料来源：根据世界财富500强排名整理。

根据表3-12可见，纽约、伦敦、东京、巴黎等大城市的财富500强跨国企业总部数量的减少主要是制造业跨国公司，而非服务业跨国公司，服务业跨国公司的数量基本稳定，尤其是发展中国家城市中服务业跨国公司数量还有所上升，例如苏黎世、多伦多、中国香港等；有些城市即使服务业跨国公司的数量有所减少，但减少的幅度没有非服务业跨国公司大。因此，服务业跨国公司区位分布的总体特点是在城市集聚。

三、服务业跨国公司对亚洲城市关注度越来越高

随着亚太市场不断扩大，在全球经济中的地位逐步提升，更多的跨国公司在该地区设立区域总部来管理和协调亚太地区分支机构运营。上海、香港、新加坡等城市凭借各自的优势，成为跨国公司总部的首选。根据2011年中国欧盟商会联合罗兰贝格管理咨询有限公司开展的《欧盟企业在中国——亚太地区总部调查》显示，在15个亚太地区潜在总部所在地吸引力排行中，上海、香港、新加坡分列第一、第二和第三名，同时这三个城市也是总部集聚程度最高的三个城市。根据2016年的统计数据所述，截至2015年底上海已设立外资总部经济项目1243家，包括跨国公司地区总部、外商投资性公司和研发中心，而同期跨国公司在香港的总部机构数则达到了1401家，新加坡更是在2012年就拥有约4200家地区总部机构，其中上海的扩张尤其显著，从2003年的56家增至2015年的535家，10年时间增长近10倍（如表3-13所示）。

表3-13　　　　上海、香港、新加坡跨国公司地区总部数量比较

年份	上海 跨国公司地区总部	上海 外资总部经济项目总数	香港 驻港地区总部数目	香港 驻港地区办事处数目	新加坡
2003	56	252	966	2241	据新加坡经济发展局（EDB，2012）统计，已有约4200家跨国公司在新加坡设立了地区总部。
2005	124	424	1167	2631	
2007	184	573	1246	2644	
2009	260	755	1252	2328	
2011	353	927	1340	2412	
2012	403	1019	1376	2516	
2013	445	1094	1379	2456	
2014	490	1168	1389	2395	
2015	535	1243	1401	2397	

注：上海的外资总部经济项目总数＝跨国公司地区总部＋投资性公司＋外资研发中心。
资料来源：上海市国民经济和社会发展统计公报（2003~2016年）、香港政府统计处、新加坡经济发展局。

(一) 新加坡

新加坡于1959年独立,至今已经有50年的发展历史。在成立之初,由于英国资金与人力的撤离,导致新加坡转口贸易急剧衰退,失业率高达14%。在1980年以前,新加坡政府为了解决国内就业以及促进经济发展,优先发展劳动密集型工业。同时,新加坡大量吸引外资和引进新技术,推动国内制造业发展。20世纪80年代,随着新加坡制造业成本不断上升,导致一些企业的制造环节外迁与转移。新加坡开启"第二次工业革命",积极吸引研发设计和信息服务企业,1986年制订了总部计划,吸引了大量跨国公司总部入驻。

根据新加坡国家经济发展局统计,目前新加坡有2.6万家跨国公司,跨国公司在销售及零售业、商业服务业以及金融服务业方面进行了总部投资。新加坡拥有超过500家的本地和海外金融机构提供多样化金融产品和服务,本地的证券和贷款市场以及亚洲的美元市场,都可为经商者提供所需的资金与服务。据世界经济论坛《全球竞争力报告2011~2012》,新加坡法律和监管体系位居世界第二,自1997年以来一直被公认为知识产权保护最好的亚洲国家。新加坡设有865家律师事务所,其中包括90家国际律师事务所,这些事务所拥有高素质的法律专业人才库,包括4000多名职业律师和800名外国律师。全球最强的10家国际律师事务所中,已有9家在新加坡注册。此外,新加坡是亚洲最受欢迎的国际商会(ICC)仲裁场所,也是与巴黎、伦敦、日内瓦和苏黎世并列的最受欢迎的五个ICC仲裁场所之一。过去五年内在新加坡进行的国际仲裁案件数量翻番。全球8个顶级人力资源咨询公司均在新加坡设立运营机构,其中多家拥有区域监督职能和职能部门。华信惠悦咨询公司、美世人力资源咨询公司、合益集团,以及以人力资源外包和咨询公司著称的翰威特咨询公司均将亚太地区的总部设在新加坡。新加坡约有2000多家管理咨询公司;麦肯锡、普华永道、波士顿咨询、德勤全球、贝恩咨询等均在新加坡设立了业务总部或正在加强其在新加坡的分公司的地位。新加坡约有800多家审计会计公司,全球四大会计事务所(德勤、安永、普华永道、毕马威)均在新加坡设有地区总部。随着新加坡发展成为可信赖的国际商业及金融中心,会计业有望获得更高增长。新加坡有200多家国外通信和媒体专业服务公司,CNBC、Discovery和路透社等都在新加坡设立了亚太地区总部。在全球10家顶级广告公司中,有9家在新加坡开展业务。隶属于全球广告业巨头WPP集团的明略行、奥美广告公司、世界第四大广告传媒公司——法国阳狮集团集团均将亚太地区的总部设在新加坡。尼尔森、盖洛普、英国 Interbrand 公司等均在新加坡设有地区总部或品牌中心。

（二）中国香港

中国香港依托于自身优势条件，早期依托转口贸易促进了香港经济的繁荣。20世纪70年代以前，服装等轻工业在香港的大发展，使其成为亚洲制造业中心。20世纪70年代末，轻工业主导型经济模式难以驱动香港经济发展，整个经济趋向萧条。同时香港成本制造业成本较高，20世纪80年代初，香港制造业开始大规模地向中国内地转移，从而为服务业发展提供空间资源与人力资源等。

根据香港特区政府统计处2016年10月底最新发布的统计报告，截至2016年6月1日，驻香港的跨国公司区域总部计1379家（如表3-14所示），比2015年的1401家有所减少，减幅达1.6%。从产业上来看地区总部较多的行业分别为进出口贸易、批发及零售（692家，50.2%）、专业、商用及教育服务业（214家，15.5%）、金融及银行业（210家，15.2%）。由此可见，香港跨国公司主要是与贸易有关的服务业，这和香港国际贸易中心地位密不可分。此外，很多大型专业服务业跨国公司聚集在香港，据香港地区政府统计处《香港统计年刊2016年版》数据，2014年香港地区会计服务输出总值达15亿元。中国内地是香港地区会计服务输出的最大市场。香港地区作为著名的国际商业中心，具备优厚条件为跨国企业和其他公司提供咨询服务，吸引了不少国际知名的咨询服务公司开展业务。这些国际知名的管理咨询公司除服务香港地区外，大多数还为中国内地及亚太地区其他地方服务。香港地区管理咨询业的优势包括：经验丰富的专业人士为数甚多；技术唾手可得；客户基础庞大。根据《2016年代表香港境外母公司的驻港公司按年统计调查报告》，截至2016年6月1日，共有3731家境外公司在香港地区设有地区总部或地区办事处。

表3-14　截止到2016年6月1日香港跨国公司地区总部各行业数量

在香港的主要业务范围	地区总部数目	比例（%）
进出口贸易、批发及零售业	692	50.2
专业、商用及教育服务业	214	15.5

续表

在香港的主要业务范围	地区总部数目	比例（%）
金融及银行业	210	15.2
运输、仓库及速递服务业	111	8.0
信息科技服务业	66	4.8
制造业	58	4.2
出版、传播媒介及多媒体活动#	36	2.6
建造业	26	1.9
保险业	24	1.7
电信业	22	1.6
地产业	19	1.4
人类保健活动及自然科学的研究及发展	14	1.0
食肆及酒店业	11	0.8
创作、表演艺术及专门设计活动	5	0.4

资料来源：《2016年代表香港境外母公司的驻港公司按年统计调查报告》。

本章小结

服务业跨国公司的发展和制造业跨国公司存在千丝万缕的联系，但是在其发展中也存在自己的特点，可以总结如下。

第一，服务业跨国公司正处于大发展阶段，在全球经济中发挥着越来越重要的作用。得益于制造业跨国公司国际化引导，服务企业跟随母公司客户或者竞争者进行国际化扩张，这使得服务业跨国公司FDI先于贸易活动而产生，具有明显的贸易创造作用。批发零售、电子商务等企业发展，同时推动了全球货物贸易流动。

第二，服务业跨国公司全球化经营的程度越来越高，部分行业的TNI指数甚至超过制造业跨国公司。根据异质性理论，国际化程度越高的企业，生产率水平越高，则贸易创造能力越强。此外，服务业跨国公司全球化经营的形式也越来越多样化，尽管FDI仍然占据主导地位，但是非股权形式模式的重要性日益提高，并成为治理全球价值链的重要形式，而非股权形式本身是一种合约贸易，这也说明了服务业公司的贸易创造能力。

第三，服务业跨国公司在组织形式和区位布局上与制造业跨国公司存在着差异。由于服务业不可存储、生产和消费的不可分割性，大多数的服务业跨国公司海外分支机构一般与母公司具有相似的经营范围，并且服务业跨国公司以劳动力和知识为主要的生产要素，更趋向于向大城市集聚，比制造业跨国公司更具有溢出效应。

第四章

服务业跨国公司贸易效应的机理分析

根据理论基础，本章提出了服务业跨国公司贸易效应的分析框架：（1）贸易规模效应，即服务业跨国公司大发展扩大了全球和地区贸易总量规模，以及服务业跨国公司内部贸易规模；（2）贸易结构效应，服务业跨国公司的大发展将改善贸易结构，提高服务贸易占总贸易的比重，服务贸易内部结构也会得到改善；（3）贸易收益效应，服务业跨国公司的发展，有助于提高全球价值链参与国的贸易收益；（4）贸易区位效应，服务业跨国公司的发展，将使国际贸易中心城市与贸易有关的服务业集聚度提高，从货物贸易中心转向为贸易提供服务的中心。

根据本书第二章提出的服务业跨国公司贸易效应的分析框架，本书提出了四个效应的机理分析图，如图4-1所示。

根据图4-1，本章分为四个部分，对服务业跨国公司的四个效应的产生路径进行阐述，第一部分为贸易规模效应的机理研究，第二部分为贸易结构效应的机理研究，第三部分为贸易收益效应的机理研究，第四部分为贸易区位效应的机理研究。

```
┌──────────────────┐
│ 垂直型服务业FDI │──┐
└──────────────────┘  │
┌──────────────────┐  │   ┌──────────┐
│ 水平型服务业FDI │──┼──→│贸易创造效应│──┐
└──────────────────┘  │   └──────────┘  │
┌──────────────────┐  │                 │   ┌──────────┐
│ 混合型服务业FDI │──┘                 ├──→│贸易规模效应│──┐
└──────────────────┘                    │   └──────────┘  │
┌────────────────────────────┐          │                 │
│服务业非股权模式的贸易生成效应│──────────┘                 │
└────────────────────────────┘                            │
                                                          │
┌──────────────────────┐                                  │
│   服务业行业异质性    │──┐                              │
└──────────────────────┘  │   ┌──────────┐               │   ┌────────┐
                          ├──→│贸易结构效应│───────────────┤   │服 │
┌──────────────────────┐  │   └──────────┘               │   │务 │
│服务业FDI行业结构差异 │──┘                              │   │业 │
└──────────────────────┘                                  │   │跨 │
                                                          ├──→│国 │
┌──────────────────────────────┐                          │   │公 │
│服务业在全球价值链中的连接作用│──┐                        │   │司 │
└──────────────────────────────┘  │   ┌──────────┐       │   │的 │
                                  ├──→│贸易收益效应│───────┤   │贸 │
┌──────────────────────────────┐  │   └──────────┘       │   │易 │
│全球价值链治理和贸易服务增加值│──┘                        │   │效 │
│         的形成               │                           │   │应 │
└──────────────────────────────┘                          │   └────┘
                                                          │
┌──────────────────────────────┐                          │
│国际贸易中心和与贸易有关的服务│──┐                        │
│          业集聚              │  │   ┌──────────┐       │
└──────────────────────────────┘  ├──→│贸易区位效应│───────┘
┌──────────────────────────────┐  │   └──────────┘
│与贸易有关的服务跨境交易的产生│──┘
└──────────────────────────────┘
```

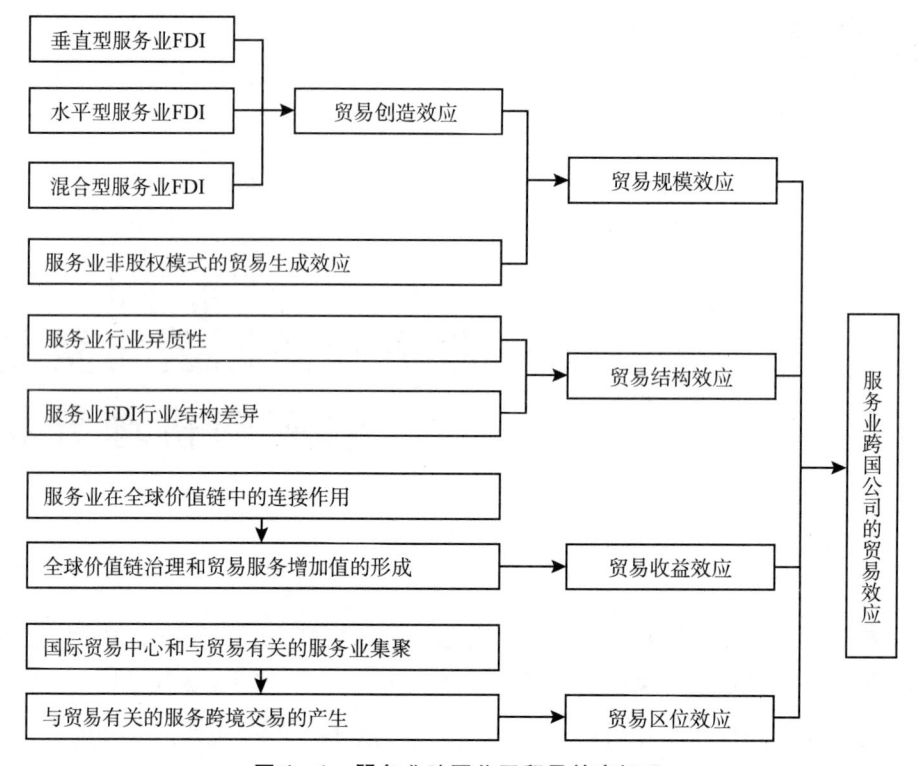

图4-1 服务业跨国公司贸易效应机理

第一节 服务业跨国公司的贸易规模效应

跨国公司基于交易成本和收益的权衡，其国际化形式分为FDI、非股权模式和独立企业间贸易。国际贸易理论将跨国公司不同国际化形式下的贸易分为内部贸易和外部贸易，其中内部贸易是指跨国公司FDI形式下，母公司和分支机构之间、以及各分支机构之间的跨境交易，而外部贸易则是指跨国公司通过外包或者独立企业间交易的形式实现的跨境交易。综合跨国公司和国际贸易理论，为简化概念，本书将服务业跨国公司活动分为FDI和非股权模式。本节重点研究服务业FDI和非股权模式的贸易规模效应的机理。

一、服务业FDI的贸易规模效应

服务业FDI是贸易创造还是替代效应，目前还没有明确的结论，但是从近年来全球服务业 FDI 和服务贸易的增长来看，基本呈现同向增长趋势。由于服务的可贸易性较低，服务业企业欲在国外市场销售自己服务，一般会先在东道国设立分支机构，因此一般认为服务业 FDI 是先于服务贸易而产生[①]，这是与制造业 FDI 贸易效应的不同之处。根据新贸易理论，服务业 FDI 贸易的效应，还与服务业 FDI 的模式有关。

（一）服务业 FDI 和贸易交互式顺序

制造业跨国公司的国际化发展具有线性顺序的特点，即从贸易到投资，或者投资到贸易。线性顺序是制造业企业国际化的典型特征，无论大企业还是小企业，也无论其来自发达国家，还是发展中国家。《1996 年世界投资报告》[②]对 807 家英国企业的调查发现，多数制造业跨国公司一般都经历了出口、在海外建立经营网络再到国外投资设厂这样的阶段。与制造业相比，由于服务业的特殊性，许多服务产品无法通过贸易来满足国际市场需求，它必须直接在当地生产。此外，出于追随客户的需要，服务业跨国公司国际化是通过先投资来实现。因此，服务企业并未完全参考制造业跨国公司采取贸易投资渐进的线性方式开展跨国经营，这是近 30 多年来服务业 FDI 比重上升的主要原因。随着技术进步和服务逐步可贸易化，服务业跨国公司贸易行为增多，尤其是信息通信技术的进步，信息服务跨境提供的规模增大。技术的进步不仅增加了服务的可贸易性，同时服务业跨国公司为了寻求更低劳动力成本、更有技能的工人和战略资源，越来越多的服务业跨国公司也开始进行海外投资。因此，按照商业存在即服务贸易的定义，服务业跨国公司国际化呈现交互式的国际化顺序。

本书将全球服务业 FDI 和服务贸易出口进行比对，从增长趋势来看，2002～2015 年世界服务业 FDI 和服务贸易出口呈现连续的增长趋势，而且走势基本保持一致（如图 4-2 所示），基本验证了以上的分析。

（二）服务业 FDI 贸易创造效应的宏观因素和微观因素

除了服务业自身特点决定了服务业 FDI 先于贸易产生，以及二者之间存在

[①] Ekeledo, I and K Sivakumar Hoekman, B and A Mattoo. Services trade and growth. World Bank Policy Research Working Paper Series, Vol. 2008.

[②] UNCTAD. World Investment Report 1996: Investment, Trade and International Policy Arrangements [P]. 1996: 75.

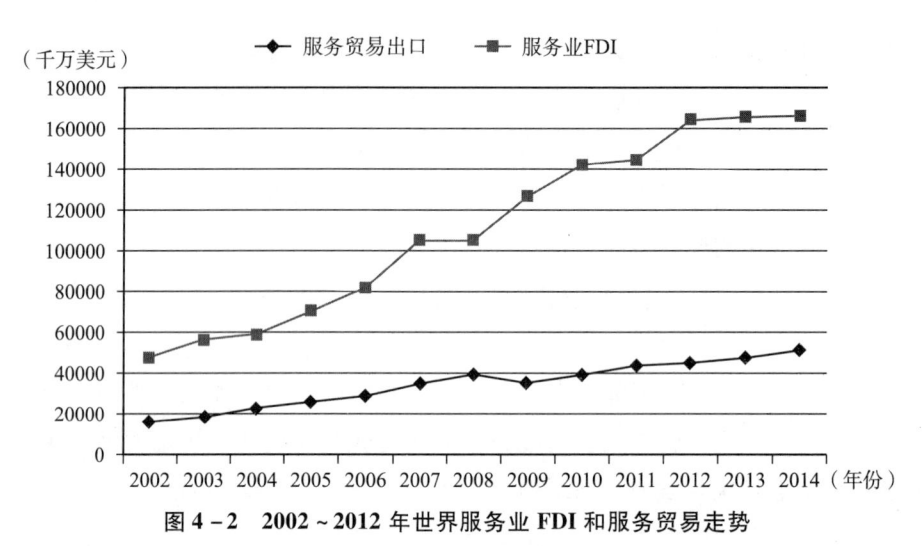

图 4-2 2002~2012 年世界服务业 FDI 和服务贸易走势

资料来源：UNCTAD 数据库。

的交互式国际化顺序外，根据国际生产折衷理论，东道国区位优势和所有权优势决定了贸易行为。

1. 东道国的因素

首先，由于信息通信技术和互联网技术的发展，各国服务业开放度不断提高，使得贸易壁垒降低、投资成本减少，服务业跨国公司加速了全球扩张的步伐，推动了母子公司以及分支机构之间的贸易往来。其次，东道国政策制度的连贯性将有助于服务业跨国公司在东道国持续开展业务，提高生产效率，形成贸易创造效应。另外，服务业跨国公司在东道国跨国经营的程度，包括规模、产品结构、研发投入、广告宣传、生产经验以及 FDI 规模，都会影响服务业跨国公司内部贸易的规模以及内部贸易占整个贸易中的比重。最后，区域经济的一体化程度也会影响服务业跨国公司内部贸易规模和模式，区域经济一体化程度越高，服务业跨国公司之间的专业分工就越细，因此内部贸易规模越大[①]。

2. 内部化因素

根据跨国公司理论，服务业跨国公司 FDI 的选择主要是基于成本和收益的权衡选择。首先，交易成本的权衡。由于交易成本的存在，企业会选择通过关

---

① Dunning, J H and S M Lundan. Multinational enterprises and the global economy. Edward Elgar Publishing, 2008: 476.

联机构之间的交易实现跨境贸易。假设 A 企业需要某种服务需求，比如研发，它可以从企业 B 处购买，但是因为服务业本身具有知识密集型的特征，对于 B 企业来说设计和研发成本非常高，如果 B 企业进行了生产并将服务品销售给 A 企业，B 企业可以得到什么？如果 A 企业和 B 企业在早期签订合同，明确研发投入成本，可以预见结果。在不存在契约的情况下，B 企业的服务生产，对于 A 企业这些外部企业可能有用，也可能没有用，这就是资产的专用性，如果符合 A 企业的需要，那么可能对其他顾客的价值就越低，这是服务产品的特殊性决定的。因此存在的结果是 B 企业向 A 企业开出较高的价码，或者 B 企业以较低的成本开发不符合 A 企业的产品，这对 A 企业而言，是无效率的，因此 A 企业决定自己生产，通过关联机构的交易，实现成本降低和收益最大化的目标。其次，服务业跨国公司内部贸易的产生，也是企业通过一体化实现规模经济和范围经济的结果。例如，日本的商业集团和韩国的财阀。由于资本市场的不完善，这些集团成立分支机构来为其他成员提供金融服务，在内部以边际成本销售，而在外部销售的时候采取高额的加成。最后，服务的声誉尤其重要，由于服务业跨国公司不能直接观察到外国管理者正在采取的某些行动，而且控制这些活动的成本较高，因此不能控制服务质量，服务业跨国公司通过 FDI 实现内部交易，一方面降低了成本，另一方面也保证了服务的质量。从这个角度而言，FDI 具有贸易规模效应。

（三）不同类型服务业 FDI 的贸易规模效应

服务业 FDI 存在多种形式，不同形式的 FDI 对贸易规模效应是不同的，因此引入国际贸易理论中不同类型的 FDI 贸易效应机理，分析不同类型的服务业 FDI 的贸易效应。目前垂直型和水平型服务业跨国公司是研究跨国公司国际生产和贸易关系的核心。但是现在大多数跨国公司既参与水平型 FDI，也有垂直型 FDI，以及混合型 FDI，混合型 FDI 又以平台型 FDI 为主要形式。

1. 水平型 FDI

所谓水平型跨国公司是指在一国设立总部，但在多国组织生产的跨国公司。根据水平型 FDI 的理论，产品的临近—集中权衡是跨国公司主要考虑的因素，由于服务业生产和消费的即时性特点，临近—集中原则在服务业国际生产和贸易中的重要性比货物贸易更高（Ceglowski, Kimura & Lee, 2006）[①]。而服务业跨国公司出口利润和 FDI 利润随着市场规模而增长，如图 4-3 所示。首先，利润曲线上每个点代表当企业选择该曲线所代表的供应外国市场的规模，即出口或通过子公司销售时，企业获得最高利润，由于图 4-3 是没有固定成本的，因此出口利润起始于原点，而子公司有固定成本，子公司利润位于横轴下方，该固定成本表示服务业跨国公司进入东道国市场的投资成本，以及获得当地市场份额的营销成本。其次，FDI 利润曲线比出口利润曲线斜率大，代表服务业跨国公司临近市场的优势，由于服务生产和消费即时性的特点，以及服务贸易关税壁垒较高，因此服务业 FDI 方式下实现的贸易比外部购买具有利润优势。根据前文阐述，早期的服务业跨国公司 FDI 基本都接近这个模式，比如银行、专业服务业跨国公司为国内的制造业跨国公司提供融资、会计、审计、咨询等服务，追随客户进入东道国市场，从而获得市场规模优势。

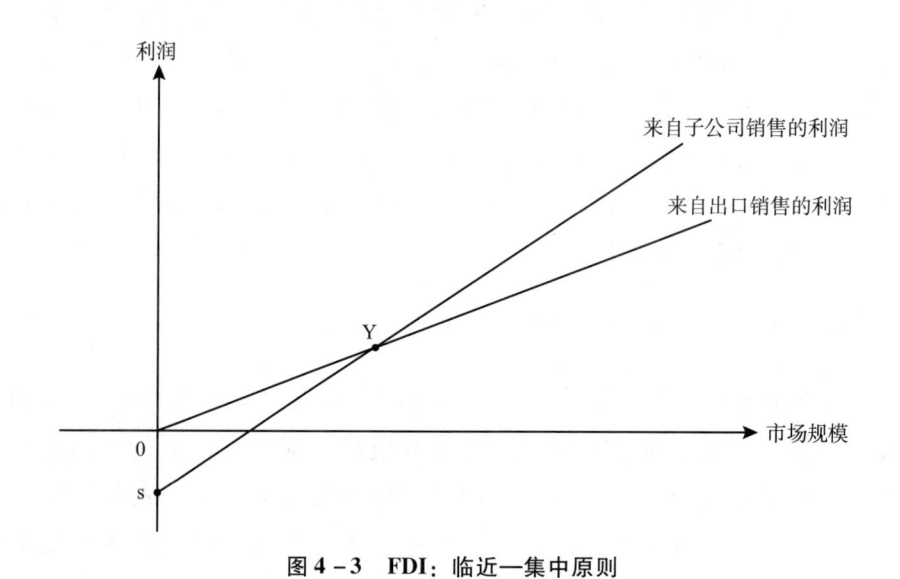

图 4-3 FDI：临近—集中原则

资料来源：Feenstra R C. Advanced international trade: theory and evidence [M]. Princeton University Press, 2003.

随着美国经济分析局完善了 FATS 下服务贸易统计，越来越多的学者从实

[①] Ceglowski, J. Does gravity matter in a service economy? Review of World Economics, 2006, 142 (2): 312; Kimura, F and H Lee. The Gravity Equation in International Trade in Services. Review of World Economics, 2006, 142 (1): 100.

证的角度来分析美国服务业跨国 FDI 模式，吉兰（2011）[①]选取了 1983～2000 年，以及 2000～2007 年两个时间段，对美国服务业跨国公司在 OECD 和非 OECD 两种类型的国家投资进行分析，得出在 OECD 国家，当投资成本增加的时候，服务的销售额并没有显著减少的结论，说明服务业跨公司在 OECD 国家是水平型。从 2012 年美国服务业跨国公司海外分公司海外经营数据也能得到类似的特征，根据美国经济分析局提供的数据，可以发现 2012 年美国服务业跨国公司分支机构的销售中，当地市场份额占 92%，换言之，美国在加拿大服务业跨国公司实现的跨境贸易只占 8%，即为水平型服务业跨国公司。除了欧洲国家和 OECD 国家之外，美国服务业跨国公司在智利、哥伦比亚、中国、印度尼西亚、马来西亚、泰国等国家的分支机构销售的当地化倾向也非常高（如表 4-1 所示），也就是水平型 FDI。由此可见，服务业跨国公司的 FDI 的类型与经济发展程度并不完全相关，这与服务产品和市场规模的特征有关。

表 4-1　　　　美国服务业跨国公司水平型 FDI 和贸易　　　　单位：%

	美国市场销售占比	东道国市场占比	第三方市场占比
加拿大	5.6	92.0	2.4
丹麦	2.0	91.7	6.3
希腊	1.2	95.2	3.6
土耳其	3.1	94.3	2.6
南美	2.4	91.5	6.1
巴西	2.7	90.3	7.0
智利	0.6	98.8	0.6
哥伦比亚	2.4	92.6	4.9
埃及	1.0	93.1	5.9
澳大利亚	4.0	90.6	5.3
中国	4.4	89.2	6.4
印度尼西亚	1.1	92.3	6.6
日本	3.3	94.3	2.4
韩国	3.8	91.0	5.2

---

① Guillin. Comparison between FDI motivations in goods and services' [J]. Economics Bulletin, 2011, 31 (4): 2744-2756.

续表

	美国市场销售占比	东道国市场占比	第三方市场占比
马来西亚	5.3	88.1	6.6
新西兰	1.8	95.8	2.5
泰国	1.2	93.2	5.7

资料来源：根据美国经济分析局网站数据整理。

2. 垂直型 FDI

所谓垂直型跨国公司是指在一国设立总部，并在另一国组织生产的跨国公司。海普曼（1984）[①]的垂直型跨国公司理论提出，由于跨国公司在多个国家分配其生产能力有助于改善这些要素价格差异，并扩大了要素价格均等化的范围，进而对贸易方式产生影响，由于同质产品只在一个国家生产，所以从另外一个国家生产表现为贸易赤字。但是对于差异化的产品而言，产业内贸易较为平衡，差异部门的生产可分为生产和总部服务，后者包括诸如管理、设计和研发等活动，母公司向其子公司出口总部服务，产生公司内贸易流，而母公司从子公司进口最终产品，产生双向的贸易流动。

但是实证发现，没有纯粹的水平型 FDI 和垂直型 FDI，表 4-1 也验证了这一结论。玛库森（2002）[②]将垂直型跨国公司和水平型跨国公司在统一的框架下结合起来，提出了"知识—资本"模型。提出这个模型的核心是跨国公司总部创造的知识被多个国家所利用，在企业内部具有公共物品的特征。由于服务业跨国公司的所有权优势来源于服务质量、专业信息和技术、专有知识（Dunning，1989）[③]，除了信息服务产品由于可贸易性较强，大多数的服务业跨国公司海外分支机构的知识水平几乎和母公司相近，之间并不存在垂直分工问题（金芳，1990）[④]，因此"知识—资本"模型更加符合服务业跨国公司的生产模式的特征。

"知识—资本"模型所使用的因变量是跨国公司子公司的实际销售额，包

[①] Helpman, E. A simple theory of international trade with multinational corporations. the journal of political economy, 1984: 455.

[②] Markusen, J R and K E Maskus. Discriminating among alternative theories of the multinational enterprise. Review of international economics, 2002, 10 (4): 694-707.

[③] Dunning, J H. Multinational enterprises and the growth of services: some conceptual and theoretical issues. Service industries journal, 1989, 9 (1): 10.

[④] 金芳，服务业跨国公司当前的地位及影响. 世界经济研究，1990 (8): 26.

括其在当地的销售额和出口额。对水平型跨国公司而言,当地销售额是最重要的,而对垂直型跨国公司而言,出口销售额(出口对母国)是最重要的,借鉴卡尔、玛库森和马斯克斯(2003)[①]得出估计方程如下:

服务业跨国公司子公司的实际销售额 = $\beta_0 + \beta_1(GDP^i + GDP^j) + \beta_2 + (GDP^i - GDP^j)^2 + \beta_3(技术^i - 技术^j) + \beta_4((GDP^i - GDP^j)(技术^i - 技术^j)) + \beta_5(\alpha^j) + \beta_6(\xi^j) + \beta_7(\xi^i) + (技术^i - 技术^j) + \beta_8(\xi^i) + \beta_9(\xi 距离^{ij})$

其中,i 国为服务业跨国公司总部所在国,j 国为其国外子公司所在地,公式右边第一个变量是两国 GDP 之和,与水平型子公司的实际销售正相关($\beta_1 > 0$)。第二个变量为两国实际 GDP 之差的平方,用来衡量规模分布,预期与水平型子公司的实际销售成反向关系($\beta_2 < 0$)。变量 α 反映了东道国的投资成本,ξ 表示贸易成本,包括在控制变量之中。由于垂直型跨国公司决定因素主要是要素禀赋,要素禀赋差异决定了出口的规模,而不是由 GDP 来决定的,因此在公式中表现为第三个和第四个变量,与母国和东道国劳动熟练程度有关,其中技术由劳动力所在某个熟练职业中所占的份额来度量。在水平型模型中,预期到投资和子公司销售额会在国家间的禀赋差异下减少,并且两国 GDP 不同时,该效果更加显著,因此 β_3、β_4 均小于 0。当两国禀赋差异越大,垂直型跨国公司的投资越多,因此可以预测 $\beta_3 > 0$。玛库森(2002)[②]根据以上模型,发现相对贸易伙伴而言较小且熟练劳动力丰裕的国家,如荷兰,拥有垂直型跨国公司总部的最大集中度。相对市场规模和技能禀赋的交互项与垂直型投资正相关,因而也有 $\beta_4 > 0$。随着服务业跨国公司相关研究的增多,实证结果检验发现,美国服务业跨国公司附属公司在海外开展服务,目的是从在非 OECD 国家降低劳动力成本,这证实了文献玛库森(2002)中所强调的要素禀赋差异的重要性。对于非 OECD 国家而言,服务业跨国公司是垂直型的,说明了美国的企业把附属公司设在非 OECD 国家是为了更廉价地进行生产。根据对美国服务业跨国公司的分析发现,纯粹的服务跨国公司垂直型非常少见,除了水平型之外,存在更加复杂的服务业 FDI 类型,其实现的贸易创造效应的机理也不一样,但是无论何种类型的 FDI,都实现了贸易规模的提升。

---

① Carr, D L, J R Markusen and K E Maskus. Estimating the knowledge-capital model of the multinational enterprise: Reply. American Economic Review, 2003: 998.

② Markusen J R, Maskus K E. Discriminating among alternative theories of the multinational enterprise [J]. Review of international economics. 2002, 10 (4): 694.

3. 混合型 FDI

随着全球经济中企业组织变得越来越复杂，纯粹的垂直型 FDI 和水平 FDI 不能解释所有的国际生产行为，因为混合型 FDI 广泛存在。耶普尔等（2003）[①] 考察了三个类型的国家，包括两个发达国家（A、B）和一个发展中国家（C）（此模型运用到服务业 FDI 时，其前提是最终产品和中间产品是可贸易的）。假设每个发达国家消费一种产品，该产品由总部在发达国家某国生产，为了生产产品需要两个中间投入品，在发达国家的另一国或者在发展中国家生产比较便宜，此时发达国家的企业有四种选择：第一，A 国企业可以在母国生产两种投入品，组装好出口到 B 国。第二，企业可以在 A 国生产一种投入品，在 C 国生产另外一种产品，组装好出口到 B 国，这是垂直型 FDI。第三，该企业可以在 B 国设立子公司，在 A 国和 B 国均生产两种投入品，并且通过在本地生产商、在 A 国的母公司和 B 国分公司来完成产品的生产，并在 A 和 B 国消费，这就是水平型 FDI。第四，在 C 国生产一种中间品，在 A 和 B 生产另外一种，然后在 C 国组装出口到 A、B 两国，这就是出口平台型 FDI。每种模式的选择取决于发达国家和发展中国家的中间投入品的成本差异、运输成本以及 FDI 的固定成本。如果运输成本低，这两种形式的 FDI 倾向于彼此互补，总部在 A 国而在 C 国的分支机构的生产中间产品来降低产品的单位成本，在这种情况，增加销售有利可图，此外还可以通过在 B 国设计销售公司来供应 B 国市场。这使 C 国市场成为出口平台，形成了对 A 和 B 国双向的贸易流动，实现了贸易规模效应，例如爱尔兰。根据美国服务业跨国公司的全球化经营数据，爱尔兰是美国在欧洲的重要投资目的地，双方实现的贸易规模也较大。

格罗斯曼、海普曼和塞迪尔（2006）[②] 在此模型的基础上，提出企业生产率差异化下的不同选择，每种选择对贸易产生不同的影响。第一，没有运输成本。A 国一体化企业会在 A 国生产，然后出口到 B 国。由于 C 国的成本更低，A 国企业可以考虑中间产品在 C 国生产组装。由于 FDI 具有成本，因此低生产率的企业不参与 FDI，因此只有生产率高的企业会在 C 建立分支机构，用来生产中间品和组装最终产品。显然，C 国是高生产率企业的出口平台，这些企业

---

① Helpman, E, M J Melitz and S R Yeaple. Export versus FDI. 2003, National Bureau of Economic Research.

② Grossman, G M, E Helpman and A Szeidl. Optimal integration strategies for the multinational firm. Journal of International Economics, 2006, 70 (1): 220.

向 C 国居民出售其部分产出,而将其余产出出口至 A 国和 B 国,因此生产率高企业的 FDI 行为,扩大了 C 国和 A 国、B 国之间贸易规模。当中间投入品 FDI 固定成本足够低时,中等生产率的企业也会在 C 国设立子公司生产中间投入品,并将中间投入品出口到 A 国组装成最终产品,这些最终产品部分在当地出售,部分出口至 C 国和 B 国,因此 A 国与 B、C 两国的贸易规模扩大。第二,当最终产品贸易成本高昂,但是中间投入品贸易成本较低,中间投入品会进行最终产品的 FDI,此时中间产品分别出口到 A、B 两国组装,此时 C 国与 A、B 两国之间中间产品贸易规模扩大。

根据美国经济分析局提供的 2012 年由海外分支机构实现的服务产品销售数据,美国服务业跨国公司在爱尔兰、卢森堡、瑞士、中国香港、新加坡的销售不仅服务于当地市场,而且出口到美国市场和第三方国家市场,其中瑞士在第三国的销售比重更是高达 55.9%,其次是爱尔兰、新加坡、荷兰等国家。爱尔兰一直是一个重要出口平台国家,尤其是在 ITO、BPO 领域。但是纯粹的平台型 FDI 几乎是不存在的,大多数平台型 FDI 同时实现在母国、东道国和第三方国家的销售(如表 4-2 所示)。

表 4-2　　　　　　　　　平台型服务业 FDI　　　　　　　　　单位:%

	美国市场销售占比	东道国市场销售占比	第三方市场销售占比
爱尔兰	23.5	25.2	51.3
卢森堡	7.9	58.1	34.0
荷兰	6.5	54.6	38.9
瑞士	7.2	36.9	55.9
中国香港	11.4	55.6	33.0
印度	30.7	59.3	10.0
新加坡	8.4	43.3	48.3

资料来源:根据美国经济局数据分析得到。

二、非股权模式的贸易规模效应

根据前文分析,不管服务业 FDI 采取哪种形式,由于服务业 FDI 先于贸易产生的特质,决定了服务业 FDI 的规模效应。根据美国服务业跨国公司附属机构实现的销售来看（如表4-3所示），与制造业跨国公司相比，服务业跨国公司关联机构之间的贸易占比为20%左右，低于制造业跨国公司36%的水平，其中批发业跨国公司为17%，零售业为7%，而金融保险和专业服务业的程度略高，分别26%和22%的水平。经验数据的分析来看，服务贸易存在大量的非关联交易，除了企业间贸易，非股权模式是重要的贸易形式。

表4-3　　2012年美国各行业跨国公司海外分支机构内部贸易倾向度

跨国公司类别	总销售额（百万美元）	相关机构之间销售额（百万美元）	非相关机构之间的交易额（百万美元）	相关机构贸易占比（%）
所有行业	5738005	1740022	3997984	30
采矿业	114600	18716	95884	16
制造业	3890949	1413283	2477666	36
批发业	322941	54338	268603	17
零售业	269240	18925	250315	7
信息业	238232	64986	173246	27
金融保险业	334068	87104	246964	26
专业服务业	209975	47201	162775	22

资料来源：根据美国经济分析局（BEA）网站数据进行分析整理。

（一）非股权模式产生的基础

1. 外部条件

第一，技术条件。20世纪90年代，互联网的兴起使得通信运营商铺设了大量的光缆，使得服务传送的成本大为降低，为服务离岸化奠定了基础设施。信息技术的提高加大了服务的可分离化，服务的国际分工活动扩大，跨国公司根据价值链进行国际分工，将各个环节配置在生产成本最低的国家。服务标准的出现使得服务跨境提供风险可控，例如开发能力成熟度模型集成（CMMI）、开发能力成熟度模型（CMM）、人力资源成熟度模型（PCMM）、信息安全管理（ISO27001/BS7799）、IT服务管理（ISO20000）、服务提供商环境安全性（SAS70）[①] 等服务外包领域重要的国际质量标准，加速了服务的国际分工。

第二，东道国因素。东道国对服务业FDI的限制，也是促使跨国公司使用

---

① http://www.aski.com.cn/news/html/? 417.html.

非股权模式的重要原因。例如，印度食品零售行业对外资股权比例和零售业务范围的限制，阻止了诸如沃尔玛等国际零售巨头的进入，但是却促使了国际零售特许专营企业晶石国际（德国企业）在印度市场的扩张。非股权模式本质上是以合约为基础的，稳定的商业法和合同法是非股权模式实现的基础，发达国家和发展中国家不断提高知识产权保护水平，为非股权模式的实施提供了保证。此外，各国商业便利性、尤其是贸易便利化程度的提高，也是非股权模式发展的重要基础。

2. 内部要求

服务业跨国公司提高效率的要求，也是采取非股权安排的重要原因。当企业一体化存在范围经济，能够节约固定成本，但同时面临运营成本上升而上升，因此当生产率较高的时候，企业会不满足于母国一体化状态，而非股权模式由于运营成本低、风险少、调整速度的特点，成为服务业跨国公司国际化的重要形式。服务业跨国公司非股权模式以服务外包为主，服务外包又可分为信息技术外包（information technology outsourcing，ITO）、业务流程外包（business process outsourcing，BPO）、知识管理外包（knowledge process outsourcing，KPO）。

（二）非股权模式下的贸易规模

非股权模式与服务业FDI除了在股权方面的差异外，另一个重要特点就是其贸易生成能力，非股权模式贸易主导了全球多个行业的贸易[①]。目前，玩具、鞋、服装、电子等行业的全球贸易量中，制造合同和服务外包占50%以上。非股权模式的本质就是降低内部生产成本，通过契约的形式来实现跨境购买。非股权模式更加强调效率、规模经济和范围经济，因此具有较强的贸易创造能力，尤其是对发展中国家而言。发展中国家的服务企业进入国际市场可选择路径多种多样，而非股权模式无须高昂的前期投资而获得更多的收益。

在东道国市场导向型非股权模式中，如特许经营、授权和管理合约出口，贸易创造是显而易见的。在全球的酒店行业中，几乎所有的国际化运营都采取特许经营或者管理合约的模式，融入全球价值链使得东道国酒店获得了更多的

---

① UNCTAD. World Investment Report 2011：Non-Equity Modes of International production and Development：155.

旅游资源，扩大了发展中国家服务贸易规模。2010年非股权贸易生成的贸易额约为20900亿美元，包括服务外包、特许经营、技术许可、管理合同等形式在内。部分行业非股权模式的出口额占该行业总出口总额的70%~80%。但是不同行业和不同非股权模式贸易创造效应是有区别的。

例如零售业特许经营通常创造的出口比较少，但是进口会增加；酒店管理合同通过吸引国际游客而形成服务出口；服务外包具有较高的贸易创造效应，2009年印度IT-BPO出口业务占全球的2/3，是印度同期出口贸易的14%。《2004年的世界投资报告》列出了出口导向型的服务业，这些行业目前已经成为服务外包的重要支撑领域（如表4-4所示）。

表4-4　　　　　　　　　出口导向的离岸服务

呼叫/联络中心服务	共享服务中心（后台服务）	IT服务	区域总部
服务窗口	索赔处理	软件开发	总部
技术支持/建议	账目处理	应用检测	协调中心
售后服务	交易处理	内容开发	
员工咨询	咨询管理处理	工程和设计	
索赔咨询	客户管理	产品优化	
客户支持/建议	处理		
市场调研	人力资源/薪酬处理		
应答服务	数据处理		
预测	IT外包		
信息服务	物流处理		
客户关系	质量保证		
管理	供应商发票		

资料来源：《2004年世界投资报告》①。

总体而言，非股权经营模式可以通过提高东道国生产能力、实现技术溢出效应来促进国内企业发展等方式，推动发展中国家融入全球产业链，在长期发展中受益（UNCTAD，2011）②。

---

① UNCTAD. World Investment Report 2004：The shift towards services，2004.
② UNCTAD. World Investment Report 2011：Non-Equity Modes of International production and Development，2011.

三、全球服务贸易的规模特征

(一) 全球服务贸易规模及趋势

从全球服务贸易趋势来看，总体呈现规模快速增长的特点（如图4-4所示）。1980~2015年全球服务贸易总额从8434亿美元扩大到95555亿美元，增长了10倍，平均增速为6.8%，高于货物贸易的5.7%。尽管2008~2010年受到全球金融危机的影响，服务贸易还是总体呈现不断增长的趋势。

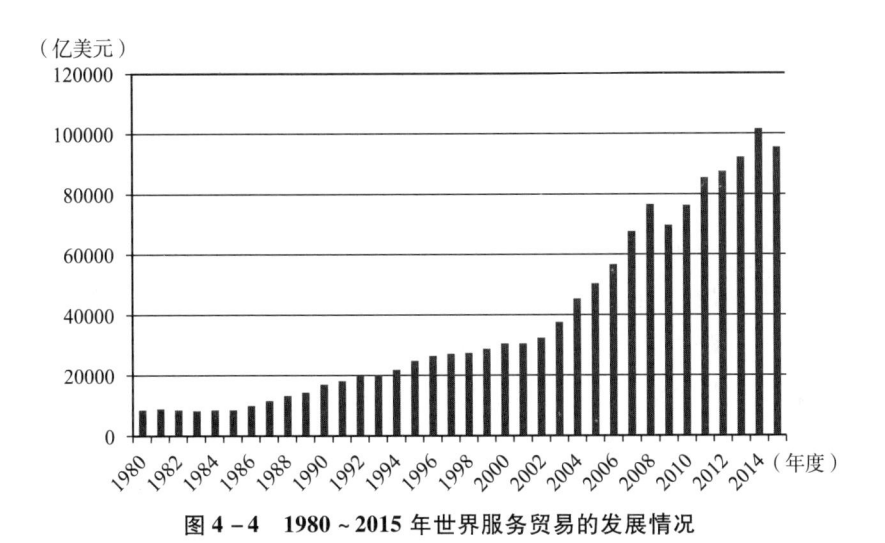

图4-4 1980~2015年世界服务贸易的发展情况

资料来源：UNCTAD数据库。

从国家来看，美国是全球服务贸易主导者，是世界服务贸易第一大进口国和出口国，2013年美国在全球服务贸易总额中占比为12.4%。根据图4-5可见，美国一直保持着服务贸易盈余状态，2013年美国服务贸易出口是6874亿美元，进口为4621亿美元，贸易盈余为2253亿美元，比2012年提高了6%。与美国货物贸易持续的赤字相比，美国服务贸易顺差达到历史的新高位。在全球服务贸易中排名第二位的是德国，占比为6.6%，其余依次为中国5.8%，英国5.2%，法国4.6%，日本3.4%，荷兰3.0%，日本3.0%，新加坡2.7%，爱尔兰2.6%。

·服务业跨国公司的贸易效应·

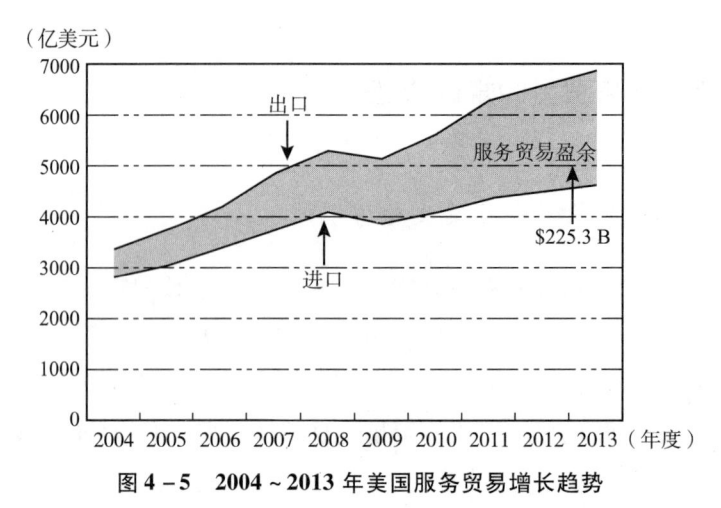

图 4-5　2004~2013 年美国服务贸易增长趋势

资料来源：Alexis N Grimm and Charu S Krishnan. U. S. International Services Trade in Services in 2013 and Services Supplied Through Affiliates in 2012：1.

（二）跨国公司贸易规模

全球货物贸易主要由跨国公司来支配，约为 2/3 以上为跨国公司内部贸易，而日本商品出口额的 93% 与跨国公司相关[1]。由于服务生产和消费的不可分割性，服务业跨国公司的境外投资被作为商业存在的形式纳入服务贸易的统计范围，即通过境外海外分支提供服务[2]，因此跨国公司在全球服务贸易中也占据主要地位[3]。目前统计跨国公司服务贸易的方法是外国附属机构贸易统计（FATS），除美国已经建立起比较完整的 FATS，其他各国还处于探索和完善的阶段，因此本书的跨国公司服务贸易数据主要来自美国经济分析局（BEA）网站。

根据美国经济分析局的统计数据，1989 年美国主要外国附属机构的服务进口（内向 FATS）规模就已超过跨境交付进口规模（如图 4-6 所示），1996 年美国主要外国附属机构服务出口（外向 FATS）规模超过跨境交付出口规模（如图 4-7 所示）。全球服务业 FDI 已经成为服务贸易重要的实现方式，各国也加快了对商业存在形式服务贸易的统计。

---

[1] UNCTAD. World investment report 2013：global value chains：investment and trade for development：UN. P. 137.

[2] 裴长洪，杨志远. 2000 年以来服务贸易与服务业增长速度的比较分析［J］. 财贸经济，2012（11）：9.

[3] 刘绍坚. 国际服务贸易发展趋势及动因分析［J］. 国际贸易问题，2005（07）.

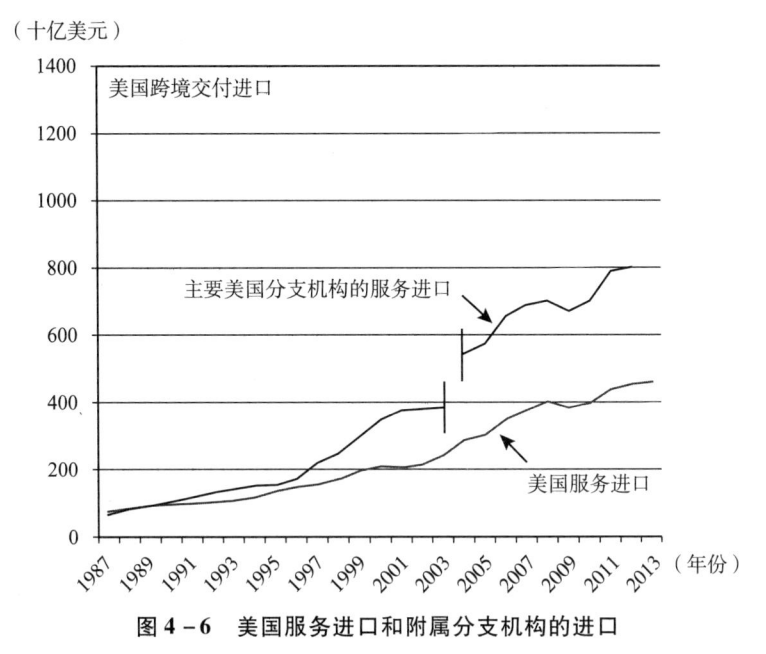

图 4-6 美国服务进口和附属分支机构的进口

注：2003 年、2004 年断点主要是因为增加了银行、零售和批发的分拨服务、保险服务。
资料来源：美国经济局网站（BEA），Alexis N Grimm and Charu S Krishnan. *U. S. International Services Trade in Services in* 2013 *and Services Supplied Through Affiliates in* 2012.

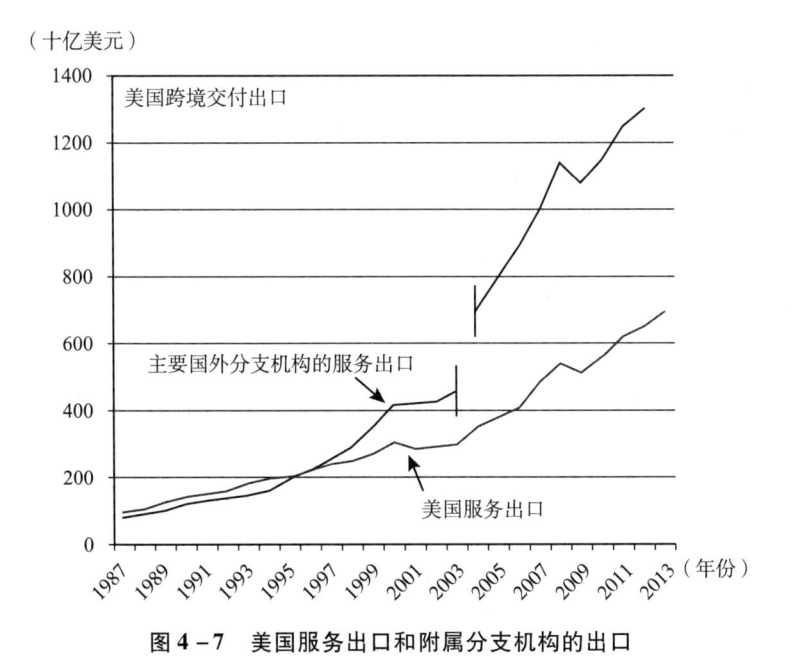

图 4-7 美国服务出口和附属分支机构的出口

资料来源：美国经济局网站（BEA），Alexis N Grimm and Charu S Krishnan. *U. S. International Services Trade in Services in* 2013 *and Services Supplied Through Affiliates in* 2012.

美国以商业存在形式统计的服务贸易的途径有两个：一是美国跨国公司外国分支机构向美国本土市场和其他国外市场提供的服务，二是国外跨国公司在美国的分支机构向美国市场提供的服务。2012年美国服务业跨国公司海外分支机构向境外提供的服务比2011年增长了4%。从地区来看，亚洲和太平洋地区是美国服务业跨国公司分支机构主要分布的地区，而中国在这个地区占有最重要的位置，占增幅的40%。尽管欧洲经济增长乏力，但是服务仍然增长了2%，而增长动力来自于爱尔兰的信息服务业。此外，欧洲近年的信息服务和批发零售业增长渐渐抵消了金融衰退的影响。

第二节 服务业跨国公司的贸易结构效应

贸易结构是指，一国/地区在一定时期内不同出口产品在整个贸易总额中所占的比重，可分为商品类别结构、产品技术结构和贸易方式结构[①]。本节所分析贸易结构是指商品类别结构，具体而言是指服务贸易在总贸易额中的比重，以及服务贸易内部的行业比重。根据贸易结构效应的理论分析框架，服务业的异质性和服务业FDI行业结构差异是贸易结构效应产生的主要原因。

一、服务业异质性和贸易结构

（一）服务业跨国公司的异质性

异质性是服务业的重要特点，也是服务业跨国公司的重要特点。异质性表现为很多形式，首先产品的无形性，货物是看得见、摸得着的，但是大多数服务是无形的。无形性使得消费者购买的风险较大，因此客户更加倾向于从易沟通、有口碑、较熟悉的生产者手中购买。其次是生产和消费不可分性强。最后，由于大多数的服务生产者是人，服务提供者的差异则影响到服务产品。

---

① 陈艳林. 外商在华直接投资集群化及其贸易效应研究. 华中科技大学，2007：69.

服务的异质性意味着：首先，服务业跨国公司必须提供当地化服务，根植于当地市场，例如管理咨询公司需要时刻关注东道国的行业变化，才能提供符合当地市场特征的服务。其次，服务业跨国公司注重对服务质量的控制，它们会加大员工培训力度，提高劳动生产率和服务质量。最后，由于人在提供服务的时候可变因素较大，因此不同行业的服务业跨国公司生产率差异比制造业跨国公司更大（Campbell and Verbeke, 1994）[①]。

根据异质性理论，企业生产率的差异决定企业国际化方式的选择，生产率越高的企业，越倾向于选择出口和 FDI，因此，相关行业贸易在总贸易中所占的比重也较高。根据美国经济分析局网站数据测算，2000~2012 年，美国服务业跨国公司的劳动生产率从高到低排名，金融业跨国公司的年均劳动生产率是 624 百万美元/人，贸易类跨国公司的年均劳动生产率是 573 百万美元/人，信息业跨国公司的年均劳动生产率为 385 百万美元/人，专业服务业跨国公司的依次为年均劳动生产率为 228 百万美元/人，而同期美国服务业跨国公司贸易行业排名依次为金融、贸易、专业服务业、信息服务业，这与劳动生产率的排名基本是一致的。因此，生产率的差异是决定贸易结构的重要因素。

（二）行业异质性和贸易结构效应

本部分将选择金融和贸易服务业跨国公司作为研究对象，论证其产生贸易结构效应的机理，主要基于两个方面的考虑：一是在增长理论中，金融、贸易、专业和信息等服务被认为是降低生产成本、提高生产率的作用中间投入要素（Hoekman and Mattoo, 2008）[②]，对货物贸易和服务贸易的规模和结构产生较大的影响。金融服务是贸易流程中重要的中间品要素投入，而贸易服务则主要体现为贸易平台的作用，推动了贸易的规模增长。二是根据服务业跨国公司发展阶段，由于服务异质性特点，贸易和金融企业较早开展跨国经营，根植于当地市场提供服务，并通过贸易活动，实现跨境流动，扩大了行业贸易规模，实现贸易结构效应。

[①] Campbell, Verbeke. The globalization of service multinationals [J]. Long Range Planning, 1994, 27 (2): 96–97.

[②] Hoekman, B. and A. Mattoo, Services trade and growth. World Bank Policy Research Working Paper Series, Vol. 2008. P. 40.

1. 金融服务业

大量的研究表明金融服务业的异质性，不仅体现为作为贸易活动的中间投入品，提高贸易便利化水平、降低贸易风险和贸易成本。例如，银行能够跨境为生产和贸易提供服务（比如说跨境借贷），通过提供收费金融服务而实现服务出口和进口。而且，金融服务也是贸易的内容。金融跨国公司通常并不把国外看作是生产的纯粹平台，而是利用当地有利的管制环境实现资金结转。布赫和利普纳（Buch and Lipponer, 2004）[①] 通过实证发现，银行 FDI 和贸易是互补的，并不符合水平型 FDI 的假设。这是因为银行作为信息、资金服务的提供者，国外附属公司一般提供生产和贸易的中间品要素，降低母公司对东道国市场提供服务的成本。然而，这种信息服务不会在服务贸易的收支平衡时出现，在收支平衡中体现的是母公司对外国第三方服务出口。同样，母公司也会给其国外附属子公司提供金融资源而提供中间品要素。资本市场的不完善，也是服务业跨国公司内部贸易存在的原因。这种形式的中间品投入要素会在从母公司到子公司的资金借出的收支平衡统计中出现，形成金融服务的跨境流动，推动了贸易规模增长，实现了贸易结构效应。

2. 贸易服务业

贸易服务业是服务业国际化的主要行业之一，本书所指贸易服务业主要是批发、零售等行业。贸易服务业跨国公司，包括批发、零售业跨国公司，以及新兴的电子商务平台，最为重要的作用就是作为贸易中间商，或者称为贸易平台商（Feenstra, 2003; Ahn, Khandelwa land Wei, 2011）[②]，例如零售业跨国公司利用自身的全球采购能力和采购规模，充当东道国和母国的"进出口门户"的角色，扩大了全球贸易。并且，贸易服务业跨国公司同时推动了东道国"传统"零售系统转型，提高了物流与供应链管理技术，使得货物流动的速度和效率提高。例如，20世纪90年代末以来，沃尔玛墨西哥公司当地化销售中进口商品的份额大幅增加，从1997年的20%上升到2003年的55%多，在此期间沃尔玛在墨西哥的总营业额与市场份额大幅上涨。安、埃德尔威尔和魏

[①] Buch, C M and A Lipponer. FDI versus cross-border financial services: The globalisation of German banks. 2004, Discussion paper Series.

[②] Feenstra, R C. Advanced international trade: theory and evidence. 2003; Princeton University Press; Ahn, J, A K Khandelwal and S Wei. The role of intermediaries in facilitating trade. Journal of International Economics, 2011, 84 (1): P. 76.

(Ahn, Khandelwal and Wei, 2011) 基于异质性理论, 通过实证发现, 当贸易壁垒变大时, 生产率较低的企业更加倾向于借助贸易中间商来出口, 贸易中间商的出口份额因此而提高, 例如1982年美国出口贸易公司法案出台后, 市场上涌现了贸易中间商代表大量的中小企业来出口。尽管全球贸易的开放度越来越高, 但是文化差异、语言差异、关税壁垒仍然存在, 贸易中间商的存在仍然具有重要的意义。贸易中间商推动全球货物贸易规模扩大, 同时表现为贸易服务的跨境流动, 使得贸易服务在服务贸易中占较高的比重。

二、服务业FDI行业结构和贸易结构

国际生产折衷理论提出FDI结构也是决定东道国和母国贸易结构的决定因素, 其影响机理如下: 第一, FDI行业具有较高的生产率, 能够提高国民经济中单位资源的劳动产出率; 第二, FDI的集聚效应, 有助于提高资源在行业中的分配效率, 即从生产率较低的行业向较高的行业、从劳动密集型行业向资本密集型行业转移; 第三, FDI使劳动效率和资源分配效率提高, 生产和交易成本下降, 有助于行业规模经济和范围经济的形成, 提高行业产出规模和贸易规模提升, 贸易结构效应产生。

(一) 服务业FDI的结构特征

由于服务业的可贸易性与可储存性弱, 因此就地生产和消费是服务业的重要特质。在服务业跨国公司发展早期, 信息不对称是进入东道国市场的最大壁垒, 服务业跨国公司通过跟随母国制造业跨国公司进入东道国市场, 为制造业跨国公司提供配套服务的贸易、金融和商务等行业跨国公司较早开展全球化经营, 推动该领域服务业的开放, 因此在全球服务业FDI中, 贸易、金融和商业服务业占了较大比重[①], 1990年, 仅贸易和金融两类服务业FDI占比高达2/3, 加上商业服务FDI占比为84%, 尽管目前这一比重已经有所降低, 2012年贸易和金融两大行业的FDI占比仍为50%, 而在这一期间, 商业服务业的开放度不断提高, 占比从1990的16%上升到2012年的30%。从国

[①] Dunning, J H and S M Lundan. Multinational enterprises and the global economy. Edward Elgar Publishing. 2008; Kundu, S K and H Merchant. Service multinationals: Their past, present, and future. Management International Review, 2008, 48 (4): P.373.

别来看，发展中国家和发达国家服务业 FDI 行业结构基本与世界保持一致，其中发达国家的贸易和金融服务业要高于发展中国家（如表 4-5 所示）。根据 WTO 发布的数据，全球服务贸易的内部结构和世界服务业 FDI 的行业结构基本保持一致，是因为行业开放度越高，服务企业越倾向于采取 FDI 的形式进入国际市场，相关行业的贸易规模越大，在总贸易额中的比重也越大，贸易结构效应越明显。

表 4-5　　　　　　1990~2012 年世界服务业 FDI 存量行业分布　　　　单位：%

	1990 年			2012 年		
	发达国家	发展中国家	世界	发达国家	发展中国家	世界
服务业	100	100	100	100	100	100
公用设施	1	2	1	4	4	4
建筑	2	3	2	2	3	2
贸易	26	15	24	15	12	14
运输和通信业	2	8	3	10	10	10
宾馆酒店	3	3	3	1	1	1
金融	37	58	40	40	29	36
商业服务	16	10	15	26	39	30
公共管理	0	0	0	0	0	0
教育	0	0	0	0	0	0
卫生和社会服务	0	0	0	0	0	0
社区、社会和个人服务	2	0	1	0	1	0
其他服务	6	2	6	0	1	0
未定义服务业	5	1	4	2	0	2

资料来源：http://unctad.org.

从美国服务业国际直接投资的流入和流出的结构来看，2002 年美国服务业流入的主要行业是金融，流出行业是贸易和金融，2012 年美国服务业流入的行业是贸易，流出的行业主要是商务、金融和贸易，这与世界服务业流入和流出的结构也基本一致（如表 4-6 所示）。

表4-6　　　　　2002~2012年美国服务业国际直接投资行业分布　　　单位：百万美元

服务业	类型	2002年	2012年
贸易和维修	IFDI	—	23602
酒店和餐饮		1087	327
运输、仓储和通信		4392	—
金融服务		9966	147
房产、租赁和商务活动		-1561	—
其他服务		540	1003
贸易和维修	OFDI	5713	31547
酒店和餐饮		3090	1884
运输、仓储和通信		2061	3761
金融服务		35881	24115
房产、租赁和商务活动		55767	208558
其他服务		-846	6648

注：IFDI、OFDI分别表示FDI的流入和流出。
资料来源：美国经济分析局（BEA）网站。

（二）服务业FDI生产率溢出效应

东道国基于发展的需要，一般会将FDI引向本国不具有比较优势的行业，通过FDI的溢出效应来提高该行业单位资源的劳动产出率。例如，新加坡提出国际贸易商计划，旨在吸引更多的贸易类服务业跨国公司入驻，保持新加坡国际贸易中心的地位。相对而言，跨国公司比国内企业具有更高的生产率，因此服务业跨国公司的集聚能够提高东道国服务行业生产率，并且通过淘汰低效率的国内企业，使国内行业的平均生产率得到提高。此外，服务业跨国公司还能够通过上下游的合作，对国内服务企业产生溢出作用，提高国内企业的生产率。例如沃尔玛、家乐福等零售业巨头进入东道国，一般会要求其本土供应商按照其管理体系改进生产流程，不能满足要求的供应商会失去市场份额或者被淘汰，而在竞争中获胜企业的生产率会得到有效提高。服务业跨国公司还通过技术溢出效应提高东道国企业的生产率，例如，服务业跨国公司通过劳动力的流动来实现对本土企业的技术溢出效应；再如，通过特许经营的模式，也能够实现对本土企业实现技术溢出效应。尤其是信息、软件、金融行业存在明显的"干中学"、知识溢出等特征。

根据图4-8和图4-9，明显可以看出，随着金融、电信等行业开放之后，印度对金融和电信依赖较大行业的全要素生产率明显提升，证明了FDI生产率的溢出效应。而服务业FDI生产率的溢出，将推动同行业本土服务企业出口竞争力，改善东道国总的贸易结构和服务贸易内部结构，产生贸易结构效应。

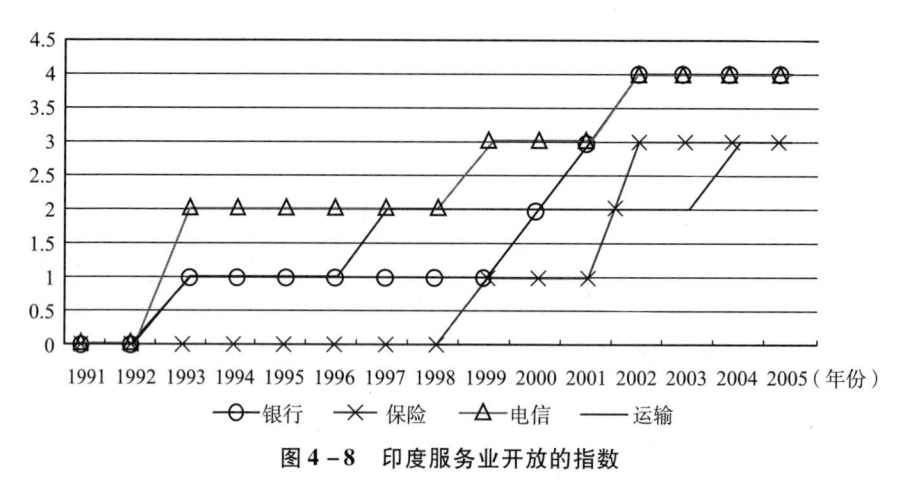

图4-8 印度服务业开放的指数

资料来源：Arnold, et al. Services reform and manufacturing performance：Evidence from India［J］. The Economic Journal, 2014. P. 27.

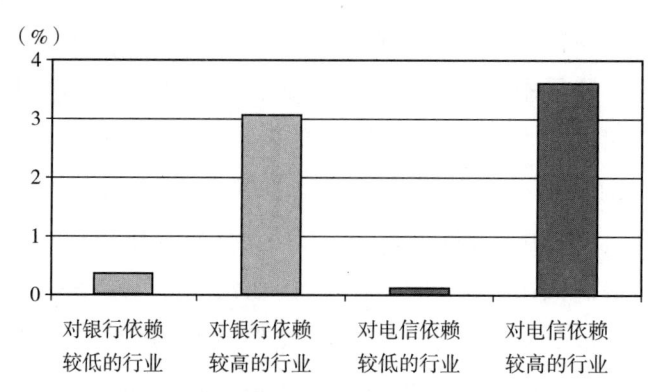

图4-9 服务业开放后印度相关行业全要素生产率提高的情况

资料来源：Arnold, et al. Services reform and manufacturing performance：Evidence from India［J］. The Economic Journal, 2014. P. 28.

三、全球贸易的结构特征

(一) 世界贸易结构及特征

1. 世界贸易的结构

20世纪80年代以来,随着服务业跨国公司的大发展,全球服务贸易规模快速扩张。1980~2013年全球服务贸易总额从3957亿美元扩大到47202亿美元,增长了12倍,平均增速为8.0%,高于货物贸易的7.5%,全球服务贸易占贸易总额的比重从1980年的16.7%上升至2013年的20.2%,这一比值在2009年达到峰值22.3%(如图4-10所示)。

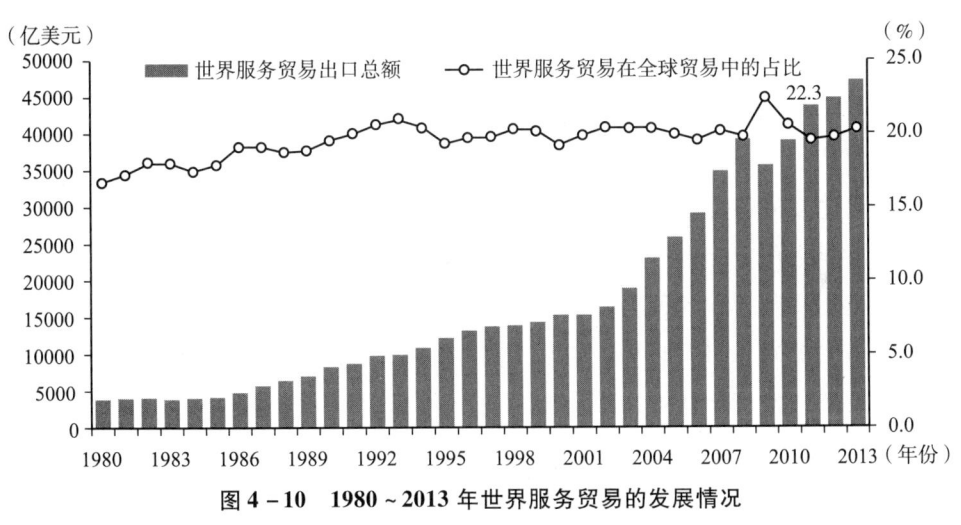

图4-10 1980~2013年世界服务贸易的发展情况

资料来源:UNCTAD数据库。

2. 服务贸易内部结构

从世界贸易总的结构特征来看,服务贸易占比不断提升,尽管存在波动性,但是总体而言服务贸易在世界贸易中扮演着越来越重要的角色。从服务贸易内部结构来看,国际运输服务、旅游服务占全球服务贸易比重逐渐下降,从2000年的54.1%下降至2013年的44.3%,而知识、技术密集型其他服务占比逐渐上升,从2000年的45.9%上升至2013年的55.6%,服务贸易的结构不断优化(如图8-11所示)。其中发达国家在金融、保险、专利许可、计算机和信息服务等领域占据优势；发展中国家的旅游、建筑工程承包、劳务输出、海上运输等服务贸易呈现快速增长，比重提高的特点。

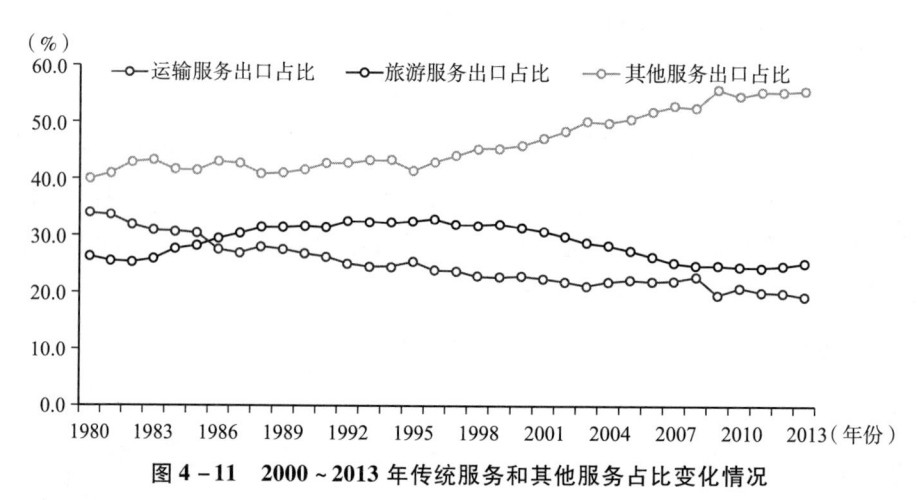

图 4-11 2000~2013 年传统服务和其他服务占比变化情况

资料来源：数据来源：UNCTAD 数据库。

从其他服务的具体细分部门占全球服务出口总额的比重来看，其他商业服务占比近年来稳定上升（如图 4-12 所示），包括商业和其他与贸易相关的服务、经营租赁服务、各种各样的业务、专业和技术服务（法律、广告、咨询、会计、研发等），2013 年占总服务贸易的比重达 26.4%。金融服务、专有权利使用费及特许费、计算机和信息服务占比相对较高，金融服务占比在 2007 年达到近年来峰值（8.5%），随后一直稳定在 6%~7% 的比重；专有权利使用费和特许费近年来比重较为稳定，近 5 年占全球服务出口总额的比重都维持在 6.6%；随着信息技术的全球化，计算机与信息技术服务出口比重上升较快，从 2000 年的 3.0% 上升到 2013 年的 6.1%，增长了 1 倍。因此，从全球服务贸易的行业结构来看，运输、旅游等传统服务贸易占据重要部分，金融、贸易（批发和零售）、专业服务的比重在不断提高，这与全球服务业 FDI 的结构特征是相符的。

（二）跨国公司贸易结构

本部分仍然将美国服务业跨国公司作为研究对象，数据来自于美国经济分

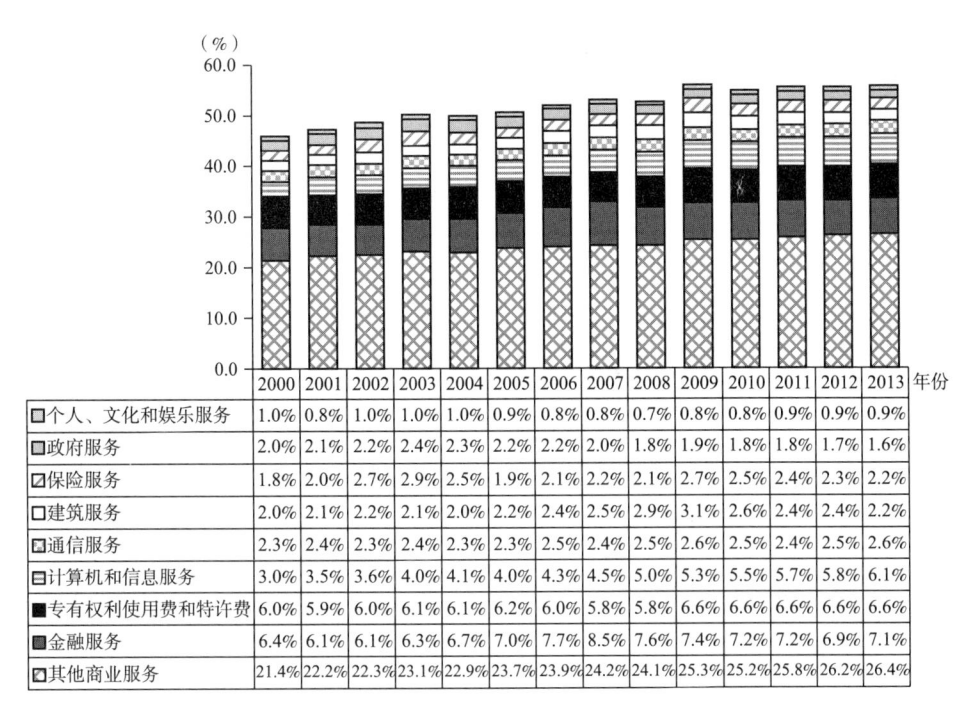

	2000	2001	2002	2003	2004	2005	2006	2007	2008	2009	2010	2011	2012	2013
个人、文化和娱乐服务	1.0%	0.8%	1.0%	1.0%	1.0%	0.9%	0.8%	0.8%	0.7%	0.8%	0.8%	0.9%	0.9%	0.9%
政府服务	2.0%	2.1%	2.2%	2.4%	2.3%	2.2%	2.2%	2.0%	1.8%	1.9%	1.8%	1.8%	1.7%	1.6%
保险服务	1.8%	2.0%	2.7%	2.9%	2.5%	1.9%	2.1%	2.2%	2.1%	2.7%	2.5%	2.4%	2.3%	2.2%
建筑服务	2.0%	2.1%	2.2%	2.1%	2.0%	2.2%	2.4%	2.5%	2.9%	3.1%	2.6%	2.4%	2.4%	2.2%
通信服务	2.3%	2.4%	2.3%	2.4%	2.3%	2.2%	2.5%	2.4%	2.5%	2.6%	2.5%	2.4%	2.5%	2.6%
计算机和信息服务	3.0%	3.5%	3.6%	4.0%	4.1%	4.0%	4.3%	4.5%	5.0%	5.3%	5.5%	5.7%	5.8%	6.1%
专有权利使用费和特许费	6.0%	5.9%	6.0%	6.1%	6.1%	6.2%	6.0%	5.8%	5.8%	6.6%	6.6%	6.6%	6.6%	6.6%
金融服务	6.4%	6.1%	6.1%	6.3%	6.7%	7.0%	7.7%	8.5%	7.6%	7.4%	7.2%	7.2%	6.9%	7.1%
其他商业服务	21.4%	22.2%	22.3%	23.1%	22.9%	23.7%	23.9%	24.2%	24.1%	25.3%	25.2%	25.8%	26.2%	26.4%

图 4-12 其他服务的具体细分部门占全球服务出口总额的比重

资料来源：UNTACAD 数据库。

析局 FATS 方法。从行业来看，美国服务业跨国公司海外分支机构几乎都实现了增长，其中 2/3 的增量来自专业服务、科技服务、信息服务和批发零售贸易。而专业、科技和信息服务中，建筑、工程服务、计算机设计服务发展势头强劲。随着互联网企业的发展，互联网服务提供商、搜索引擎和数据处理服务跨国公司不断涌现，而爱尔兰是此类服务业跨国公司的主要目的地。美国服务业跨国公司海外分支机构除了向东道国市场提供服务外，还出口服务到母国，占比为 8%。由表 4-7 可看出，贸易类（批发和零售）跨国公司实现的贸易占比最高，其次为金融、专业、信息行业。

表 4-7　美国跨国公司各行业海外分支机构向境外市场提供的服务

行业	2011 年 规模（百万美元）	2011 年 占比（%）	2012 年 规模（百万美元）	2012 年 占比（%）
所有行业	1247000	100	1292992	100
制造业	31938	3	30788	2

续表

行业	2011年 规模（百万美元）	占比（%）	2012年 规模（百万美元）	占比（%）
批发	237344	19	238119	18
零售业	91623	7	101017	8
信息业	162338	13	172334	13
金融和保险	224642	18	226833	18
房地产及租赁	39183	3	43387	3
专业、科学和技术服务	182930	15	194705	15
其他产业	277001	22	285809	22
主要：采矿	37257	3	43015	3
公用设施	40693	3	37903	3
运输和仓储	61563	5	59940	5
住宿和餐饮服务	47628	4	51560	4

资料来源：根据美国经济分析局（BEA）网站资料分析整理。

2012年，外国跨国公司在美国的服务业分支机构向美国市场提供的服务贸易增长了3%，从来源地看，德国的金融和保险跨国公司、日本的批发业跨国公司是美国市场的主要服务提供商。从行业来看，批发业、科技、技术和管理服务的增长最快，批发贸易的增长主要来自于商品贸易的分拨需求。法国的广告业跨国公司和德国的计算机和相关服务业在美国具有较强的竞争力，并提高贸易规模。外国跨国公司不仅仅通过在美国的服务业分支机构向美国市场提供服务，而且向其他市场提供服务，但是美国市场仍然是主要市场，2011年占比为91%（见表4-8）。

表4-8　　外国跨国公司在美国分支机构向美国市场提供的服务

行业	2011年 规模（百万美元）	占比（%）	2012年 规模（百万美元）	占比（%）
所有行业	781551	100	801921	100
制造业	79245	10	81673	10
贸易（批发零售）	133989	17	141786	18

续表

行业	2011年 规模（百万美元）	占比（%）	2012年 规模（百万美元）	占比（%）
零售业	41040	5	43696	5
信息业	68300	9	69271	9
金融和保险	170059	22	168513	21
房地产及租赁	19359	2	19882	2
专业、科学和技术服务	83650	11	88015	11
其他产业	185908	24	189084	24
主要：采矿	33564	4	33068	4
运输和仓储	51025	7	49478	6
行政支持和废弃物管理	38023	5	41369	5
住宿和餐饮服务	27130	3	28269	4

资料来源：根据美国经济分析局（BEA）网站资料分析整理。

根据表4-9，与采矿业跨国公司和制造业跨国公司相比，服务业跨国公司的出口倾向度平均为30%，低于采矿业（48%）和制造业（47%），整体而言服务业跨国公司海外经营以市场寻求型为主。从具体行业来看，不同行业服务业跨国公司的出口倾向度不一样，批发业的出口倾向度为29%，零售业的出口倾向度为45%，信息服务业的出口倾向度是51%，专业服务和金融业的倾向度是26%。如果按照行业的可贸易度来衡量，信息服务业的占比应该是最大的，实际上贸易占比较高的行业依次是金融、批发、专业服务和信息服务业这四个领域。根据本节第一部分计算得出的生产率，可以发现生产率越高的行业，贸易规模越大，在服务贸易总额中所占的比重也越大，贸易结构特征越明显，证明了服务行业的异质性。

表4-9　2012年美国各行业跨国公司海外分支机构出口倾向度

跨国公司类别	总销售额（百万美元）	东道国销售额（百万美元）	出口（百万美元）	出口倾向度（%）
所有行业	5738005	3412181	2325824	41
采矿业	114600	59153	55447	48

续表

跨国公司类别	总销售额（百万美元）	东道国销售额（百万美元）	出口（百万美元）	出口倾向度（%）
制造业	3890949	2058218	1832731	47
批发业	322941	228081	94860	29
零售业	269240	257208	12032	45
信息业	238232	116924	121308	51
金融保险业	334068	246446	87622	26
专业服务业	209975	156323	53652	26

资料来源：根据美国经济分析局（BEA）网站资料分析整理。

第三节 服务业跨国公司的贸易收益效应

服务业跨国公司的全球化经营大大推动了全球贸易规模的提升，改变了世界总贸易结构和服务贸易内部结构。无论是贸易规模还是贸易结构效应，都是从服务贸易自身来研究，但是服务不同于制造，其同时也是生产和交易活动中的中间投入要素，为货物和服务的生产和交易环节提供连接[①]，使全球贸易方式和各国贸易收益发生变化。

一、服务业在全球价值链中的连接作用

近30年来，服务业在全球经济中作用越来越突出，尤其是全球价值链的出现，更凸显了服务的重要性。据世界银行统计，服务业占全球GDP从1970年的53%、1990年的57%、2000年的68%，增加到2012年的70.18%[②]，英国、美国等国家服务业占比接近80%，服务贡献度已经远远高出制造业、农业和采矿业。

（一）全球价值链中的服务

服务业兴起于20世纪60年代，成为世界经济发展的亮点，并在就业、投

[①] Hoekman, Mattoo. Services trade and growth [J]. World Bank Policy Research Working Paper Series, Vol. 2008：20.

[②] http：//data. worldbank. org. cn/indicator/NV. SRV. TETC. ZS.

资、贸易中发挥越来越重要的作用，具体体现为：人均 GDP 产出中服务的占比和消费者服务需求弹性的提高；销售、分拨、售后等服务的重要性增强，金融、保险、法律、运输服务业不断增长；服务交易市场出现，金融和保险的交易市场不断开放[1]。

现代通信和运输技术使服务可贸易性增强，服务以"模块化"的形式实现跨境流动，使得服务可以作为中间产品为国内的生产和交易活动提供增值服务，因此，服务被称为全球价值链的连接器或者润滑剂，它确保全球价值链可以顺畅运行。现在，服务几乎存在于经济中的每项活动中，包括制造、采矿、运输业、通信业、金融业、分拨和商业服务。如图 4-13 所示，WTO（2014）[2] 将全球价值链分解为研发、制造、分拨、销售、售后等阶段，并将每个阶段中服务细化出 26 类，可见在整个价值链中服务占了绝大部分的比重。

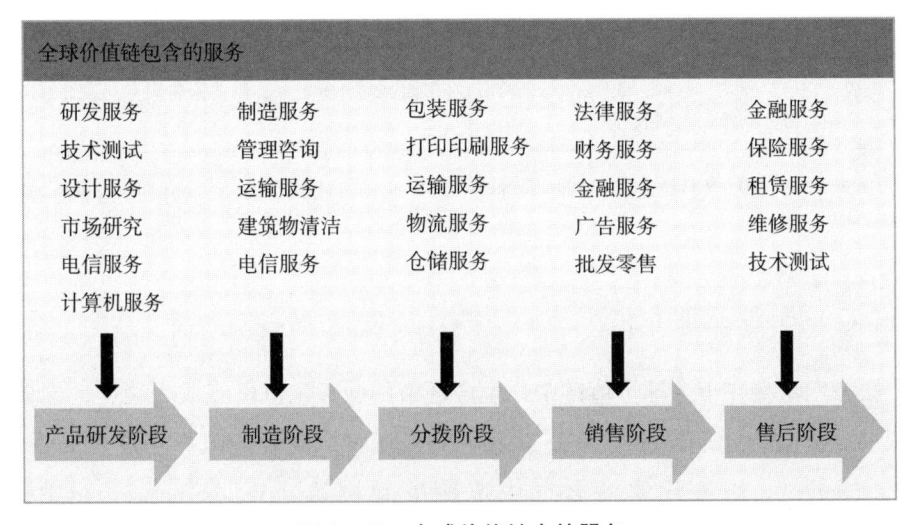

图 4-13 全球价值链中的服务

资料来源：WTO. World Trade Reporment2014. Trade and development：recent trends and the role of the WTO.

以瑞典 Sandvik 刀具为例，在其整个价值链中，存在的服务约为 50 类，这些服务广泛存在于从原材料—生产—客户交付等过程当中（见表 4-10）。Ali - Yrkkö

---

[1] Kundu, S K and H Merchant. Service multinationals：Their past, present, and future. Management International Review, 2008, 48（4）：372.

[2] WTO. World Trade Reporment 2014：Trade and development：recent trends and the role of the WTO：50.

et al.（2014）① 对诺基亚95系列手机进行了细致调查，成功细分出了该产品的价值链中服务的构成。其中，零件（包括处理器、存储器、集成电路、显示器和摄像机）占产品价值的33%，组件占产品价值的2%。产品剩余的2/3由诺基亚内部支持服务（31%）、许可证（4%）、配送（4%）、零售（11%）和运营利润（16%）组成。

表4-10　　　　　　　　瑞典Sandvik刀具公司供应链中的服务

供应链所需的服务
法律服务；会计，记账等；税务服务；医疗服务；计算机服务；研发；租赁；广告；市场研究；制造附带的服务；人员安置；维修；安全服务；包装；印刷；出版；设计；建筑物清洁服务；摄影服务；快递服务；物流服务；电信邮政服务；视听服务；教育服务；环境服务；银行业务；保险；健康相关服务；酒店和餐馆；旅行社服务；海运—货运；河运—货运；航空运输—货运/客运；道路运输—货运/客运；货物装卸服务；仓储和仓储服务；货运代理服务；接驳服务；能源服务
客户交货服务
计算机服务；研究开发；租赁；维修；管理咨询；技术测试和分析服务；制造附带服务；设计；环境服务；金融服务；物流；仓储服务

资料来源：OECD-WTO-UNCTAD. Implications of global value chain for trade, investment, development and jobs 2013.

（二）制造业服务化

服务广泛存在于全球价值链中，生产环节的服务化也已经成为趋势，瑞典国际贸易委员会将此现象命名为服务化（servicizing）或制造服务经济（manuservice economy）。服务化这一名词由范德美和拉达（Vandermerwe and Rada, 1989）② 提出，由于服务业开放度提大、全球化竞争的加剧和技术的进步，制造过程中服务的比重和作用越来越大。制造业服务化还包括制造业的生产流程和销售中服务的增加③。以西门子和中国石油两家跨国公司为例，西门子以电子和电气设备制造为业，同时提供大量的咨询、维修等服务，而中国石油以石

---

① Kalm, M, T Seppälä and J Ali-Yrkkö. Extracting Value through Technology and Service Platforms: The Case of Licensing, Services and Royalties. 2014, The Research Institute of the Finnish Economy. 65.

② Vandermerwe, S and J Rada. Servitization of business: adding value by adding services. European Management Journal, 1989, 6（4）：314.

③ Low, P. The Role of Services in Global Value Chains. 2013：69.

油和天然气采集和加工为主,没有服务活动,因此西门子是服务化的制造企业,而中国石油为非服务化的制造企业。制造业服务化的优势在于提高了制造业企业的生产效率,如在瑞典,制造业公司出于整体战略发展要求,将原有制造企业分割成若干分支机构,其中部分是为制造型企业提供服务。尽管目前瑞典制造业份额下降而服务业份额上升,但是得益于制造服务化,整个制造业的生产率增长却超过服务业,制造业的需求和模式不断创新。2011年全球制造业服务化的比例是30%,而美国是56%,但是中国的这个比例不到20%[1]。

(三) 生产率溢出效应

服务与货物生产的一个重要区别是,货物中间品可以通过进口,但是服务中间品大多数需要本地化生产,因此服务业FDI成为全球价值链服务跨境流动的重要形式。如果外国要素的投入仅仅是对本国要素的替代,则服务业FDI不能产生有效的溢出效应。根据研究结果显示,大多数服务业FDI有效促进了东道国贸易投资领域的开放,带动国内要素参与全球价值链,实现了价值链上制造业和服务业的规模增长。即使不能实现经济规模增长,技术的溢出效应是必然的 (Hoekman and Mattoo,2008)[2]。服务作为中间投入要素的特点,不仅使得同行业生产率得到明显提高,而且使整个制造业和服务业的生产率得到提高,例如,金融业生产效率的提高,批发零售业的技术和管理的创新,提高了货物贸易流动效率。

二、全球价值链治理和贸易增加值的形成

(一) 服务业跨国公司主导全球价值链

根据服务业FDI贸易规模效应,市场寻求型的服务业FDI也会产生贸易。该类型服务业FDI初始目的是通过国际化,分散区域集中生产的风险、降低成本。随着价值链网络的形成,各网络节点之间形成了更加复杂的贸易投资流,

---

[1] Neely, A, O Benedettini and I Visnjic. The servitization of manufacturing: Further evidence. in 18th European Operations Management Association Conference. 2011: 4.
[2] Hoekman, Mattoo. Services trade and growth [J]. World Bank Policy Research Working Paper Series, 2008.

扩大了跨国公司价值链内部贸易规模，这也是全球贸易流被"重复计算"的原因。

《2013世界投资报告》显示，跨国公司通过其国际生产活动主导了全球贸易，欧盟前十大出口商主导了欧盟70%~80%的贸易，而美国前十大出口商更是控制了本国96%的出口。全球价值链是由跨国公司通过国际生产、跨境贸易活动，形成的与其分支机构、合作伙伴和供应商之间的网络关系，跨国公司通过全球价值链实现的贸易占全球贸易的80%[①]（如图4-14所示）。

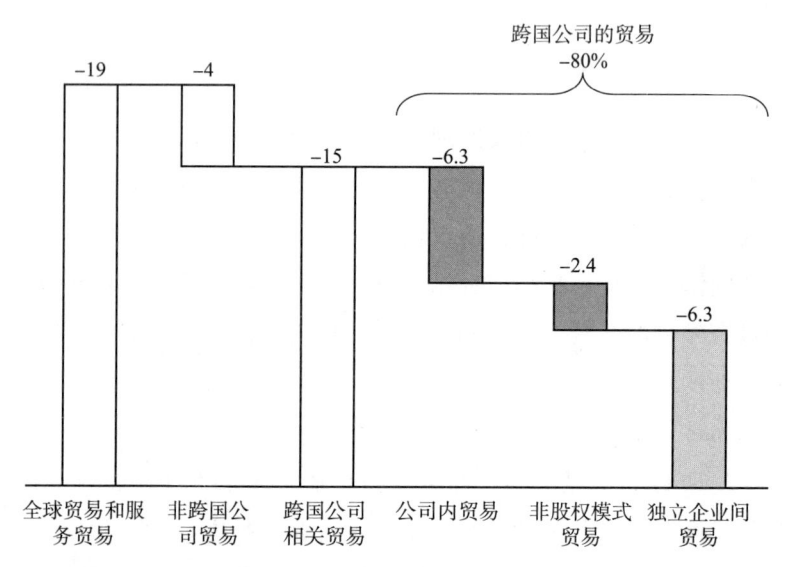

图4-14　2010年跨国公司在全球货物和服务贸易中占据比重

资料来源：UNCTAD. World investment report 2013：global value chains：investment and trade for development：UN. P. 136[②].

根据图4-13的分解，全球价值链共分为5个阶段，其中4个阶段是服务，即便是制造环节，其服务化的趋势也日趋明显，因此服务是全球价值链中最重要的投入要素，尽管全球服务出口只占到总贸易出口的20%，但是几乎一半的出口增加值是由服务活动带来的。可以推断，服务活动主导了全球价值链，其主体是服务业跨国公司。例如，星巴克是建立在咖啡销售服务基础上的服务业跨国公司，其全球价值链看起来相对简单，但是也需要一个跨越各大洲

---

① OECD – WTO – UNCTAD. Implications of Global Value Chains for Trade，Investment. 2013. 6.
② UNCTAD. World investment report 2013：global value chains：investment and trade for development：UN. 122.

的价值链管理,这个价值链包括 15 万雇佣人员,数千个贸易商、代理人和发展中国家的咖啡种植农户,以联盟的形式和合作形式运营的 30 多个咖啡加工工厂,还有仓库和分销中心,以及全球 50 多个国家运营的 17000 多家零售店(UNCTAD,2013)[①]和巨大的货物流和服务流。

(二)全球价值链治理模式和国际生产方式

价值链包括高附加值和低附加值部分、可交易和不可交易部分,企业会根据情况选择在岸外包或内部生产,离岸外包或者成立海外分公司来提供服务,进而决定了服务业跨国公司对全球价值链的不同治理模式。根据全球价值链治理理论,全球价值链治理分为五种模式,包括市场型、模块型、关系型、领导型和层级型,而每一种治理模式决定了服务业跨国公司采取不同的国际生产方式。例如市场型的治理模式下,一般采取独立企业间贸易的形式,而层级型治理模式下,一般采取 FDI 形式,模块型、关系型、领导型这三种治理模式下,治理者更加倾向于非股权模式的国际化生产方式。因此,服务业跨国公司国际化生产包括 FDI、非股权模式和独立企业间贸易三种形式。服务业跨国公司的活动可能是其中单独一种或者混合方式,因而组合形成了不同贸易方式和投资方式。在全球价值链中,一个公司选择国外直接投资、非股权模式或者独立企业间贸易(或者组合)的决策行为是由诸如贸易成本、所有权关系以及外在风险等因素所决定的。服务业跨国公司的全球价值链控制主要依赖两个核心活动,一个是形成与供应商之间网络关系,另一个是多维度的空间治理结构来协调分支机构的全球生产经营活动,因此全球价值链的贸易收益分配也是由这些活动在治理结构中的地位而决定。

1. FDI

采取 FDI 模式,跨国公司必须能够有效地协调和整合附属公司的活动。在全球价值链中,服务流比较复杂,而且很难将其进行编码并加以标准化,如果潜在合作者或供应商的能力很低,那么 FDI 模式就是最有效的管理模式。由于管理这些活动很复杂并且包含了大量的成本,因此跨国公司形成复杂的企业战略来支持,例如诸如人力资源、会计和运营管理这样的"总部职能",进一步提高公司组织、协调和管理全球分散附属公司的能力,这些附属公司成为全球价值链的一系列环节。

[①] UNCTAD. World investment report 2013: global value chains: investment and trade for development: UN. 130.

2. 非股权模式

买卖双方关系越复杂,协商成本越高,跨国公司就会采用非股权模式来治理全球价值链活动。非股权模式有三种:第一,可控制的非股权模式,服务业跨国公司需要提供清楚的、编码化的任务指令,以及给供应商提供支持,并且可以对供应商或者合作伙伴做出反应。诸如 IKEA(宜家)这样的跨国公司,通过东道国办事处对当地企业实行常规的现场考察监管,加强对全球价值链的治理。这些办事处也给当地供应商提供技术支持以帮助他们改善其运营和创新能力。当然,供应商独立性也较低,治理模式接近 FDI 模式。第二,模块化的非股权模式,这种治理模式常见于电子行业。电子产品标准化高、供应商能级高,跨国公司和供应商之间可以通过产品的模块化来实现管理。第三,相关的股权模式。在这种模式中,跨国公司和合作企业之间相互依赖。当跨国公司和其他企业之间的合作依赖于隐性知识交流和关键能力分享,这种股权模式就会产生。

3. 独立企业间贸易

当服务业跨国公司需要从远距离完全独立的公司获取资源或者给其提供服务,这种管理模式需要标准化产品,包括价格、规格、质量等标准化,以保证买方和卖方之间交易的顺利进行。这种全球价值链管理的市场模式需要相对简单的协调能力,即远距离获取(采购)和提供产品和服务,以及监督合规性程序的能力。

一般而言,以上三种方式中,FDI 和非股权模式能够使得母国和东道国的更多的制造和服务环节融入全球价值链,因此在价值链中获得的国内服务增加值也相对较高。

(三) 全球价值链的贸易方式

跨国公司全球价值治理,使得贸易和生产活动呈现"模块化"(fragmentation)和"切片化"(slicing up),贸易投资紧密相连,服务作为中间投入要素地位的提高,使得全球贸易方式呈现新特点。全球贸易不再遵循传统货物贸易方式,最突出的特点是大量中间品贸易的出现。如果按照传统贸易统计方式,必然使得这些中间品贸易被重复计算,服务在贸易流中的作用也不能体现,因此全球价值链贸易统计方法被提出来[①]。

[①] Ferrantino, Taglioni. Global value chains in the current trade slowdown [J]. World Bank – Economic Premise, 2014 (138): 1.

为了避免中间投入品的价值在不同国家之间重复计算，UNCTAD、WTO、OECD等国际组织提出了计算全球价值链贸易的方法，即计算出口中各国的增加值，并由此确定各国参与全球价值链的贸易收益。贸易增加值通过三个指标来描述其贸易特征以及各国在其中的参与程度[①]：

第一，国外增加值，即出口中在国外创造的价值，代表了一国总出口中其他国家的生产要素的规模，这一指标并没有被计算在一国GDP当中。

第二，国内增加值，即出口中国内创造的价值，代表了一国出口中国内的生产要素的规模。国内增加值和国外增加值的总和才是一国的出口总额，而只有国内增加值才是GDP的一部分，真正衡量了出口对GDP的贡献率。而国内增加值作为全球价值链贸易中的一部分，是一国贸易规模在全球贸易中的真正体现。

第三，全球价值链参与指数，代表一国的出口份额，由于其包含了外国增加值的比重，因此对一国的GDP贡献没有作用，但是其代表了一国贸易融入全球的程度，并且有助于研究全球贸易方式新特征。

三、贸易服务增加值和贸易收益效应

全球价值链中贸易收益的衡量指标为贸易增加值，因此服务业跨国公司治理下的全球价值链贸易收益，体现为服务在贸易增加值中的贡献。全球价值链中服务贸易以两种形式展现：一种表现为服务的跨境流动，另一种是跟随货物流动的服务。以汽车为例，在其生产和最终消费过程中包括各生产国国内提供的贸易物流服务、结算金融服务、研发设计服务和市场服务，此外随着移动互联网技术的发展，越来越多的远程信息服务、电信服务参与到整个汽车价值链当中，这些服务最后会通过货物的跨界流动间接体现在出口价值中。由于服务贸易存在的形式的差异，WTO用两种方法衡量服务带来的贸易收益，一个是贸易服务增加值，另外一个是离岸服务外包，本书主要研究贸易服务增加值。

WTO将全球价值链分为初级产业、制造业和服务业增加值指数，特别是服务业增加值指数对研究全球价值链贸易服务增加值具有重要的参考意义。WTO还将贸易服务增加值分为国内增加值和国外增加值。跨国公司服务生产

[①] UNCTAD. World investment report 2013: global value chains: investment and trade for development [M]. 122.

效率的提高增强了所有行业企业的竞争力，如果没有运输、物流、金融、通信和其他专业服务业来协调产品制造流程和贸易流，也就没有全球价值链现象的存在了。根据 UNCTAD 的统计，全球贸易增加值中服务的占比是 46%，而按照传统的统计方法，全球贸易中服务贸易的比重只有 22%，服务贸易的作用被低估。

（一）不同行业的贸易收益

图 4-15 显示了全球价值链中部分行业贸易中服务增加值的比重，其中采矿业服务增加值约占 24%，机械设备服务增加值约占 32%，纺织业服务增加值约占 34%，食品行业服务增加值约占 34%，运输设备服务增加值约占 35%，化工行业服务增加值约为 35%，制造业和采矿业贸易服务化是普遍趋势，而且分工越细致的行业服务增值比重越高。其中维修、运输和存储、金融、商业等服务贡献最高，维修服务占比最高，美国 FATS 统计将维修服务单独作为统计分类，也说明了维修服务的重要性在不断提高。

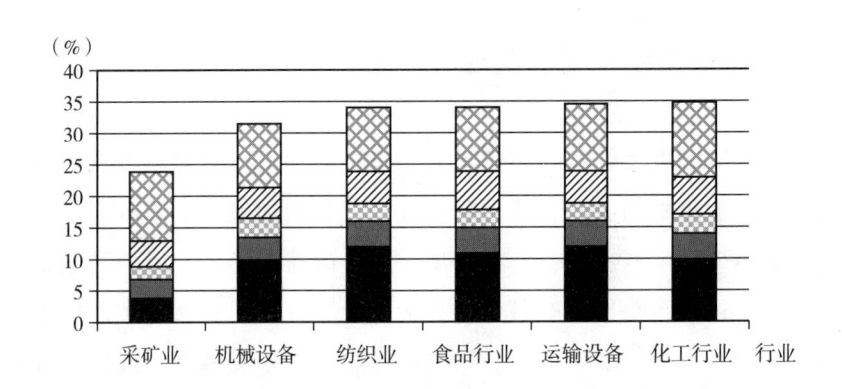

图 4-15 2009 年世界货物贸易中服务增加值的比重

注：分拨服务不包括对最终产品的分拨服务。
资料来源：UNCTAD. World Investment Report 2013: global value chains: investment and trade for development.

（二）不同经济体的贸易收益

1. 全球价值链区位选择和参与程度

服务业跨国公司除了要决定全球价值链的治理模式外，跨国公司必须决定把组成价值链的增加值活动（或者环节）进行空间布局。不同的因素决定了区位的选择，这些因素包括：第一，经济特征，例如，市场规模、增长潜力、基础设施、劳动力可供量和劳动力技能；第二，政策框架，例如投资规则、贸易许可和知识产权制度；第三，商业便利政策，例如商业活动的成本和投资激励。随着行业和参与者的增多，以及价值链服务活动的细化，跨国公司的经典区位论的决定因素发生了变化，但是如果不考虑特定的价值环节，区位决定理论基本是适用的。服务业跨国公司全球价值链区位布局首要考虑的因素是稳定的经济、政治和社会环境以及稳健的商业法和合约制度，以及服务贸易便利措施，另外在知识创造阶段（包括创新、研发，设计和品牌管理等环节），有效的知识产权管理制度以及较高的教育基础、较低成本的劳动力供给也是影响区位布局的关键因素。如表4-11所示，相对于发达经济体而言，发展中经济体在全球价值链中的参与程度越来越高，1995年发达经济体全球价值链的参与程度是39.6%，2009年达到47.2%，而发展中经济体1995年全球价值链参与程度是40.5%，2008年全球价值链参与程度更是达到54.4%，虽2009降至50.9%，但是参与程度以及增幅远远超过发达经济体。

表4-11　　　　1995~2009年发展中经济体全球价值链参与程度　　　　单位：%

经济体	1995年	2000年	2005年	2008年	2009年
世界	39.8	46.2	51.0	51.9	48.5
发达经济体	39.6	46.3	49.9	50.7	47.2
发展中经济体	40.5	45.9	53.5	54.4	50.9

资料来源：TiVA数据库。

UNCTAD（2013）提出当全球价值链的参与程度越高，贸易增加值对GDP的贡献度越高，国内贸易增加值比重越高。如图4-16所示，按照FDI/GDP比重，所有参与全球价值链活动的经济体由高到低分为四个层次，处于第一层次的经济体贸易国外增值为34%，全球价值链的参与程度为58%，贸易增加值对GDP的贡献是37%。第二层次的经济体国外贸易增加值为24%，全球价值链的参与程度是54%，贸易贡献度是30%，第三层次的经济体国外贸易增加值为17%，全球价值链的参与程度是47%，贸易增加值贡献度是24%，第四层次的经济体国外贸易增加值为18%，全球价值链的参与程度是47%，贸易贡献度是21%。

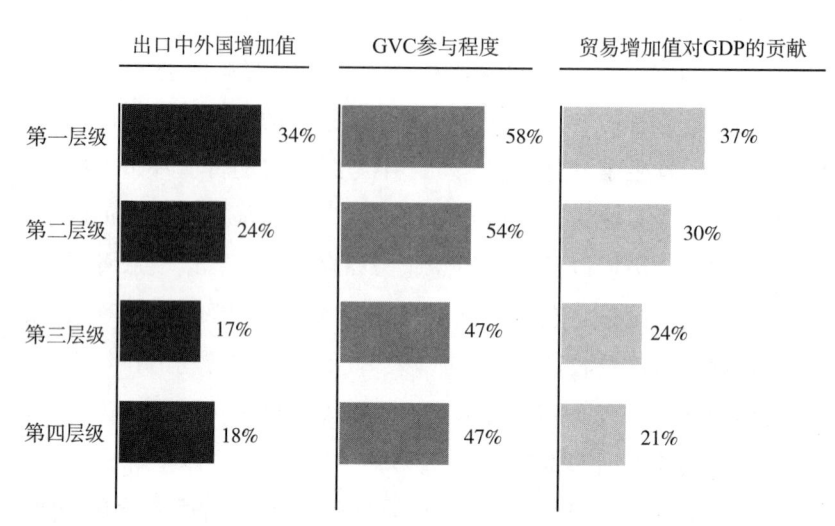

	出口中外国增加值	GVC参与程度	贸易增加值对GDP的贡献
第一层级	34%	58%	37%
第二层级	24%	54%	30%
第三层级	17%	47%	24%
第四层级	18%	47%	21%

图4-16 全球直接投资流入、全球价值链参与度和贸易增加值的关系

资料来源：UNCTAD. World Investment Report 2013：global value chains：investment and trade for development.

总的情况看来，发达经济体价值链中服务出口占比为16%，不发达经济体占比在10%以上（如图4-17所示），中国香港、新加坡和印度服务出口在全球价值链中的占比分别为50%、26%和17%。

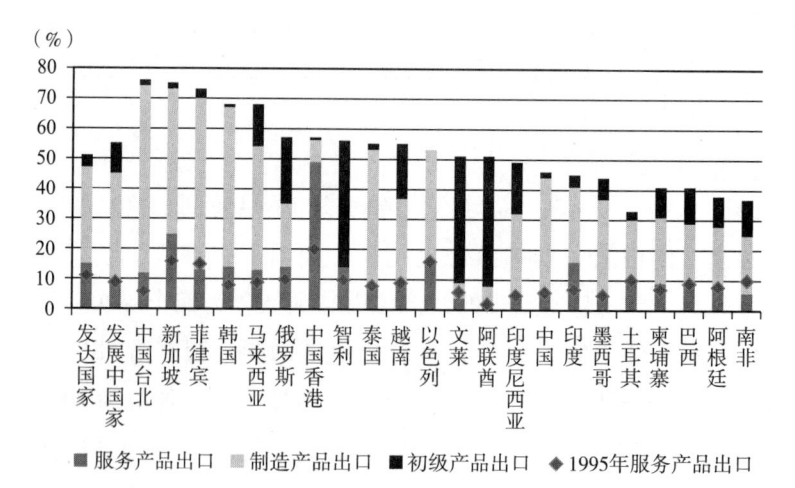

图4-17 1995~2008年不同经济体出口中服务业增加值比重

注：公用事业、农业和矿业包含在初级部门中。
资料来源：WTO. World Trade Reporment 2014：Trade and development：recent trends and the role of the WTO. P. 50.

如果按照全球价值链贸易来衡量，根据图4-18可得，发展中经济体服务增加值在全球价值链中占17%，制造业增加值占21%。发达经济体服务增加值在全球价值链中占22%，制造业产品占比19%。尽管全球价值链中直接服务出口远低于制造品出口，但是贸易服务增加值（包括包含在制造业出口中的服务）略微低于制造业贸易增加值。

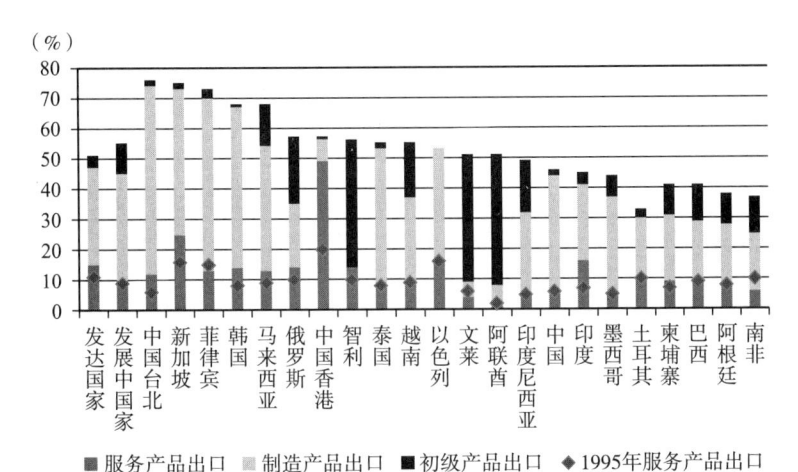

图4-18　1995~2008年部分经济体三部分产品增加值在全球价值链中比重

资料来源：WTO. World Trade Repornment 2014：Trade and development：recent trends and the role of the WTO. P. 89.

2. 发达经济体贸易服务增加值

现有研究表明，跨国公司主导的全球价值链已经成为影响全球生产和贸易方式的重要力量。对于发达经济体而言，一直困扰的在全球贸易中所占份额持续下降的问题得到解决。由于目前跨国公司，尤其是发达经济体服务业跨国公司将全球价值链非核心的制造业和服务业剥离，提高制造业服务业化的能力，形成专业的服务机构，为其全球生产网络提供支持，使母经济体产业国际竞争力不断提升，通过专业化的分工获取更高利润。根据OECD提供的数据可以发现，服务业跨国公司对发达经济体贸易增加值的提高起着重要作用。以美国为例，如表4-12所示，从1995年到2009年期间，随着服务业跨国的迅猛发展，美国贸易中的服务业增值比重从1995年的40%提高2009年的50%，除去服务贸易本身之外，无论是制造业、采矿业、农业贸易中，服务业增值基本在25%左右。

表4-12　　　　　　　1995~2009年美国行业贸易中服务增值　　　　　　单位：%

年份 行业	2009	2008	2005	2000	1995
总出口	50	46	46	43	40
农林牧渔	29	25	28	31	24
采矿业	16	19	24	33	13
食品制造业	32	32	33	32	25
纺织服装制造业	24	21	16	17	21
印刷制造业	36	35	32	32	23
化工制造业	23	21	25	28	21
金属制造业	27	22	23	22	19
机器设备	26	28	25	23	19
电气设备	20	17	8	17	18
运输设备	33	34	29	28	20
资源回收	26	27	25	23	21
公共事业	10	9	8	20	8
建筑	79	76	76	75	74
旅游业	96	94	95	94	90
邮政运输	89	85	89	90	88
金融	97	96	97	96	94
商务服务	95	94	94	93	93
其他服务	92	90	90	88	88

资料来源：根据TiVa数据库相关数据整理。

3. 发展中经济体贸易服务增加值

由于服务业跨国公司主要来自于发达经济体，因此在全球价值链贸易中，发达经济体获得更多的服务收益。在跨国公司国际直接投资活动中地位越高的国家，参与全球价值链的程度越深，因而贸易增加值比重越大，发展中经济体服务的贸易收益也在不断提高。

（1）通过进口和国外直接投资获得技术和知识溢出。

由于部分服务业产品的生产和消费难以分割，因此服务业跨国公司通过直接投资建立的分、子公司的软技术水平基本和母公司一致，技术溢出的可能性、尤其是中间品的进口溢出效应更为明显，并通过全球价值链的参与程度的提高而提高。此外，当地的供应商在与服务业跨国公司分支机构的合作中，需要与这些跨国公司进行沟通和互动，例如关于产品需求、加工处理、技术和标准方面的信息。因此，当地供应商不断提高服务能力来满足服务业跨国公司的质量和管理要求，而服务业跨国公司为了更好地管理全球价值链，需要提高信息和沟通能力来保证紧密的合作关系。当生产技术的知识通过商品交换进行传播到一定的广度和深度，这些溢出就会被创造出来。服务业跨国公司以人力资源为主要投入要素，因此服务业跨国公司如果要提高分支机构的服务能力，需要通过不同的渠道加大对当地员工培训、客户关系管理能力等，由于人力资源的能力极容易通过人的流动而发生转移，因此会对当地服务出口能力起到推动作用。

（2）提高贸易收益。

发展中经济体通过吸收服务业 FDI 融入全球价值链，不仅实现了贸易规模的增长，而且通过知识和技术溢出而获得附加值更高的贸易收益。然而，并不是所有的经济体都能够通过融合而获得收益，只有实现了资源从农业到具有更高生产力、更高回报的服务业，才能获得贸易服务增加值收益。对于一些在专业服务生产上不具有优势的经济体，全球价值链从更加宽泛的角度使得他们获得参与全球生产和贸易的机会。如旅游价值链出现也带动了欠发达经济体融入全球经济，包括直接相关的旅游服务（见表 4-13），旅游以及间接相关的产业，例如农业（供应到酒店的食物）、建筑、通信、公用事业（供应给酒店的电力和水）、会议和事务管理。这些服务很多都是劳动密集型产业，有效吸引了大量就业。

表 4-13　　　　　　　　简化的全球旅游价值链

住宿	餐饮	休闲娱乐	交通运输	短途旅行服务
酒店	饭店	纪念品店	地区和当地间交通	导游
别墅	酒吧	集市	大巴、出租车、租车服务	旅行组织者
宾馆	食品摊	专卖店	其他	旅行社
旅舍	集市	手工品店		其他
其他	其他	节庆活动		
		主题公园		

资料来源：WTO. World Trade Report 2014: Trade and development recent trends and the role of the WTO, P. 105.

柬埔寨、坦桑尼亚和乌干达是最不发达经济体中最大的旅游服务出口国,分别占最不发达经济体旅游出口的15%、14%和9%。非(洲)、加(勒比)、太(平洋地区)集团(ACP)的许多小岛屿,例如瓦努阿图和萨摩亚,旅游收入是国民经济的重要组成。旅游业是佛得角和马尔代夫,还有一些小型经济体的主要收入,包括多米尼加共和国、斐济、格林纳达、洪都拉斯、牙买加和尼加拉瓜,以及加勒比海小安的列斯群岛。2010年坦桑尼亚酒店住宿占游客总支出的25.3%,紧随其后的是购物(17.8%)和食品饮料(16.8%),登山占13.5%。2011年乌干达,住宿是最大的支出项(44%),再次是纪念品(16%)、食品饮料(15%)、交通(12%)和短途旅行(8%)。克里斯坦等(Christian et al., 2011)[①]指出,各国通过四种方式升级旅游价值链。首先,它们可以吸引外国直接投资来提升本土酒店的规模和档次。其次,本土旅行社通过学习跨国服务商来提高服务技能。再次,扩大互联网营销和在线预订服务能力。最后,深度开发旅游产品,如生态旅游、文化旅游和海洋、沙滩、冲浪等主题旅游项目。

第四节 服务业跨国公司的贸易区位效应

服务业跨国公司的贸易规模效应、贸易结构效应和贸易收益效应,都是基于国家而言。而服务的不可贸易性与不可储存性,使得服务业跨国公司的全球布局比制造业跨国公司更倾向于接近消费者市场,因此存在较大市场的规模、更加完备的基础设施和配套能力的全球城市成为服务业跨国公司的首选地区。服务业跨公司的集聚加速了这些城市经济的服务化,其中尤为明显的是与贸易相关的服务能力的提高。

一、国际贸易中心城市和与贸易有关的服务业跨国公司集聚

(一)区位优势与贸易有关的服务业集聚

服务业跨国公司向大城市集中的趋势日渐明朗,尤其是集中在纽约、伦

---

① Christian, M et al. The tourism global value chain: economic upgrading and workforce development. SKILLS FOR UPGRADING, 2011: 276.

敦、巴黎、东京、多伦多、芝加哥、新加坡、中国香港、北京、上海等全球性的城市。根据乔尔·科特金（2005）《全球城市史》①的描述，所有具有连接国际市场性质的城市归类为全球城市，而全球城市的一个最基础的功能是贸易中心或者贸易城市（trading cities 或 cities as trading centres），本书统称为国际贸易中心城市。

国际贸易中心城市一般都是从港口发展起来的，例如纽约早期凭借其港口及制造基础，汇集了来自全国、欧洲乃至全球的货物，成为全球最大的港口以及连接美国与欧洲市场的国际贸易中心。纽约口岸进出口总值一直占据全美国外贸总值的40%左右，1985年纽约港集装箱吞吐量更是世界第一位。货物从港口分拨到贸易商和消费者手中的时候，需要诸如分拨、配送等服务的支撑，这类服务被定义为与贸易有关的服务（trade-related services）②。与贸易有关的服务最初的形式就是货物通关所需要的服务，这种服务最初集聚在两个地方，第一是港口码头，以便接近海关等部门。第二接近为货物提供结算服务的金融机构所在地，一般在城市。随着货物吞吐量的上升，国际贸易分工模式的演变，中间品贸易的增多，以及信息技术的变化，为贸易配套的服务类别也越来越多，从最初的通关服务到货代、贸易中间商服务、海运空运、金融、会议、专业服务、标准化服务、销售服务等（见图4-19）。

（二）服务业跨国公司异质性要求

根据跨国公司理论，跨国公司地理区位的选择也是与自身经营活动和增值目标相匹配的。首先，从服务业跨国公司的发展来看，它们一般跟随着制造业跨国公司，而制造业跨国公司最初也是布局在一些海港工业城市，这些海港工业城市一般又是区域或者全球性的国际贸易中心，因此跟随型的服务业跨国公司，如批发零售业跨国公司，在国际贸易中心城市率先集聚。其次，由于服务业生产消费的特点是邻近性，因此服务业跨国公司区位选择主要关注当地市场规模较大的地区，而国际贸易中心城市由于集中了大量的客户群体，成为服务业跨国公司的优选地区。最后，服务业跨国公司的重要特点是知识密集型，由于高知识密集型行业同时也是高附加值的行业，需要较好的知识产权配套能力。

---

① 科特金. 全球城市史：The city: a global history [M]. 社会科学文献出版社，2006：100.
② O'Connor. Australian ports, metropolitan areas and trade-related services [J]. The Australian Geographer, 1989, 20 (2): 169.

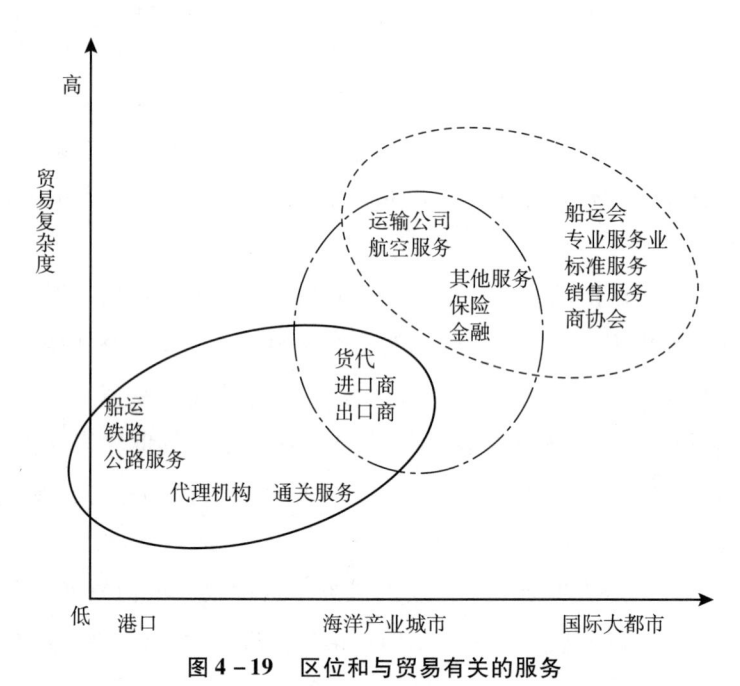

图 4-19　区位和与贸易有关的服务

资料来源：O'Connor. Australian ports, metropolitan areas and trade-related services [J]. The Australian Geographer, 1989, 20 (2): 170.

国际贸易中心城市为服务于进出口，在商标、地理标识、工业品外观设计等方面较早建立了相对成熟的知识产权保护制度。

二、与贸易有关的服务跨境流动

（一）服务需求的增加

1. 制造的服务需求

经济全球化带来经济活动的分散性，制造业已经不再是大城市中占主导的产业部门。制造业新的集聚地点可能是周边城市、国内其他城市或者海外建立新的生产点，这些生产过程中需要大量服务业的支撑，尤其是信息技术的发展，互联网技术和制造的结合，更加使得制造和服务的结合越来越紧密，制造业服务化的趋势越来越突出。有些服务可以是由当地服务商提供，但是很多服务存在一定的黏性，制造业跨国公司仍需要原来的服务商为其提供服务，因此使得服务在不同城市之间流动。

2. 服务的交易需求

除了要对制造业活动提供服务之外，服务业公司之间自身也存在服务交易的需求，因此产生了各类服务品交易市场，如金融中心、期货交易中心、文化交易中心、艺术品交易中心。服务业跨国公司主导的全球生产网络和价值链网络中，部分城市能够满足区域或地方性服务市场需求，部分城市能够满足国内市场，部分城市能满足全球市场服务需求，形成各自专业分工。如伦敦在创意服务业、纽约在金融服务业、新加坡在大宗商品交易、中国香港在专业服务业等方面形成在全球城市中的专业分工地位。除了这些全球性城市之外，其他一些区域性的城市也带有专业分工的特点，如萨森（1991）[①] 提出迈阿密等城市在旅游服务方面具有极强的竞争力。

（二）从货物贸易转向服务贸易

由于服务业跨国公司承担着为制造业输送服务业、服务业企业之间彼此交易互换的需求，使得国际贸易中心城市不仅是全球货物贸易的节点，现在更成为服务贸易的节点城市。按照新加坡、中国香港两个城市的服务贸易和货物贸易在世界贸易中的比值进行排名，根据表4-14可见，这些城市不仅体现在服务贸易中心的全球地位日渐重要，而且原有的货物贸易中心地位也在提升。2006~2015年这段时间，这两个城市不仅在世界服务贸易排名的地位在上升，而且货物贸易的地位也在同步上升，2006年新加坡在世界服务贸易国家排名中位于第12位，2015年位于第7位，中国香港从第16位上升至第15位。

表4-14　　2006~2015年新加坡、中国香港在世界服务贸易中的排名

排名	2006年		2015年	
	国家/城市	服务贸易占比（%）	国家/城市	服务贸易量占比（%）
1	美国	13.39	美国	12.77
2	德国	7.28	中国	8.04
3	英国	7.26	德国	5.98
4	日本	4.46	英国	5.91

[①] Sassen, S. The global city. 1991: Princeton University Press Princeton, NJ. P. 121.

续表

排名	2006 年		2015 年	
	国家/城市	服务贸易占比（%）	国家/城市	服务贸易量占比（%）
5	法国	4.27	日本	3.61
6	意大利	3.51	荷兰	3.14
7	中国	3.40	新加坡	3.01
8	西班牙	3.26	爱尔兰	2.97
9	荷兰	3.24	比利时	2.31
10	爱尔兰	2.68	韩国	2.25
11	加拿大	2.35	瑞士	2.15
12	新加坡	2.32	意大利	2.12
13	印度	2.27	中国上海	2.09
14	韩国	2.24	西班牙	1.94
15	比利时	1.99	中国香港	1.90
16	中国香港	1.94	加拿大	1.85
17	丹麦	1.72	卢森堡	1.76
18	瑞典	1.54	俄罗斯联邦	1.49
19	卢森堡	1.42	瑞典	1.39
20	奥地利	1.40	丹麦	1.23

资料来源：根据 WTO 数据库、香港统计局网站、新加坡统计局网站数据整理。

从货物贸易的国家排名来看，与大量的研究认为货物贸易的分散化、世界呈现扁平化的论调相反，新加坡和中国香港在城市的转型中获得了服务贸易的发展机遇，其货物贸易中心的地位不仅得到巩固，而且在提升，如表 4-15 所示，2015 年中国香港在货物贸易中排名从 2006 年的第 10 位提高到第 7 位，而新加坡则从第 15 位提高到第 13 位。

表 4-15　　2006~2015 年新加坡、中国香港在世界货物贸易中的排名

排名	2006 年		2015 年	
	国家/城市	服务贸易占比（%）	国家/城市	服务贸易量占比（%）
1	美国	12.23	美国	11.69
2	德国	8.67	中国	11.49

续表

排名	2006 年		2015 年	
	国家/城市	服务贸易占比（%）	国家/城市	服务贸易量占比（%）
3	中国	7.22	德国	7.18
4	日本	4.82	日本	3.86
5	英国	4.34	法国	3.75
6	法国	4.22	英国	3.29
7	意大利	3.55	中国香港	3.19
8	加拿大	3.17	韩国	3.02
9	荷兰	3.09	荷兰	2.68
10	中国香港	2.72	意大利	2.60
11	韩国	2.69	加拿大	2.59
12	西班牙	2.29	墨西哥	2.40
13	比利时	2.17	新加坡	2.07
14	墨西哥	2.13	西班牙	1.79
15	新加坡	2.12	瑞士	1.70
16	俄罗斯	1.96	俄罗斯联邦	1.65
17	中国台湾	1.77	比利时	1.60
18	瑞士	1.22	中国上海	1.39
19	印度	1.22	澳大利亚	1.22
20	马来西亚	1.19	泰国	1.20

资料来源：根据 WTO 数据库、香港统计局网站、新加坡统计局网站数据整理。

下面将以纽约、新加坡和中国香港近年来的贸易流，来解释服务业跨国公司的集聚带来国际贸易中心城市贸易内容和模式的变化。

1. 纽约

第一，稳定了货物贸易规模。制造业跨国公司的迁移，在一定程度上影响了纽约港口的货物吞吐量。随着生产型服务业跨国的集聚，与制造和货物贸易相关服务能力增强，纽约港贸易量近年来基本保持稳定。服务业跨国公司的集聚带来了国内外人才的汇集，对于消费品的需求日益增加，纽约的商品进口额远远高出出口额的 57%（如表 4-16 所示）。

表 4-16　　　　　　　　　2008~2012 年纽约货物进出口　　　　　单位：亿美元

纽约州	2008 年	2009 年	2010 年	2011 年	2012 年
出口总额	813.85	587.43	696.95	848.87	791.88
进口总额	1255.77	929.09	1137.3	1272.44	1242.21

资料来源：商务部网站。

第二，推动了服务贸易规模提升。自 20 世纪 80 年代以后，美国生产服务业强劲扩张及国际服务贸易出口扩大，使纽约的生产服务业和知识密集型服务贸易获得了更大的发展空间，并且，服务贸易的结构也与服务业发展的阶段紧密相连：20 世纪 80 年代，纽约传统服务贸易如运输、旅游、政府服务等在逐渐下降，专利、金融等资本、知识密集型的新兴服务业和服务贸易增长显著。90 年代以来，技术、知识和人力资本密集型的服务业和服务贸易发展最为迅速（如图 4-20 所示）。

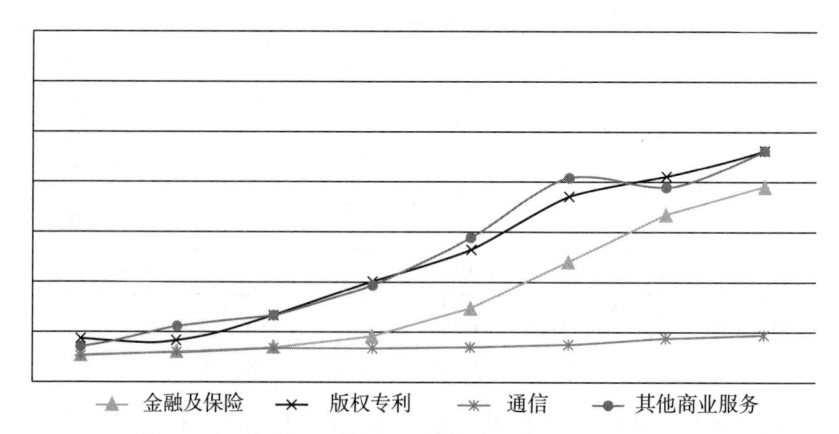

图 4-20　纽约 20 世纪 80 年代以后服务出口发展趋势

资料来源：UNCTAD.

第三，服务业跨国公司在纽约集聚加强了纽约市经济活动的外向性，提高了纽约在世界贸易中的地位，巩固了国际金融中心的地位。在 2008 年万事达卡对全球城市贸易中心进行了排名，其中纽约一如过去占据了国际贸易中心的第二位（如表 4-17 所示）。

表4－17 万事达卡国际贸易中心指数排名

排名	城市	国际贸易中心指数	排名	城市	国际贸易中心指数
1	伦敦	79.17	11	马德里	58.34
2	纽约	72.77	12	悉尼	58.33
3	东京	66.6	13	多伦多	58.16
4	新加坡	66.16	14	哥本哈根	57.99
5	芝加哥	65.24	15	苏黎世	56.86
6	香港	63.94	16	斯多哥尔摩	56.67
7	巴黎	63.87	17	洛杉矶	55.73
8	法兰克福	62.34	18	费城	55.55
9	首尔	61.83	19	大阪	54.94
10	阿姆斯特丹	60.06	20	米兰	54.73

资料来源：Sassen, S. Cities in a world economy. 2011: Sage Publications. P. 34.

2. 新加坡

第一，服务业跨国公司集聚带动服务贸易的发展。服务业公司总部集聚很大程度上促进了新加坡服务业出口，带动了新加坡服务贸易发展。新加坡贸易中商品贸易依旧占很大的比重，但是近年来的发展，服务贸易也占有相当大的比例，并且服务业的快速发展带动了新加坡的经济发展（如表4－18所示）。

表4－18 新加坡商品贸易与服务贸易对比 单位：百万美元

年份	商品贸易 进口	商品贸易 出口	服务贸易 进口	服务贸易 出口
2007	395979.7	450627.7	116584.8	111305.2
2008	450892.6	476762.2	129979.2	126394.9
2009	356299.2	391118.2	122978	118755.9
2010	423221.8	478840.7	136715.9	136843.4
2011	459655.1	514741.2	143506.5	146133.5
2012	474554.2	510329.4	155295.3	156047.5
2013	466762.2	513391	—	—

资料来源：新加坡统计局：http://www.singstat.gov.sg.

20世纪80年代，新加坡的服务贸易总额非常小，2000年左右，新加坡的服务贸易进口一度占上风，很大程度上是因为服务业发展处于起步阶段，通过进口先进的服务技术来改善自己的服务产业。通过提高产能，新加坡的服务贸易已经明显地扭转了逆差，并且出口的差额优势越来越明显，2010年新加坡服务贸易的出口总额已经达到了1300亿美元，走在了世界服务贸易的前列。从贸易结构来看，其他商业服务占据了最大的出口比例，高达39%，其他商业服务包含了各类咨询、法律、教育等服务。就主要的行业而言，运输服务所占比例最大，达到29%，作为东南亚的航运中心和交通枢纽，运输服务的出口仍然对新加坡的服务贸易起着支柱作用。旅游服务占据着第二位，而旅游服务中大部分依然来自东南亚。作为服务价值链中重要的一环，金融和保险服务也在服务贸易中占了一定的比例，出口占比达到13%，体现出了新加坡作为东南亚金融中心的地位。

第二，服务业跨国公司集聚也推动了新加坡作为国际贸易中心、东南亚金融中心以及货运中心的发展。新加坡不遗余力地吸引跨国公司营运总部，尤其是服务业公司总部，极大程度上推进了新加坡服务业的发展。随着服务业跨国公司集聚，新加坡成为第四大外汇交易市场，其余分别依次为伦敦、纽约和东京，同时新加坡保持贸易中心的地位。根据万事达卡2008年发布的国际贸易中心指数，新加坡一跃成为全球第四大商业枢纽（commercial centres），排名在伦敦、纽约和东京之后。

3. 中国香港

服务业跨国公司带动了中国香港服务贸易的发展，巩固了其贸易中心地位。中国香港总部数量从2001年的944家增加至2013年的1379家，增幅46.1%。其中，进出口贸易及批发零售领域的总部数量从375家增加至985家，增幅62.7%。同期，贸易总额从2002年的3.19万亿港元增长到2012年的7.35万亿港元（如图4-21所示），转口贸易额从1.43万亿港元增加到3.38万亿港元（如图4-22所示），皆为翻倍增长。目前，中国香港的商品贸易规模依然巨大，随着跨国公司的集聚以及其国际贸易中心的确立，服务贸易的作用也日益突出。通过中国香港的商品贸易与服务贸易的对比发现，商品贸易始终处于逆差，并有不断增大之势；而服务贸易从2009年开始处于顺差，并且顺差额在不断地扩大，可见服务贸易的快速发展已经成为推动其贸易发展的重要内涵。

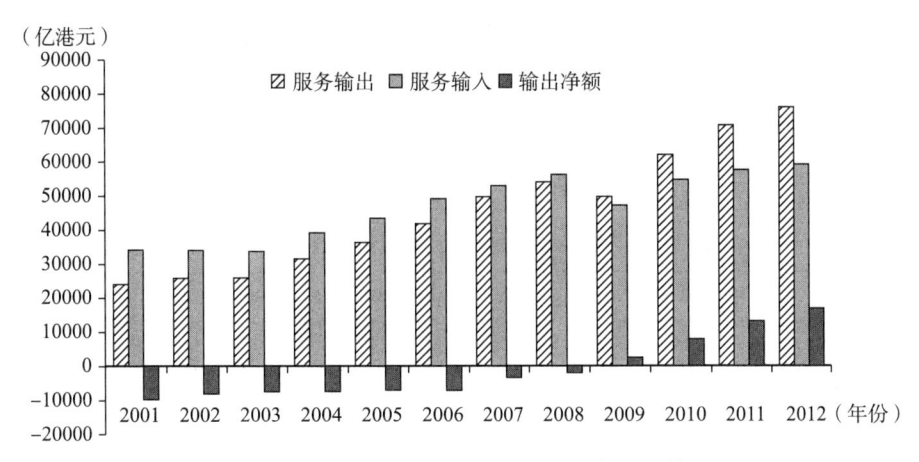

图 4－21　2001～2012 年中国香港服务贸易情况

资料来源：中国香港政府统计局。

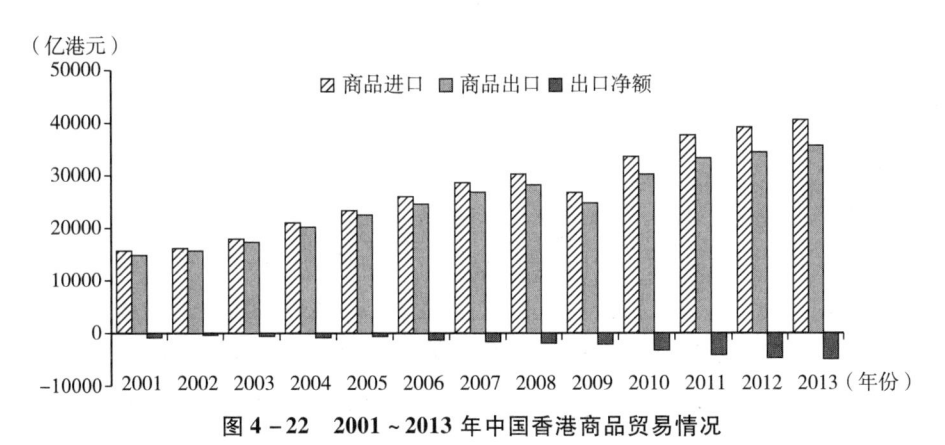

图 4－22　2001～2013 年中国香港商品贸易情况

资料来源：中国香港政府统计局。

三、国际贸易服务中心功能的确立

（一）与贸易有关的服务业跨国公司生产率溢出效应

根据空间经济学理论，跨国公司在全球化的战略中，将不同地区分散的价值活动和生产活动加以重组和配置，使得所在区域的产业重塑和演进，同时也会影响自身组织形式的构建和变化，而产业集群则是经济活动地理空间的主要表现形式。地区产业结构的转型是通过开放条件下实现的，国际贸易的发展使得城市产业功能发生变化，推动了与贸易有关的服务的大量集聚，国际贸易中心城市的内容从货物贸易向服务贸易转变。服务业跨国公司为了保持竞争力不断推动技术创新，创新活动使得分工更加精细，并为当地的供应商和参与者提供新的机遇，推动了当地与贸易有关的服务业生产率提高。

根据新新经济地理学理论，城市对企业具有选择性，生产率高的企业会在大城市集聚，生产率低的企业会在中小城市集聚，这将在总体上提高大城市的生产率水平。与贸易有关的服务业跨国公司不断在国际贸易中心城市集聚，一方面通过生产率溢出效应，来提高整个行业生产率水平，另一方面也通过国际贸易中心城市优胜劣汰机制，集聚生产率水平更高的服务业企业，从而从整体上提高国际贸易中心城市为贸易服务的能力。

(二) 服务业跨国公司贸易区位效应的衡量

区位效应，通常指相关产业的集聚能力。一般有两个指标：一个劳动力资源，另一个是产业增加值。劳动力资源体现了资源的配置方向，产业增加值体现了对经济的贡献度。

与贸易有关的服务业跨国公司在国际贸易中心集聚，进行全球各国投资和贸易战略的部署，这些活动需要相关人力资源的支持。由于服务业跨国公司本身具有知识密集特征，因此更加体现了对人的集聚作用。根据杨(2009)[1]提出的耦合战略，服务业跨国公司的企业家和技术精英经常在不同城市之间的往返使得这些城市不仅具有一般性城市的特点，同时更加体现无国界的特点，即成为全球各地相关行业人才的集聚地。而国际贸易中心城市也通过这样劳动力资源的配置机制，集聚了大量的与贸易有关的服务业劳动力资源。

如表4-19所示，以纽约为例，从1991~2013年这20多年的时间里，纽约市的总就业人口呈现总体上升的趋势，贸易运输业的就业人口占纽约的15%，从绝对值来看，也在不断增加。尽管随着纽约港口地位的下降，批发和运输仓储的人口在下降，但是其零售业人口呈现出持续上升趋势。

---

[1] Yeung, H W. Regional development and the competitive dynamics of global production networks: an East Asian perspective. Regional Studies, 2009, 43 (3): pp. 325-351.

表4-19　　　　　　　1991~2013年纽约市贸易与运输就业人数　　　　　单位：千人

年份	纽约市总就业	贸易与运输，主要包括：	零售	批发	运输仓储
1991	3337	557.9	244.8	169.9	122.3
1992	3280.5	533.4	233.6	163.2	116.1
1993	3289.4	526.8	233.6	158.6	114.5
1994	3320.4	524.5	233.6	157.4	111.2
1995	3337.4	531.5	243	157.7	112
1996	3367.1	532	248.2	153.3	112.6
1997	3439.7	537.3	253.1	154.8	112.3
1998	3526.8	542	260.1	153.2	112.7
1999	3618.4	556.3	270.2	155.5	115.4
2000	3717.1	569.6	281.5	155.1	118.1
2001	3689.4	557.4	272	155.9	114.7
2002	3581.2	536.5	268.1	149.1	104.5
2003	3531.3	533.6	267.3	147.7	103.6
2004	3549.3	539.3	273.5	147.8	103.5
2005	3602.5	547.5	281.3	147.5	103.8
2006	3667.3	559	287.4	148.9	107.5
2007	3744.6	570.5	295.4	149.9	109.7
2008	3794.3	574.5	299.6	148.7	110.4
2009	3693.4	552.4	291.9	138.7	105.5
2010	3710.4	559.1	302.7	137.4	103
2011	3797.2	574.7	314.4	139.6	105.2
2012	3884	589.3	327.7	140.6	106.3
2013	3967.1	602.7	339.4	142	106.3

资料来源：NYC.gov/omb.

而服务业跨国公司在新加坡集聚所呈现的就业效应更为显著，从表4-20可知，新加坡生产服务业就业人口占总就业人口的比例在逐渐提高，而制造业就业人口所占比重在下降。就最新数据来看，2013年新加坡总就业人口为

205.61万人，服务业就业人口为164.75万人，占总就业人口的80%；其中与贸易有关的服务业为134.53万人，占总就业人口的48%。服务业跨国公司在新加坡集聚创造了大量的就业岗位，促进了新加坡经济的发展。

表4-20　　　　　　　　　　新加坡就业结构变化　　　　　　　　单位：千人

	2007年	2008年	2009年	2010年	2011年	2012年	2013年
总就业人数	1803.2	1852.0	1869.4	1962.9	1998.9	2040.6	2056.1
制造业	304.5	311.9	293.6	291.4	292.4	288.2	280.0
建筑业	100.8	105.5	113.8	104.0	99.7	104.5	101.9
服务业	1377.2	1411.9	1441.1	1529.9	1583.3	1621.4	1647.5
批发与零售贸易	277.0	269.5	272.4	281.7	300.5	306.3	302.2
运输与仓储	179.9	182.4	179.9	191.3	192.0	189.5	192.6
住宿与餐饮	123.1	120.0	124.9	128.9	135.2	129.3	135.1
信息与通信	87.8	87.0	94.3	99.9	85.4	85.8	92.1
金融保险	109.7	123.6	121.9	126.0	145.5	150.6	147.8
商务服务	223.9	237.5	243.4	253.5	271.6	289.7	291.6
社区、社会及个人服务	375.8	391.9	404.4	448.6	453.1	470.1	486.1
其他	20.7	22.7	20.9	37.6	23.5	26.5	26.8

资料来源：新加坡统计局：http://www.singstat.gov.sg.

除了劳动力资源，总产出能力或者增加值规模也是衡量产业集聚规模的重要指标。服务业跨国公司贸易活动，渗透到国际贸易中心城市的经济活动系统中，使国际贸易中心城市与贸易有关的服务业产出规模不断提升。如图4-23所示，中国香港与贸易有关的服务业生产总值比重近年来都较高，基本保持在60%以上。如图4-24所示，从1997~2013年间，纽约与贸易有关的服务业生产总值比重也一直在稳步上升，从4430.2亿美元上升至2013年的8955.3亿美元，17年间生产总值翻一番，2013年占比68%，对纽约经济发展的贡献度非常大。

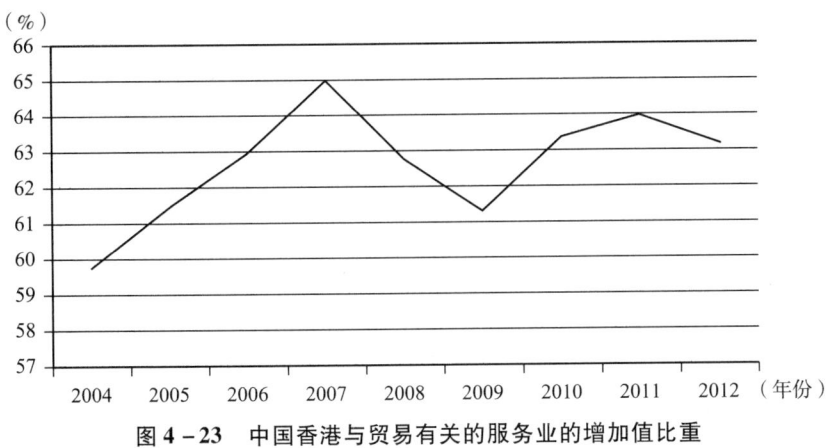

图4-23 中国香港与贸易有关的服务业的增加值比重

资料来源：香港统计局网站。

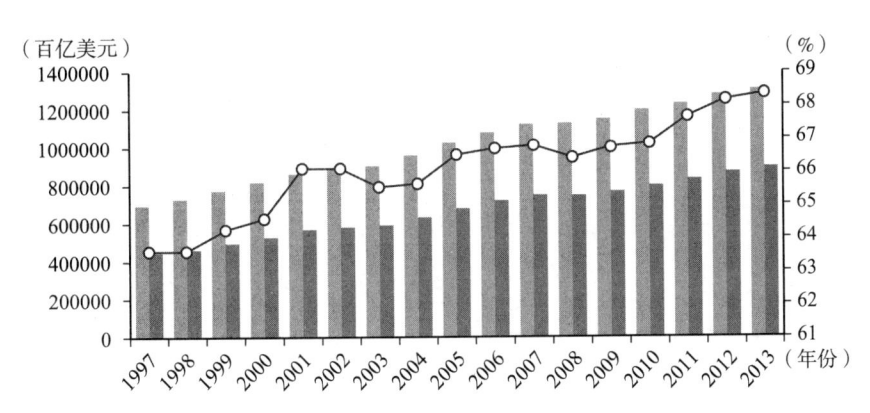

图4-24 纽约与贸易有关的服务业对纽约GDP的贡献度

资料来源：美国经济分析局（BEA）。

本章小结

本书在第二章提出了服务业跨国公司贸易的四个效应，本章分为四个部分，分别论述了服务业跨国公司的贸易规模效应、结构效应、收益效应和区位效应，主要结论总结如下：

第一，服务业跨国公司具有贸易规模效应。服务业跨国公司的全球化经营活动分为FDI、非股权和独立企业间贸易，独立企业间贸易本身就是贸易行为，具有贸易规模效应。服务业FDI是商业存在形式的服务贸易，FDI规模越大，服务贸易规模越高。从服务业 FDI 的不同模式来看，垂直型 FDI 具有直接贸易创造效用，而混合型 FDI（以贸易平台 FDI 为主）推动了进出口贸易的规模，即使是市场导向型的水平型 FDI 也具有贸易规模提升的效应，因此服务业 FDI 越来越成为世界范围内贸易流量增加的驱动因素。非股权模式的特点，就是通过契约或者合约的形式来生成贸易，来替代服务业跨国公司的内部生产。因此，服务业跨国公司的大发展推动了全球服务贸易规模增长和服务业跨国公司内贸易的规模增长。

第二，服务业跨国公司具有贸易结构效应。一方面，由于服务业的异质性特点，使得服务业跨国公司的全球化经营活动呈现异质性特点，贸易、金融、专业服务业跨国公司较早开始国际化活动，具有较高的生产率，产生了较大的贸易规模。信息服务业可分割、可贸易性强，国际化程度也较高，因此这些行业贸易规模较大，在服务贸易中占据较高的比重，产生了贸易结构效应。另一方面，由于贸易、金融、专业服务业跨国公司较早开展全球化活动，推动了各国产业开放，产生溢出效应，推动了母国和东道国贸易增长，形成贸易结构效应。

第三，服务业跨国公司具有贸易收益效应，提高了全球价值链参与国际贸易服务增加值。服务作为全球生产和贸易活动的重要中间投入要素，在全球价值链中发挥着连接作用。服务在全球价值链中的连接作用，决定了服务业跨国公司在全球价值链中的治理地位和治理模式。由于服务业跨国公司主要来自于欧美等发达国家，这些国家的贸易服务增加值收益较高，尤其是美国获得较高的贸易服务增加值。而发展中国家通过融入全球价值链，更多参与了全球价值链中的制造和服务环节，对于国内服务增加值也有提高作用。

第四，服务业跨国公司具有贸易区位效应，提高了国际贸易中心城市与贸易有关的服务业集聚能力，推动国际贸易中心城市从传统的货物贸易中心成为全球贸易服务的中心，直接体现为与贸易有关的服务业增加值规模提高，以及对就业的贡献变大。

第五章

服务业跨国公司贸易效应的实证检验

在本书前面章节机理分析的基础上，本章将通过实证来检验贸易规模效应、贸易结构效应、贸易收益效应和贸易区位效应。

第一节 贸易规模效应的实证检验

一、经验分析回顾

（一）服务业跨国公司贸易规模效应的实证经验

小岛（1985）[①] 提出服务业跨国公司海外分支机构的进口和出口占比分别为72%和48%，其FDI具有明显的贸易创造效应，提高了东道国、第三国与母国之间贸易往来，以崇光百货为例，日本外国分支机构与所在东道国崇光百货之间的贸易往来要远远低于从东道国出口的份额。小岛（1985）提出了FDI和进出口贸易的实证模型如下（见式（5-1）、式（5-2）、式（5-3）、式（5-4））：

[①] Kojima, K. Japanese and American direct investment in Asia: a comparative analysis. Hitotsubashi Journal of Economics, 1985, 26 (1): P. 30.

$$\text{Log}(e)(X_j) = \text{constant} + (x_j)\text{Log}(e)(I_{j-1}) \quad (5-1)$$

$$\text{Log}(e)(M_j) = \text{constant} + (m_j)\text{Log}(e)(I_{j-1}) \quad (5-2)$$

$$\text{Log}(e)(X_A) = \text{constant} + (x_A)\text{Log}(e)(I_{A-1}) \quad (5-3)$$

$$\text{Log}(e)(M_A) = \text{constant} + (m_A)\text{Log}(e)(I_{A-1}) \quad (5-4)$$

其中，X_j 表示东道国向日本出口量，M_j 表示东道国从日本进口量，X_A 表示东道国向美国出口量，M_A 表示东道国从日本进口量，I_j 表示日本的国际直接投资，I_A 表示美国的国际直接投资。实证的结果显示，国际直接投资和双边进口、出口为互补关系。

付娟（2008）[①] 建立 FDI 与出口的回归模型为（见式（5-5））：

$$EX = \beta_0 + \beta_1 FDI + \beta_2 FDI^2 + \varepsilon \quad (5-5)$$

其中，EX 和 FDI 表示服务贸易出口额和外商直接投资额，实证结果得出 FDI 和中国的出口贸易存在正向显著的效应，当 FDI 规模越大，贸易创造效应越显著。以上 FDI 和贸易的实证研究都未考虑区位因素，随着服务贸易壁垒、服务业开放等区位因素在服务业 FDI 和贸易中影响越来越大，区位因素逐步被纳入模型之中，贺胜兵与杨文虎（2008）[②] 将 FDI 与出口的回归模型进行扩展为（见式（5-6））：

$$\ln(\text{Export}_{it}) = \mu_i + b_0\ln(FDI_{it}) + b_1\ln(FDI_{it}) \times g(d_x) + \varepsilon \quad (5-6)$$

其中：$\ln(FDI_{it}) \times g(d_x)$ 为非线性影响自变量，dx 包括东道国的市场规模、距离、基础设施、工资水平等区位因素。实证结果证明 FDI 对中国的出口贸易和进口贸易总体上具有互补效应，但是各地区的 FDI 出口效应和进口效应具有显著的非线性特征，即 FDI 的贸易效应受到区位因素的影响。

亚历德罗（Alejandro，2011）[③] 在研究 FDI 与美国就业效用时候，将模型扩展为：

$$\ln L_{it} = \beta_0 + \beta_1\ln Y_{it} + \beta_2\ln W_{i(t-1)} + \beta_3\ln FDI_{it} + \alpha_i + \gamma_t + u_{it} \quad (5-7)$$

其中，Y、W 分别表示美国 t 期增加值和工资水平，实证结果显示 FDI 具有显著的贸易创造效应，并且对美国国内的就业存在正向作用。

[①] 付娟. 中国外商直接投资的服务贸易发展效应研究 [D]. 辽宁大学.

[②] 贺胜兵，杨文虎. FDI 对中国进出口贸易的非线性效应研究——基于面板平滑转换模型 [J]. 数量经济技术经济研究，2008（10）：44-55.

[③] Alejandro, L et al. US multinational services companies: Effects of Foreign Affiliate Activity on US Employment. 2011：7.

以上研究主要基于FDI贸易规模效应的检验，随着服务业跨国公司的数据不断完善，尤其是美国经济分析局建立了比较完整的服务业跨国公司全球化经营数据，实证分析逐渐利用服务业跨国公司全球化经营来检验贸易规模效应。李和吉辛格（1992）[①] 将服务业跨国公司的公司规模和增长能力作为模型的自变量，提出公司规模和服务业跨国公司的FDI活动具有正向积极的影响，并用欧洲、北美和日本的数据验证了这一假设。格伦费尔德和莫克斯尼斯（Grünfeld and Moxness, 2003）[②] 研究了服务贸易和跨国公司分支机构服务销售之间的关系，发现二者存在互补而不是替代关系，即服务业跨国公司分支机构在海外的经营情况越好，对服务贸易的作用越大。

（二）基于引力模型的服务业跨国公司贸易规模效应的实证经验

在研究双边贸易中，引力模型是最基本的模型，瑟洛斯基（Ceglowski, 2006）[③] 引入引力模型来解释OECD28个国家双边服务贸易的影响因素，距离作为解释变量，距离的远近决定了时间成本和旅行成本，此外地理接近度还可以用语言相近度来衡量，如果服务的提供者和生产者需要进行大量的沟通，地理位置的接近度显得尤为重要，距离与贸易规模呈现反向显著性，语言相近度具有正向显著影响，GDP和人均GDP为正向显著影响，共同边界、双边贸易协定、货物的固定效应大于服务贸易。基穆拉和李（Kimura and Lee, 2006）[④] 使用标准的引力模型进行实证检验，得出双边服务贸易中引力模型比货物贸易更具有适用性，并且变量的经济意义也存在解释的差异。GDP和人均GDP对货物的影响更大，对于服务贸易而言，由于服务的生产和消费的即时性特点，所以距离的重要性要超过货物贸易。语言、双边贸易协定和经济开放度的显著性高于货物，说明服务贸易受到制度的影响更大，这意味着经济开放度越高，越有利于服务贸易的发展，可以预期，随着全球服务业投资开放水平和服务贸

[①] Li, J and S Guisinger. The globalization of service multinationals in the "triad" regions: Japan, Western Europe and North America. Journal of International Business Studies, 1992: 675 – 696.

[②] Grünfeld, L A and A Moxnes. The intangible globalization: Explaining the patterns of international trade in services. Norwegian Institute of International Affairs Paper, 2003: 657.

[③] Ceglowski, J, Does gravity matter in a service economy? Review of World Economics, 2006, 142 (2): 307 – 329.

[④] Kimura, Lee. The Gravity Equation in International Trade in Services [J]. Review of World Economics, 2006, 142 (1): 92 – 121.

易便利化程度的提高全球服务贸易的规模会越来越高。双边服务贸易模型运用中，莫扎和尼科莱蒂（Mirza and Nicoletti，2004）[①] 首先将服务贸易管理规则作为变量引入实证模型，并证明与双边服务贸易产生反向作用，考克斯、勒茹尔和弗威（Kox, Lejour& Verwei，2004[②]，2006[③]，2014[④]）采用引力模型，检验了 OECD 国家服务业准入"门槛"和贸易伙伴国之间管理规则的差异对双边服务贸易具有显著的反向作用。

二、服务业 FDI 和出口规模效应的实证和结果

（一）样本选择

服务业国际直接投资流量的数据来自于 UNCTAD 数据库，以 FDI 表示，服务贸易出口数据来自于 WTO 数据库，以 SE 表示，目前世界服务贸易的中商业存在的统计数据还没有完善，本书采用的服务出口数据是 BOP 统计数据。由于目前所能查找得出的世界服务业直接投资数据在 2002 年之后，因此样本的选取期间为 2002~2012 年。

（二）实证设计和结果

1. 模型确定

根据本书第四章第一节分析，世界服务业 FDI 和服务出口保持了同向关系，为了进一步检验其具体效应，在小岛（1985）、付娟（2008）FDI 和出口效应模型的基础上，本书将模型扩展为以下三种形式：

$$\ln SE_t = \mu_t + b_0 \ln FDI_t + \varepsilon_t \quad (5-8)$$

$$\ln SE_t = \mu_t + b_0 \ln FDI(-1)_t + \varepsilon_t \quad (5-9)$$

$$\ln SE_t = \mu_t + b_0 \ln FDI_t^2 + \varepsilon_t \quad (5-10)$$

[①] Mirza, Nicoletti. What is so Special about Trade in Services? [J]. University of Nottingham Research Paper, 2004（2004/02）.

[②] Kox. The contribution of business services to aggregate productivity growth [J]. G. Gelauff et al, 2004：243-264.

[③] Kox, Lejour. The effects of the Services Directive on intra-EU trade and FDI [J]. Revue économique, 2006, 57（4）：747-769.

[④] Kox, Lejour, Verweij. Regulatory barriers in business and transport services trade [Z]. 2014.

其中：t 年 SE 表示世界服务出口，FDI 表示 t 年服务业直接投资，FDI（-1）表示 t-1 年世界 FDI 的流量。

2. 稳健性检验

首先对 lnFDI 和 lnSE 进行单位根检验，利用 ADF 单位根检验法，可得 lnFDI ~ I(1)、lnFDI(-1) ~ I(1)、ln(FDI^2) ~ I(1) 和 lnSE ~ I(1)，具体单位根检验结果如表 5-1 所示。

表 5-1　　　　　　　　ADF 单位根检验结果

检验类型 (C, T, 1)	ADF 统计量（P 值）	结论	时间序列	ADF 统计量（P 值）	结论
lnFDI	-2.118276 (0.4769)	非平稳	D (lnFDI)	-4.590805 ** (0.0288)	平稳
lnFDI (-1)	-2.283710 (0.4025)	非平稳	D (lnFDI)	-3.921270 ** (0.0709)	平稳
lnFDI^2	-2.118276 (0.4769)	非平稳	D (lnFDI)	-4.590805 ** (0.0288)	平稳
lnSE	-1.336343 (0.8125)	非平稳	D (lnFDI)	-3.432339 ** (0.0446)	平稳

注：其中 C、T、L 分别表示截距项、趋势项和滞后项，L 的选择以 SIC 最小值为准则。*** 表示在 1% 的显著性水平下不能接受存在单位根的原假设，** 表示在 5% 的显著性水平下拒绝单位根的原假设。D() 表示对序列进行一阶差分。

如果所考虑的时间序列具有相同的单整阶数，且某种线性组合（协整向量）使得组合时间序列的单整阶数降低，则这些时间序列之间存在显著的协整关系。上文得到 lnFDI、lnFDI（-1）、lnFDI^2 和 lnSE 均具有同阶单整的性质，可以进行协整分析，本书采用适用于两个变量协整检验的 E-G 两步法。根据回归方程残差计算结果如表 5-2 所示。

表 5-2　　　　　　　　残差序列单位根检验

时间序列	检验类型（C, T, L）	ADF 统计量值	P 值	结论
e1	(C, T, 1)	-3.575852 ***	0.0004	平稳
e2	(C, T, 1)	-1.946739 **	0.0495	平稳

注：*** 表示在 1% 的显著性水平下不能接受存在单位根的原假设，** 表示在 5% 显著性水平下拒绝单位根的原假设。

故协整检验结果表明变量 lnFDI 和 lnSE 之间存在双向的长期协整关系。

同理,对 lnFDI（-1）、lnSE 进行 OLS 双向回归以及对残差进行单位根检验,结果如表 5-3 所示。

表 5-3　　残差序列 e1、e2 的单位根检验结果（lnFDI（-1）为因变量）

时间序列	检验类型（C, T, L）	ADF 统计量值	P 值	结论
e1	（C, T, 1）	-3.535877****	0.0383	平稳
e2	（C, T, 1）	-1.586132	0.2872	非平稳

注：*** 表示在 1% 的显著性水平下不能接受存在单位根的原假设。

故协整检验结果表明变量 lnFDI 和 lnSE 之间存在一个方向的长期协整关系。

同理,对 lnFDI^2、lnSE 进行 OLS 双向回归以及对残差进行单位根检验,结果如表 5-4 所示。

表 5-4　　残差序列 e1、e2 的单位根检验结果（lnFDI^2 为因变量）

时间序列	检验类型（C, T, L）	ADF 统计量值	P 值	结论
e1	（C, T, 1）	-3.575852***	0.0004	平稳
e2	（C, T, 1）	-1.946739**	0.0495	平稳

注：*** 表示在 1% 的显著性水平下不能接受存在单位根的原假设。** 表示在 5% 的显著性水平不能接受存在单位根的原假设。

根据协整检验结果,说明变量 lnFDI^2 和 lnSE 之间存在双向的长期的协整关系。

如表 5-5 所示,通过格兰杰因果关系检验,发现当期的 FDI 是 SE 的格兰杰因果关系。完成检验之后,对方程进行回归,结果如表 5-6 所示。

表 5-5　　　　　　FDI、SE 格兰杰因果关系检验结果

格兰杰因果假设	P 值	结论
lnSE 不是 lnFDI 的原因	0.1801	接受
lnFDI 不是 lnSE 的原因	0.0801	拒绝

表 5-6　　　　　　　　服务业 FDI 和出口的回归结果

lnSE_t	模型（1）	模型（2）	模型（3）
	1.213552*** (0.103326)	1.358450*** (0.120933)	2.427104*** (0.206652)
C	-1.085547 (1.066749)	-4.845376 (1.758855)	-2.171093* (2.133497)
观测值	11	9	11
D-W	1.567499	1.517986	1.567499
调整后的 R^2	0.931946	0.932927	0.931946
采用模型	OLS	OLS	OLS

注：*** 表示在1%的显著性水平下能接受存在单位根的原假设。* 表示在10%的显著性水平下能接受存在单位根的原假设。

模型（1）、模型（2）、模型（3）的 $R^2>0.9$ 以上，无论是 FDI 当期值，还是滞后一期以及 FDI 的平方都显示世界服务业国际直接投资和世界服务出口存在规模效应，即世界服务业 FDI 每增长 1%，世界服务出口增长在 1.2% 以上，说明服务业 FDI 对出口贸易具有显著的正向作用。同样格兰杰因果检验的结果也显示服务业 FDI 是服务出口的原因，而服务出口不是服务业 FDI 的原因，验证之前提出的服务业 FDI 早于服务贸易的假设。

三、服务业跨国公司贸易规模效应的实证和结果

以上数据是使用的跨境服务出口的数据，根据 GATS 统计，商业存在属于服务贸易的类别之一，服务业 FDI 和服务出口可能存在包含关系，影响实证结果，这种替代处理（或近似处理）方法缺陷比较明显，正确的比较应在出口额和跨国公司的国外产值（或国外销售额）之间进行。以下部分将采用美国 FATS 统计下的服务贸易数据和服务业跨国公司的经营活动数据，以检验服务业跨国公司的经营行为对贸易规模的影响。

（一）变量选择与数据来源说明

1. 被解释变量

被解释变量是美国服务贸易出口额，为了更全面地检验服务业跨国公司对

贸易规模效应，被解释变量用两个形式的贸易数据来表示，一个是美国 FATS 统计口径下第 t 年通过本土跨国公司在外分支机构向样本国（地区）j 提供的服务出口额（百万美元），用 $AFFSE_{jt}$ 表示。另一个是美国 BOP 统计口径下在第 t 年对样本国（地区）j 的服务出口额（百万美元），用 TSE_{jt} 来表示。

2. 解释变量

根据相关文献综述，本书将解释变量分为两个层面：一个是公司层面的影响因素，即服务业跨国公司的全球化经营的相关数据；另一个是国家层面的影响因素，即与服务贸易和投资相关的区位因素，包括东道国和母国的相关数据。

第一，公司层面数据。关于公司层面的数据，本书主要采用跨国公司跨国全球化经营程度（TNI）三个指数来分析各自对贸易的影响程度。$SALES_{ij}$、$ASSETS_{ij}$、EMP_{ij} 分别是美国跨国公司第 t 年在样本国（地区）j 的分支机构的销售额（百万美元）、总资产（百万美元）、雇佣人数（千人）。假设服务业跨国公司海外分支机构的销售额越高，因此实现的跨境交易的金额也越多。用总资产表示服务业跨国公司海外分支机构的规模，在出口平台型 FDI 理论中，服务业跨国公司的规模效应和范围效应越大，其实现的贸易规模也越大，雇佣人数（千人）一般用于测算服务业跨国公司劳动生产率。BOP 统计口径下贸易效应一般用 FDI 作为自变量进行回归，这里引入 DDT_{jt}，表示美国第 t 年在样本国家（地区）的海外投资额（百万美元）。

第二，国家层面数据。在跨国公司理论、新贸易理论和异质性贸易理论中，除了将生产率作为主要假设条件外，一般国家层面的变量主要选择市场潜力和贸易成本进行分析。

①市场潜力。一般表示东道国市场潜力的变量包括 GDP、人均 GDP，格伦费尔德和莫克斯（2003）提出人均 GDP 的显著性不强，因此本书采用 GDP 来衡量东道国市场潜力，即 GDP_{jt}。用来测度市场规模的变量，为样本国（地区）j 在第 t 年的实际国内生产总值（2005 年不变价、不变汇率，百万美元）。假设服务业规模与东道国市场规模存在正相关性，早期的服务业跨国公司是客户追随型的，诸如保险、银行、广告公司的分支机构是为了服务于其母国客户，东道国市场潜力越大，表示服务业跨国公司与东道国的贸易倾向越高。

②贸易成本。贸易成本本书用以下三个自变量来表示：

一是双边地理距离。$DIST_{jt}$是梅耶和齐尼亚戈（Mayer and Zignago，2011）[①]在CEPII报告中测算的各样本国家首都城市之间的双边贸易距离。假设双边距离越远，表示贸易成本越高，贸易规模越小。双边地理距离可以表示为贸易的运输成本，双方之间地理位置越远，相应增加的运输成本就可能造成贸易规模的减少。服务贸易的一个重要特征是临近—集中原则，意味着生产者和消费者之间的距离越近，贸易规模越大，这也能解释双边距离的变量的意义。此外，服务贸易的重要特点是消费者和生产要素都是以人为主，地理越近，双方的文化、语言相似度越高，双方沟通越顺畅，实现的贸易规模越大。

二是贸易开放度。$OPEN_{jt}$表示样本国（地区）j在t年的贸易开放度，等于货物与服务进、出口总额与当年名义GDP的比重。SE_{ij}、SI_{ij}分别表示东道国服务出口额、进口额。东道国贸易开放度对贸易规模具有正面影响，假设贸易开放度变量的符号为正。计算公式如下：

$$OPEN = (SE_{jt} + SI_{jt})/GDP_{jt} \qquad (5-11)$$

式中，SE_{jt}、SI_{jt}、GDP_{jt}数据均来源于WTO数据库。

三是国际投资、贸易协定。区域自由贸易协定的签订与实施是一个不断削减关税及其他贸易壁垒以降低贸易成本的过程。FTA_{jt}、IIA_{jt}为虚拟变量，FTA_{jt}当表示双边自由贸易协定，IIA_{jt}是指双边投资协定，美国与该样本国（地区）签订有进入实施阶段的双边自由贸易或双边投资协定时取值为1，其他取值为0。由于目前已生效的服务贸易条款大都包含于货物贸易协定框架下，难以将货物贸易协定与服务贸易协定分开，故本书直接选取双方是否签署货物贸易协定来衡量。假设两国之间签署双边自由贸易协定和投资协定对贸易规模的影响为正，即贸易投资开放度越高的国家，实现的贸易规模越大。

③货物贸易出口额。该变量用ME_{jt}表示，即第t年在样本国家（地区）的货物贸易出口额，用于分析货物贸易对服务贸易的作用。服务业跨国公司早期进入东道国市场具有客户跟随型特点，制造业基础越好，货物贸易规模越大的国家，越容易吸引服务业跨国公司进入。此外货物贸易规模越大的国家，对于贸易类服务业跨国公司、金融类服务业跨国公司、运输服务业跨国公司、专业服务业跨国公司的吸引力越大，因此假设东道国货物贸易规模越大的国家，服

[①] Mayer, T and S Zignago. Notes on CEPII's distances measures: The GeoDist database. 201.

务贸易规模也越大。

第三，数据来源。$AFFSE_{jt}$、ODT_{jt}、$SALES_{jt}$、$ASSETS_{jt}$、EMP_{jt}数据来源于美国美国经济分析局（BEA）统计数据库。各样本国家（地区）、TSE_{jt}、ME_{jt}、名义GDP、实际GDP、国际投资协定IIA的签订与实施情况、货物与服务进出口数据均来源于UNCTAD统计数据库。各样本国家（地区）与美国之间FTA的签订与实施情况来源于WTO的区域贸易协定信息系统（WTO Regional Trade Agreements Information System，RTA-IS）。$DIST_{jt}$双边地理距离数据来源于法国CEPII数据库。

第四，样本数据统计描述。根据相关系数矩阵表（见表5-7）可以发现，服务业跨国公司全球化经营的三个指标之间存在共线性问题，因此在回归模型的设定中，将此三个变量单独设定三个模型进行分别回归，考察资产、销售和劳动力人数对美国和东道国间双边服务贸易的各自影响程度（见表5-8）。

表5-7　　　　　　　　　　引力模型的相关系数矩阵

	Y1	Y2	X1	X2	X3	X4	X5	X6	X7	X8	X9	X10
Y1	1.00											
Y2	0.89	1.00										
X1	0.28	0.29	1.00									
X2	-0.21	-0.09	-0.21	1.00								
X3	0.16	0.09	-0.48	0.13	1.00							
X4	0.07	0.08	0.23	-0.16	0.14	1.00						
X5	-0.10	-0.10	-0.14	-0.07	-0.08	0.52	1.00					
X6	0.37	0.34	0.17	-0.06	-0.07	0.19	-0.20	1.00				
X7	0.31	0.31	0.24	-0.12	-0.16	0.22	-0.10	0.91	1.00			
X8	0.22	0.21	0.16	-0.25	0.12	0.26	-0.16	0.60	0.59	1.00		
X9	0.46	0.33	0.38	-0.41	0.14	0.36	-0.01	0.29	0.30	0.34	1.00	
X10	0.44	0.40	0.76	-0.16	0.14	0.27	-0.21	0.10	0.12	0.29	0.49	1.00

注：Y1、Y2、X1、X2、X3、X4、X5、X6、X7、X8、X9、X10依次代表lnaffse、lntse、lnrgdp、lndist、lnopen、rta、iia、lnassets、lnsales、lnemp、lnodi、lnme。

表 5-8　　　　　　　　　引力模型各变量的统计描述

变量	观察值个数	均值	标准差	最小值	最大值
lnaffse	247	9.575677	1.266231	6.285998	12.3386
lntse	250	8.867087	1.110022	6.771935	11.02733
lnrgdp	252	13.14802	1.071081	11.49651	15.3739
lndist	252	8.970632	0.7061233	6.306995	9.691551
lnopen	252	-0.2936223	0.6583418	-1.516204	1.482432
rta	252	0.2142857	0.4111425	0	1
iia	252	0.5	0.500995	0	1
lnassets	242	11.635	1.508587	8.875427	15.41615
lnsales	249	10.8237	1.201034	7.465655	13.02648
lnemp	248	4.49501	1.340023	-0.2231435	7.169658
lnodi	252	9.889805	1.492058	6.958448	13.33661
lnme	252	12.15601	0.9112367	9.92626	14.53822

（二）实证设计和回归结果

1. 模型的建立

廷贝亨（Tinbergen，1962）[1] 提出引力模型用于解释双边贸易和 GDP 影响的实证分析工具，此后该模型不断被完善，随着服务业跨国公司的发展，双边服务贸易的实证中，也逐步引入引力模型，除前一部分提出的文献之外，布雷纳德（Brainard，1993）[2] 运用引力模型研究跨国公司生产销售和贸易之间的"临近—集中"权衡假说。伊顿和塔穆拉（Eaton and Tamura，1994）[3] 运用引力模型分析了日本和美国之间要素禀赋对两国双边贸易和投资的影响。赫加齐（Hejazi，2005）[4] 主要研究了 OECD 国家出口和对外直接投资的区域集中度是

---

[1] Tinbergen, J. Shaping the world economy: suggestions for an international economic policy, 1962.
[2] Brainard, S L. An empirical assessment of the proximity-concentration tradeoff between multinational sales and trade. 1993, National Bureau of Economic Research.
[3] Eaton, J and A Tamura. Bilateralism and regionalism in Japanese and US trade and direct foreign investment patterns. Journal of the Japanese and international economies, 1994, 8 (4): pp. 478-510.
[4] Hejazi, W. Are Regional Concentrations of OECD Exports and Outward FDI Consistent with Gravity? Atlantic Economic Journal, 2005, 33 (4): pp. 423-436.

否和引力模型相一致，结果表明，欧洲区域内投资比模型预测更大，而北美区域内投资与引力模型相一致。吉兰（2011）[①]则利用美国服务业跨国公司的数据，利用引力模型，比较了制造业和服务业跨国公司的动机，得出服务业跨国公司在OECD国家是水平型，对贸易是替代作用，而在非OECD国家是垂直型，具有贸易创造作用。戴维斯和吉兰（2014）[②]利用引力模型，提出服务业FDI动机因地区差异变。根据以上分析，由于数据是美国和美国服务业跨国公司所在国之间的双边贸易，本部门采取引力模型来测算服务业跨国公司在样本国的经营活动对美国出口贸易的影响。

在此基础上，本书将基本贸易引力模型自然对数化，其表达形式为：

$$\ln T_{ij} = \alpha_0 + \alpha_1 \ln GDP_{ij} + \alpha_2 \ln D_{ij} + \varepsilon_{ij} \quad (5-12)$$

本书还借鉴卡雷特（Carret, 1998）[③]、爱格和法弗梅尔（Egger and Pfaffermayr, 2004）[④]、董有德和赵星星[⑤]（2014）的回归模型进行拓展。其中，MP表示市场潜力指标，TC为贸易成本、TNI为跨国公司全球化经营程度指数。本书的贸易数据来自美国的28个伙伴国，因此以美国为中心国，其他贸易伙伴为目标经济体，本书的基本面板回归模型如下：

$$\ln AFFSE_{jt}(\ln TSE_{jt}) = \alpha_0 + \alpha_1 \ln GDP_{jt} + \alpha_2 \ln DIST_{jt} + \alpha_3 \ln OPEN_{jt} + \alpha_4 FTA_{jt} + \alpha_5 IIA_{jt} + \varepsilon_{jt} + \pi_j + \mu_t \quad (5-13)$$

式（5-13）是引力模型的基本形式，本书在此基础上将服务业跨国公司的TNI三个分指标作为自变量引入模型，由于这三者存在共线性，因此将模型分解为式（5-14）、式（5-15）、式（5-16），此外ODI、ME与其他自变量存在共线性，因此模型继续分解为式（5-17）、式（5-18），具体如下：

$$\ln AFFSE_{jt}(\ln TSE_{jt}) = \alpha_0 + \alpha_1 \ln GDP_{jt} + \alpha_2 \ln DIST_{jt} + \alpha_3 \ln OPEN_{jt} + \alpha_4 FTA_{jt} + \alpha_5 IIA_{jt} + \alpha_6 \ln SALES_{jt} + \varepsilon_{jt} + \pi_j + \mu_t \quad (5-14)$$

[①] Guillin, A. "Comparison between FDI motivations in goods and services". Economics Bulletin, 2011, 31 (4): pp. 2744 – 2756.

[②] Davies, R B and A Guillin. How far away is an intangible? Services FDI and distance. The World Economy, 2014.

[③] Carr, D L, J R Markusen and K E Maskus. Estimating the knowledge-capital model of the multinational enterprise. 1998, National bureau of economic research.

[④] Egger, P and M Pfaffermayr. The impact of bilateral investment treaties on foreign direct investment. Journal of comparative economics, 2004, 32 (4): pp. 788 – 804.

[⑤] 董有德，赵星星. 自由贸易协定能够促进中国企业的对外直接投资吗——基于跨国公司知识—资本模型的经验研究 [J]. 国际经贸探索, 2014 (03): 44 – 61.

$$\ln\text{AFFSE}_{jt}(\ln\text{TSE}_{jt}) = \beta_0 + \beta_1\ln\text{GDP}_{jt} + \beta_2\ln\text{DIST}_{jt} + \beta_3\ln\text{OPEN}_{jt} +$$
$$\beta_4\text{FTA}_{jt} + \beta_5\text{IIA}_{jt} + \beta_6\ln\text{ASSETS}_{jt} + \varepsilon_{jt} + \pi_j + \mu_t \quad (5-15)$$

$$\ln\text{AFFSE}_{jt}(\ln\text{TSE}_{jt}) = \gamma_0 + \gamma_1\ln\text{GDP}_{jt} + \gamma_2\ln\text{DIST}_{jt} + \gamma_3\ln\text{OPEN}_{jt} +$$
$$\gamma_4\text{FTA}_{jt} + \gamma_5\text{IIA}_{jt} + \gamma_6\ln\text{EMP}_{jt} + \varepsilon_{jt} + \pi_j + \mu_t \quad (5-16)$$

$$\ln\text{AFFSE}_{jt}(\ln\text{TSE}_{jt}) = \delta_0 + \delta_1\ln\text{GDP}_{jt} + \delta_2\ln\text{DIST}_{jt} + \delta_3\ln\text{OPEN}_{jt} +$$
$$\delta_4\text{FTA}_{jt} + \delta_5\text{IIA}_{jt} + \delta_6\ln\text{ODI}_{jt} + \varepsilon_{jt} + \pi_j + \mu_t \quad (5-17)$$

$$\ln\text{AFFSE}_{jt}(\ln\text{TSE}_{jt}) = \theta_0 + \theta_1\ln\text{GDP}_{jt} + \theta_2\ln\text{DIST}_{jt} + \theta_3\ln\text{OPEN}_{jt} +$$
$$\theta_4\text{FTA}_{jt} + \theta_5\text{IIA}_{jt} + \theta_6\ln\text{ME}_{jt} + \varepsilon_{jt} + \pi_j + \mu_t \quad (5-18)$$

其中，α_0、β_0、γ_0、δ_0、θ_0 为常数项，α_i、β_i、γ_i、δ_i、θ_i 为其他待估参数，$i = 1, 2, \cdots, 6$，下标 j 表示与美国对应的进口国（地区），具体包括 28 个美国服务贸易的主要伙伴国（地区），本文以美国通过跨国公司分支机构实现的对这 28 个国家（地区）的服务贸易出口流量为研究样本，t 表示样本期间，时间跨度为 2004～2012 年。ε_{jt} 为随机误差项，π_j 为个体非观测效应，μ_t 为时间非观测效应。为降低异方差影响，对除虚拟变量外的其他变量均作了对数化处理，ln 为对数化符号。

2. 稳定性检验

为了避免伪回归问题的发生，需要先对面板数据进行对单位根检验，以确定其平稳性。面板数据单位根检验本书主要采用 LLC 检验和 IPS 检验，并且分别考虑了变量包含截距项、截距和时间，分别存在两种情况下的检验结果。检验统计量和相伴概率值见表 5-9。两种情况下的结果为相伴概率不能同时拒绝原假设，说明 lnaffse、lntse、lnrgdp、lnopen、lnsales、lnassets、lnemp、lnodi、lnme 变量均存在单位根，而 lndist、rta、iia 由于是不随时间变化的变量，不需检验单位根。

表 5-9　　　　　　　引力模型原始变量单位根检验结果

检验方法	含截距		含截距和趋势	
	LLC	IPS	LLC	IPS
变量	统计量（p 值）	统计量（p 值）	统计量（p 值）	统计量（p 值）
lnaffse	-6.50175 (0.0000)	-0.27050 (0.3934)	-7.48070 (0.0000)	0.49529 (0.6898)

续表

检验方法	含截距		含截距和趋势	
	LLC	IPS	LLC	IPS
变量	统计量（p 值）	统计量（p 值）	统计量（p 值）	统计量（p 值）
lntse	-5.20486 (0.0000)	1.22314 (0.8894)	-9.44605 (0.0000)	-0.03650 (0.4854)
lnrgdp	-3.41646 (0.0003)	0.22847 (0.5904)	-9.54190 (0.0000)	-0.19136 (0.4241)
lnopen	-7.29671 (0.0000)	-0.44621 (0.3277)	-10.8775 (0.0000)	-0.28827 (0.3866)
lnsales	-3.42096 (0.0003)	1.04884 (0.8529)	-14.1751 (0.0000)	-1.25542 (0.1047)
lnassets	-1.76869 (0.0385)	1.21208 (0.8873)	-13.1656 (0.0000)	-1.31434 (0.0944)
lnemp	-3.34836 (0.0004)	-0.83236 (0.2026)	-12.4497 (0.0000)	-1.15350 (0.1244)
lnodi	-6.95202 (0.0000)	-2.21997 (0.0132)	-10.9394 (0.0000)	-0.55275 (0.2902)
lnme	-7.06080 (0.0000)	-0.37617 (0.3534)	-11.6997 (0.0000)	-0.45711 (0.3238)

由于变量存在单位根，故需要对其进行一阶差分后继续进行单位根检验，检验统计量和相伴概率值见表 5-10。综合两种方法的检验结果可认为 Dlnaffse、Dlntse、Dlnrgdp、Dlnopen、Dlnsales、Dlnassets、Dlnemp、Dlnodi、Dlnme 不存在单位根，即 lnaffse、lntse、lnrgdp、lnopen、lnsales、lnassets、lnemp、lnodi、lnme 均是一阶单整变量。

表 5-10　　　　　　　　引力模型差分后单位根检验结果

检验方法	含截距		含截距和趋势	
	LLC	IPS	LLC（同质）	IPS（异质）
变量	统计量（p 值）	统计量（p 值）	统计量（p 值）	统计量（p 值）
Dlnaffse	-10.4574 (0.0000)	-3.82406 (0.0001)	-42.8231 (0.0000)	-2.65477 (0.0040)
Dlntse	-12.2931 (0.0000)	-4.30995 (0.0000)	-13.2128 (0.0000)	-0.54145 (0.2941)

续表

检验方法	含截距		含截距和趋势	
	LLC	IPS	LL（同质）	IPS（异质）
变量	统计量（p值）	统计量（p值）	统计量（p值）	统计量（p值）
Dlnrgdp	-10.6625 (0.0000)	-3.14283 (0.0008)	-9.82328 (0.0000)	0.20951 (0.5830)
Dlnopen	-14.6310 (0.0000)	-4.97083 (0.0000)	-14.1837 (0.0000)	-0.87404 (0.1910)
Dlnsales	-15.6113 (0.0000)	-6.62073 (0.0000)	-16.6248 (0.0000)	-1.44782 (0.0738)
Dlnassets	-17.0172 (0.0000)	-8.15788 (0.0000)	-25.6085 (0.0000)	-3.97781 (0.0000)
Dlnemp	-15.0256 (0.0000)	-7.04927 (0.0000)	-16.5973 (0.0000)	-1.87281 (0.0305)
Dlnodi	-19.7335 (0.0000)	-7.67049 (0.0000)	-18.3562 (0.0000)	-2.23670 (0.0127)
Dlnme	-14.9489 (0.0000)	-5.10980 (0.0000)	-13.4589 (0.0000)	-0.69849 (0.2424)

在得出面板数据存在单位根后，再检验面板数据是否存在协整关系。本书主要采用Kao（1999）提出的统计量来检验（如表5-11所示），结果表明模型（5-13）、（5-14）、（5-15）、（5-16）（5-17）、（5-18）之间变量均存在协整关系。

表5-11　　　　　　　　引力模型Kao检验结果

	t-Statistic	Prob.
模型（5-13）	-4.11604	0.0000
模型（5-14）	-3.387400	0.0004
模型（5-15）	-12.06848	0.0000
模型（5-16）	-9.892734	0.0000
模型（5-17）	-17.58801	0.0000
模型（5-18）	-14.25328	0.0000

3. 回归方法和结果

面板模型的回归通常采用混合 OLS（POLS）、固定效应（FE）及随机效应（RE）三种方式。POLS 因忽略个体异质性 π_j 而可能出现内生性，这将使估计有偏差；FE 允许 π_j 与任意解释变量相关，但无法给出随时间不变的解释变量的估计值；RE 充分利用了组间及组内信息，当 π_j 与解释变量不相关时，能够给出较 FE 更有效的估计，且能估计出随时间不变的变量，但若存在相关性，FE 的估计将是有偏差的。Hausman 检验假设 RE 与 FE 的估计值偏差并非是系统性的，若接受原假设，则使用 RE 更有效；如拒绝原假设，则应采用 FE，此时的 RE 存在内生性偏差。本书将同时采用第四种估计方式：豪斯曼—泰勒估计方法（Hausman – Taylor Model，HT），它是一种工具变量估计法，允许 π_j 与部分解释变量相关，能估计随时间不变的变量，其估计效率高于 FE，且假设条件弱于 RE。

首先我们分别运用 POLS、FE、RE、HT 四种回归方法对模型（5 – 14）进行估计比较（限于篇幅回归结果不列出），并从 Hausman 检验值 chi2（8）= 63.93，Prob > chi2 = 0.0000 可以看出，即拒绝个体随机效应回归模型的原假设，建立个体固定效应回归模型。因此，在跨国公司内贸易流量的面板数据中，采用固定效应回归模型更为合理，但它无法估计出地理距离、投资贸易协定等不随时间变化变量的回归系数。故本书将参照沃尔什（Walsh，2006）[①] 的研究，使用 HT 估计方法进行计量分析，该方法能够解决固定效应模型中不随时间变化的变量无法在引力模型中得到回归的问题。关于该方法需要使用的工具变量的选取问题，拜耳和伯格斯特兰（Baier and Bergstrand，2004）[②] 采用 Probit 模型第一次系统地分析了影响两个国家缔结 FTA 的关键性因素，指出包括市场规模、要素禀赋以及运输成本在内的经济因素决定了签署 FTA 所能带来的经济福利，从而内生决定了两个经济体签署 FTA 的概率，即 FTA 的签订并非是随机的，而是自我选择的结果。国际投资协定 IIA 也有类似的情况，伯格斯特兰和爱格（2013）[③] 讨论了 IIA 的决定因素。因此，本书将 FTA、IIA 视为

---

① Walsh, K. Trade in services: does gravity hold? A gravity model approach to estimating barriers to services trade. 2006, P. 183.

② Baier S L and J H Bergstrand. Economic determinants of free trade agreements. Journal of International Economics, 2004, 64 (1): P. 35.

③ Bergstrand, J H, P Egger and M Larch. Gravity Redux: Estimation of gravity-equation coefficients, elasticities of substitution, and general equilibrium comparative statics under asymmetric bilateral trade costs. Journal of International Economics, 2013, 89 (1): pp. 110 – 112.

内生变量进行 HT 估计。

（1）服务业跨国公司内部贸易规模效应。

根据前述分析，得出如表 5-12 的回归结果，在模型（5-13）的基础上，加入跨国公司跨国经营程度指标 ASSETS、SALES、EMP 进行回归，测算这三个指标分别对美国通过跨国公司分支机构实现的服务出口额的影响，结果如表 5-13 所示。结果表明分别加入跨国公司跨国经营程度指标不影响模型稳定性，其对美国通过跨国公司分支机构实现的服务出口额有正向效应，且除 SALES 不显著外，另两个指标均显著。

表 5-12　　　　　　　引力模型原始模型（5-13）回归结果

$\ln AFFSE_{jt}$	POLS	RE	FE	HT
$\ln RGDP_{jt}$	0.5955016 *** (0.0930115)	0.9142125 *** (0.0440654)	0.9226273 *** (0.0444314)	0.9226273 *** (0.0527994)
$\ln DIST_{jt}$	-0.357717 *** (0.1042995)	-01.38588 (14.17599)	—	-0.243064 (0.3352856)
$\ln OPEN_{jt}$	0.913097 *** (0.1430876)	0.8126579 *** (0.1099069)	0.7817795 *** (0.1137559)	0.7817795 *** (0.1137559)
FTA_{jt}	0.2494768 (0.1908461)	0.050845 (0.0579179)	—	0.4052437 (0.549984)
IIA_{jt}	-0.4715543 ** (0.2380997)	-0.0929247 (0.069993)	—	-0.6575696 (0.6774002)
C	5.084401 *** (1.661762)	-0.202219 (3.938303)	-2.504859 *** (0.5842688)	-0.2711237 (3.103251)
观测值	247	247	247	247
调整后的 R^2	0.2566	—	—	—
采用模型	混合面板估计（POLS）	个体随机效应	个体固定效应	Hausman-Taylo 估计

注：（　）内的值为回归系数标准差。*** 表示在 1% 的显著性水平下拒绝存在单位根的原假设，即回归系数在 1% 水平上显著。无 * 表示在 10% 显著性水平下不能拒绝单位根的原假设，即回归系数在 10% 水平上仍不显著。

表 5-13　　　　　　　　　　　拓展模型回归结果

$\ln AFFSE_{jt}$	模型（5-14）	模型（5-15）	模型（5-16）
$\ln RGDP_{jt}$	0.8138959 *** (0.049096)	0.8513777 *** (0.0561124)	0.8788875 *** (0.0463043)
$\ln DIST_{jt}$	-0.2755271 (0.2987718)	-0.2500349 (0.3125512)	-0.2196944 (0.337769)
$\ln OPEN_{jt}$	0.8525067 *** (0.1100271)	0.7824065 *** (0.1121879)	0.8124239 ** (0.1127453)
FTA_{jt}	0.4868247 (0.4904111)	0.3965405 (0.5129538)	0.4605952 (0.5542255)
IIA_{jt}	-0.7522774 (0.6041186)	-0.6470448 (0.6318359)	-0.7385289 (0.682868)
$\ln ASSETS_{jt}$	0.113635 *** (0.0261576)		
$\ln SALES_{jt}$		0.0505119 (0.0308435)	
$\ln EMP_{jt}$			0.0892887 *** (0.0330434)
C	0.0267893 (2.779623)	0.0738907 (2.906326)	-0.4233802 (3.123102)
观测值	237	245	243
Wald Test	464.25 ***	433.42 ***	467.37 ***
采用模型	Hausman-Taylor 估计法	Hausman-Taylor 估计法	Hausman-Taylor 估计法

注：（ ）内的值为回归系数标准差。*** 表示在1%的显著性水平下拒绝存在单位根的原假设，即回归系数在1%水平上显著。** 表示在5%的显著性水平下拒绝存在单位根的原假设，即回归系数在5%水平上显著。无 * 表示在10%显著性水平下不能拒绝单位根的原假设，即回归系数在10%水平上仍不显著。

另外，为了检验美国对外直接投资额、样本国（地区）货物出口额对服务贸易出口额的影响，我们在原始模型（5-13）的基础上分别加上对外直接投资额 ODI_{jt}。以及样本国（地区）的货物出口额 ME_{jt}，回归结果如表 5-14 所示。结果显示加入 ODT_{jt} 新变量后模型仍很稳定，外直接投资 ODT_{jt} 回归系数均为正数且显著。加入 ME_{jt} 后其回归系数显著，但是加入 ME_{jt} 变量后模型变得不稳定，即 lnOPEN$_{jt}$ 变量的回归系数由正数变为负数。故不能确定货物贸易出口额是否对服务业跨国公司海外分支机构的跨境贸易有基础作用。

表 5–14 引力模型（5–13）基础上添加 ODI$_{jt}$、ME$_{jt}$ 变量后的回归结果

lnAFFSE$_{jt}$	模型（4）	模型（5）
lnRGDP$_{jt}$	0.8753435 *** (0.0455803)	0.5685978 ** (0.2205671)
lnDIST$_{jt}$	-0.2109431 (0.3351617)	-0.0913067 (0.3526326)
lnOPEN$_{jt}$	0.7518566 *** (0.1104095)	-0.0078076 (0.1395428)
FTA$_{jt}$	0.3936596 (0.5494412)	0.5378121 (0.5842542)
IIA$_{jt}$	-0.6603744 (0.6766968)	-0.84475 (0.7227094)
lnODL$_{jt}$	0.0418367 *** (0.0149076)	
lnME$_{jt}$		0.6948352 *** (0.1008347)
C	-0.4666395 (3.099036)	-5.640685 (3.901996)
观测值	247	247
Wald Test	455.85 ***	400.57 ***
采用模型	Hausman – Taylor 估计法	Hausman – Taylor 估计法

注：( ) 内的值为回归系数标准差。*** 表示在1%的显著性水平下拒绝存在单位根的原假设，即回归系数在1%水平上显著。** 表示在5%的显著性水平下拒绝存在单位根的原假设，即回归系数在5%水平上显著。无 * 表示在10%显著性水平下不能拒绝单位根的原假设，即回归系数在10%水平上仍不显著。

(2) 双边贸易规模效应的回归结果。

考虑到美国经济分析局对服务贸易的统计分 BOP 及 FATS 两种统计口径，此前所用的 AFFSE$_{jt}$ 即是 FATS 统计口径下的服务出口额，是服务业跨国公司的关联贸易，是内部贸易的数据，为了检验模型的整体稳定性，本书将用 BOP 统计口径下的双边贸易出口额 TSE$_{jt}$ 替代 AFFSE$_{jt}$，重新回归原始模

型,检验服务业跨国公司的海外经营行为对国家双边贸易的影响。结果如表 5-15 所示。HT 回归估计结果显示,用双边贸易出口额 TSE_{jt} 替代 $AFFSE_{jt}$ 后,不影响模型的稳定性,且工具变量 FTA、IIA 的显著性从之前的不显著变为部分显著。

表 5-15　引力模型以 $lnTSE_{jt}$ 为自变量的模型 (5-13) 回归结果

$lnTSE_{jt}$	POLS	RE	FE	HT
$lnRGDP_{jt}$	0.6262373 *** (0.0801822)	0.988452 *** (0.0370892)	0.9973305 *** (0.0372145)	0.9973305 *** (0.0542226)
$lnDIST_{jt}$	-0.1392543 (0.0917731)	-0.0088942 (0.2951377)	—	-1.329826 (10.29601)
$lnQPEN_{jt}$	0.8129127 *** (0.1247149)	0.6889811 *** (0.0930295)	0.6558184 *** (0.0956361)	0.6558184 *** (0.1393447)
FTA_{jt}	0.5798147 *** (0.1666357)	0.2494768 (0.1908461)	—	0.759239 (0.4840139)
IIA_{jt}	-1.020521 *** (0.2085713)	-0.4715543 (0.4380997)	—	-1.261942 ** (0.5961057)
C	1.938416 (1.450634)	-0.202219 (3.938303)	-4.23434 *** (0.4889149)	-4.122297 (2.726352)
观测值	250	250	250	250
调整后的 R^2	0.2150	—	—	—
采用模型	混合面板估计 (POLS)	个体随机效应	个体固定效应	Hausman-Taylor 估计

注:( ) 内的值为回归系数标准差。*** 表示在 1% 的显著性水平下拒绝存在单位根的原假设,即回归系数在 1% 水平上显著。** 表示在 5% 的显著性水平下拒绝存在单位根的原假设,即回归系数在 5% 水平上显著。无 * 表示在 10% 显著性水平下不能拒绝单位根的原假设,即回归系数在 10% 水平上仍不显著。

用双边贸易出口额 TSE_{jt} 替代 $AFFSE_{jt}$ 作为因变量,重新回归模型 (5-14)、(5-15)、(5-16),结果如表 5-16 所示,结果显示,FTA_{jt}、IIA_{jt} 较之前模型显著性更强,但模型 (5-16) 加入 $lnEMP_{jt}$ 后变得不再稳定,即 $lnDIST_{jt}$ 变量的回归系数从之前的负数变为正数,与经济意义不符。

表 5-16　　　　　　　　　　引力模型对比模型回归结果

$lnTSE_{jt}$	模型 (5-14)	模型 (5-15)	模型 (5-16)
$lnRGDP_{jt}$	0.8829061 *** (0.0385249)	0.8022819 *** (0.0436631)	0.9174482 *** (0.0373595)
$lnDIST_{jt}$	-0.033805 (0.2594477)	-0.0237143 (0.2666893)	0.0154513 (0.2873696)
$lnOPEN_{jt}$	0.7057832 *** (0.0872039)	0.5554874 *** (0.0880984)	0.7643652 ** (0.0914798)
FTA_{jt}	0.8514763 ** (0.4256288)	0.7162732 (0.4374581)	0.8558883 * (0.471386)
TIA_{jt}	-1.3487 ** (0.5242162)	-1.218216 ** (0.5387637)	-1.411686 ** (0.5807392)
$lnASSETS_{jt}$	0.1180147 *** (0.0205289)		
$lnSALES_{jt}$		0.1584786 *** (0.0237648)	
$lnEMP_{jt}$			0.1370438 *** (0.0266461)
C	-3.893867 (2.401534)	-3.252133 (2.46849)	-4.001153 (2.651141)
观测值	240	247	246
Wald Test	870.12 ***	870.19 ***	827.20 ***
采用模型	Hausman–Taylor 估计法	Hausman–Taylor 估计法	Hausman–Taylor 估计法

注：（ ）内的值为回归系数标准差。*** 表示在 1% 的显著性水平下拒绝存在单位根的原假设，即回归系数在 1% 水平上显著。** 表示在 5% 的显著性水平下拒绝存在单位根的原假设，即回归系数在 5% 水平上显著。* 表示在 10% 的显著性水平下拒绝存在单位根的原假设，而回归系数在 10% 水平上显著。无 * 表示在 10% 显著性水平下不能拒绝单位根的原假设，即回归系数在 10% 水平上仍不显著。

同理，将 ODT_{jt}、ME_{jt} 分别加入模型（5-13）中，用双边贸易出口额 TSE_{jt} 替代 $AFFSE_{jt}$ 作为因变量，回归结果如表 5-17 所示。对比之前（因变量为 $AFFSE_{jt}$）模型，加入后，不影响原始模型的稳定性，且 FTA_{jt}、IIA_{jt} 较之前显著性更强，但 $lnODI_{jt}$ 显著性较之前弱。加入样本国（地区）货物贸易出口额，ME_{jt} 分析其对服务贸易是否具有基础作用，结果显示也不影响模型的稳定性，且 FTA_{jt}、IIA_{jt}、ME_{jt} 较之前回归系数显著性均更强。

表 5-17　　　　　　　　引力模型对比模型回归结果

lnTSE$_{jt}$	模型（5-17）	模型（5-18）
lnRGDP$_{jt}$	0.5633366 *** (0.0902559)	0.1621115 *** (0.0337706)
lnDIST$_{jt}$	-0.0757211 (0.1008185)	-0.1283014 (0.09331876)
lnOPEN$_{jt}$	0.7361188 *** (0.1344704)	0.3302706 ** (0.1472851)
FTA$_{jt}$	0.5808471 * (0.2494412)	0.5064116 (0.5842542)
IIA$_{jt}$	-1.061233 * (0.5097891)	-0.9305071 * (0.6227094)
lnODI$_{jt}$	0.0857936 (0.0570582)	
lnME$_{jt}$		0.4402595 * (0.2327126)
C	1.344205 (1.499899)	2.576341 * (1.453975)
观测值	250	250
Wald Test	560.37 ***	736.83 ***
采用模型	Hausman-Taylor 估计法	Hausman-Taylor 估计法

注：*** 表示在1%的显著性水平下拒绝存在单位根的原假设，即回归系数在1%水平上显著。** 表示在5%的显著性水平下拒绝存在单位根的原假设即回归系数在5%水平上显著。* 表示在10%水平上显著性。

（3）模型稳健性检验。

通常面板模型对估计结果的稳健性检验有两种方法：一是采用另外一种估计方法对原模型重新估计；二是选择变量中一个相近含义的变量重新回归。本书使用"GDP at constant national 2005 prices"代替原模型中从 UNTACAD 数据库获得的实际 GDP 变量，进行稳健性检验。真实 GDP 来自 Feenstra et al.，(2013)[①] 的 Penn World Table（PWT）8.0。长期以来，PWT 都是跨国比较真

---

① Feenstra, Inklaar, Timmer. The next generation of the Penn World Table [R]. National Bureau of Economic Research, 2013, P. 23.

实 GDP 的标准数据库。

根据健性检验结果显示（见表 5-18 至表 5-23），回归模型具有较好的稳健性，且 lnDIST$_{jt}$、FTA$_{jt}$、IIA$_{jt}$ 等变量相比原模型更显著，说明方程设计较好模拟了现实情况。

表 5-18　　引力模型稳健性检验——原始模型（5-13）回归结果

lnAFFSE$_{jt}$	POLS	RE	FE	HT
lnQGDP$_{jt}$	0.0121926 (0.0400949)	0.9630913 *** (0.1149343)	2.279151 *** (0.1294824)	2.279151 *** (0.1303431)
lnDIST$_{jt}$	-0.5930164 *** (0.1406275)	-1.859697 *** (0.5288687)	—	-3.341193 (14.13835)
lnOPEN$_{jt}$	0.4138708 *** (0.1402248)	0.4359436 *** (0.1564289)	0.5402272 *** (0.1197854)	0.5402272 *** (0.1205816)
FTA$_{jt}$	0.3499257 * (0.206698)	2.139881 *** (0.8188819)	—	0.8278823 *** (0.1765438)
IIA$_{jt}$	-0.1791586 (0.2745275)	-2.478991 ** (1.043313)	—	-0.1535011 (0.2123623)
C	14.5928 *** (1.126044)	11.32168 (4.562611)	-24.69684 *** (1.94691)	-15.39278 *** (3.731688)
观测值	219	219	219	219
调整后的 R^2	0.1431	—	—	—
采用模型	混合面板估计（POLS）	个体随机效应	个体固定效应	Hausman-Taylor 估计

注：( ) 内的值为回归系数标准差。*** 表示在 1% 的显著性水平下拒绝存在单位根的原假设，即回归系数在 1% 水平上显著。** 表示在 5% 的显著性水平下拒绝存在单位根的原假设，即回归系数在 1% 水平上显著。无 * 表示在 10% 显著性水平下不能拒绝单位根的原假设，即回归系数在 10% 水平上仍不显著。

表 5-19　　引力模型稳健性检验——拓展模型回归结果

lnAFFSE$_{jt}$	模型（5-14）	模型（5-15）	模型（5-16）
lnQGDP$_{jt}$	0.0229464 (0.0384896)	0.0585946 * (0.0343757)	0.0126507 (0.0382603)
lnDIST$_{jt}$	-0.4131651 *** (0.1360714)	-0.2718514 ** (0.1241755)	-0.4170327 *** (0.1371328)

续表

$\ln AFFSE_{jt}$	模型（5-14）	模型（5-15）	模型（5-16）
$\ln QPEN_{jt}$	0.7523052 *** (0.1920357)	0.2984413 ** (0.1192764)	0.5640239 *** (0.1362706)
FTA_{jt}	0.7345707 *** (0.206883)	0.7708206 *** (0.1813034)	0.638371 *** (0.2046777)
IIA_{jt}	-0.1836232 (0.2647241)	-0.3730601 (0.239787)	-0.2254882 (0.2719616)
$\ln ASSETS_{jt}$	0.3246015 *** (0.060965)		
$\ln SALES_{jt}$		0.6059355 *** (0.0655584)	
$\ln EMP_{jt}$			0.3661531 *** (0.0680652)
C	8.902813 *** (1.595746)	4.362551 *** (1.470717)	11.72948 *** (1.191954)
观测值	215	215	215
Wald Test	381.34 ***	155.21 ***	286.42 ***
采用模型	Hausman–Taylor 估计法	Hausman–Taylor 估计法	Hausman–Taylor 估计法

注：( ) 内的值为回归系数标准差。*** 表示在1%的显著性水平下拒绝存在单位根的原假设，即回归系数在1%水平上显著。** 表示在5%的显著性水平下拒绝存在单位根的原假设，即回归系数在5%显著性水平上显著。无 * 表示在10%显著性水平下不能拒绝单位根的原假设，即回归系数在10%水平上仍不显著。

表5-20 稳健性检验——在模型（5-13）基础上添加 ODI_{jt}、ME_{jt} 变量后的回归结果

$\ln AFFSE_{jt}$	模型（5-17）	模型（5-18）
$\ln QGDR_{jt}$	0.0355185 (0.0378859)	0.0647928 * (0.0370961)
$\ln DIST_{jt}$	-0.3834696 *** (0.1375216)	-0.3430634 (0.1294058)
$\ln QPEN_{jt}$	0.3532876 *** (0.1321189)	-0.1610586 (0.129157)

续表

lnAFFSE$_{jt}$	模型（5-17）	模型（5-18）
FTA$_{jt}$	0.6614221 *** (0.2023135)	0.6734927 *** (0.1888055)
IIA$_{jt}$	-0.1803762 (0.2660621)	-0.0481885 (0.2448456)
lnODI$_{jt}$	0.0418367 *** (0.0587228)	
lnME$_{jt}$		0.6854873 *** (0.1008347)
C	9.111355 (1.459775)	4.975331 *** (1.619524)
观测值	219	219
Wald Test	336.54 ***	249.12 ***
采用模型	Hausman – Taylor 估计法	Hausman – Taylor 估计法

注：（ ）内的值为回归系数标准差。*** 表示在1%的显著性水平下拒绝存在单位根的原假设，即回归系数在1%水平上显著。* 表示在10%的显著性水平下拒绝存在单位根的原假设，即回归系数在1%水平上显著。无 * 表示在10%显著性水平下不能拒绝单位根的原假设，即回归系数在10%水平上仍不显著。

表5-21　引力模型稳健性检验——以 lnTSE$_{jt}$ 为自变量的模型（5-13）回归结果

lnTSE$_{jt}$	POLS	RE	FE	HT
lnQGDP$_{jt}$	0.0625967 * (0.0355153)	0.9410045 *** (0.1095296)	2.357225 *** (0.1218519)	2.357225 *** (0.1287673)
lnDIST$_{jt}$	-0.4940795 *** (0.1249389)	-1.641258 *** (0.4918017)	—	0.3776792 *** (0.1192497)
lnOPEN$_{jt}$	0.3406506 *** (0.1248853)	0.2737901 * (0.1541212)	0.3776792 *** (0.1128455)	0.6558184 *** (0.1393447)
FTA$_{jt}$	0.803462 *** (0.1841835)	0.2494768 *** (0.1908461)	—	1.226007 *** (0.1536298)
IIA$_{jt}$	-0.6108769 ** (0.2442843)	-3.068528 *** (0.9703546)	—	-0.7798185 *** (0.1830843)

续表

lnTSE$_{jt}$	POLS	RE	FE	HT
C	12.15092 *** (1.005467)	8.919459 ** (4.232416)	-26.62379 *** (1.831478)	-18.03396 *** (3.390278)
观测值	222	222	222	222
调整后的 R^2	0.1038	—	—	—
采用模型	混合面板估计（POLS）	个体随机效应	个体固定效应	Hausman – Taylor 估计

注：( ) 内的值为回归系数标准差。*** 表示在1%的显著性水平下拒绝存在单位根的原假设，即回归系数在1%水平上显著。* 表示在10%的显著性水平下拒绝存在单位根的原假设，即回归系数在1%水平上显著。无 * 表示在10%显著性水平下不能拒绝单位根的原假设，即回归系数在10%水平上仍不显著。

表 5–22　引力模型稳健性检验——对比模型回归结果

lnTSE$_{jt}$	模型（5–14）	模型（5–15）	模型（5–16）
lnQGDP$_{jt}$	0.0683026 ** (0.033843)	0.1052616 *** (0.0336631)	0.0371015 (0.0328062)
lnDIST$_{jt}$	-0.3350691 *** (0.1294477)	-0.1950666 * (0.1166893)	-0.3029521 ** (0.118193)
lnOPEN$_{jt}$	0.2841989 ** (0.1170329)	0.2323412 ** (0.1057134)	0.4986728 *** (0.1175145)
FTA$_{jt}$	1.155555 ** (0.1838904)	1.201476 (0.1610681)	1.117361 *** (0.1772002)
IIA$_{jt}$	-0.9202422 ** (0.2337813)	-1.100267 *** (0.2116746)	-1.03531 *** (0.2340471)
lnASSETS$_{jt}$	0.2828126 *** (0.0533567)		
lnSALES$_{jt}$		0.5493216 *** (0.057621)	
lnEMP$_{jt}$			0.3907226 *** (0.0582621)
C	7.216909 *** (1.414863)	2.786688 ** (1.305441)	9.046602 (1.034614)
观测值	218	218	218

注：** 表示在5%的显著性水平下拒绝存在单位根的原假设，即回归系数在5%水平上显著。*** 表示在1%的显著性水平下拒绝存在单位根的原假设，即回归系数在1%水平上显著。

表 5-23　　　　　　引力模型稳健性检验——对比模型回归结果

lnTSE$_{jt}$	模型（5-17）	模型（5-18）
lnQGDP$_{jt}$	0.0819312 ** (0.0339253)	0.0095296 ** (0.0324306)
lnDIST$_{jt}$	-0.3175984 ** (0.1208185)	-0.2461552 ** (0.11331876)
lnOPEN$_{jt}$	0.28935 ** (0.1144704)	0.0936939 (0.1138143)
FIA$_{jt}$	1.06991 *** (0.1827729)	1.126922 *** (0.1665719)
IIA$_{jt}$	-0.9026822 *** (0.2397891)	-0.7160653 *** (0.2148449)
lnODI$_{jt}$	0.2615552 *** (0.052463)	
lnME$_{jt}$		0.6343233 *** (0.0785092)
C	7.610276 *** (1.319899)	3.101879 ** (1.425999)
观测值	222	222
Wald Test	560.37 ***	736.83 ***
采用模型	Hausman-Taylor 估计法	Hausman-Taylor 估计法

注：** 表示在5%的显著性水平下拒绝存在单位根的原假设，即回归系数在5%的水平上显著，*** 表示在1%的显著性水平下拒绝存在单位根的原假设，即回归系数在1%的水平上显著。

（4）回归结果分析。

第一，FATS下跨国公司贸易规模效应：根据实证的结果可以发现，服务业跨国公司贸易规模与服务业跨国公司国际直接投资、海外分支机构的资产和劳动力人数存在显著的结果，说明服务业 FDI 对贸易具有创造作用，而海外分支机构规模越大，代表全球化程度越高，内部贸易规模效应越大。但是将货物贸易作为自变量后其回归系数显著，开放度变量的回归系数由正数变为负数，而且模型变得不稳定，说明美国服务业跨国公司内部贸易与东道国的货物贸易基础关联度不大，相反在模型中代表东道国的市场规模、开放度、距离等变量的都具有显著相关性，而且东道国市场规模越大，开放程度越高、地理距离越近,服务业跨国公司贸易规模效应越大。说明美国服务业跨国公司的全球化经营活动主要以市场开拓为主,在回归结果中双边的自由贸易和投资协定影响的显著性较弱,更是证明了服务业跨国公司的动机主要在于扩大东道国市场份额,受到自身全球化动机的影响。

第二,BOP 统计下贸易规模效应:用双边贸易出口额替代内部贸易之后,不影响模型的稳定性,说明引力模型的适用性较强,而且东道国市场规模、贸易开放度和地理距离显著性强,经济意义与 FATS 下贸易规模预期效应一致,而双边自由贸易协定和投资协定在内部贸易不显著的情况下变得部分显著,说明美国与东道国之间的双边贸易受到两国贸易投资相互开放度的影响并此时货物贸易的显著性增强并具有积极的影响,更加说明双边服务贸易规模的扩大与双边货物贸易规模有积极互动的关系,但是加入美国服务业跨国公司国际之际投资和 TNI 三个指标之后,模型不具有稳定性,说明美国与其他国家之间的双边贸易额受服务业跨国公司经营情况的影响较弱,而区位的因素更加重要。

第二节 贸易结构效应的实证检验

一、理论模型

本书借鉴阿克曼(Akerman,2010)和安、坎德瓦和魏(Ahn, Khandelwal and Wei, 2011)的模型,推导贸易中间商的存在对贸易结构的影响。

1. 无贸易中间商的基本框架

该模型建立在梅里兹(2003)的研究结构之上,但是加入了一个规模报酬不变的农业部门。模型描述了两个经济体(国内和国外,后者标注为 F),这两个经济体在所有行业都只使用一个主要的生产要素:劳动力(L)。暂时忽略批发行业,经济中只有两个主要的行业。首先,农业部门符合瓦尔拉斯均衡,产品同质,无贸易成本。其次,制造行业具有规模报酬递增、斯蒂格利茨垄断竞争的特点,并且存在冰山贸易成本。制造商面临着不变的边际生产成本和三种固定成本。固定成本 F_E 是研制新产品的标准的斯蒂格利茨成本。另外两种固定成本中,其一是新产品进入市场的成本:如果是国内市场固定成本就

是 $F_D(\theta, \omega L)$，国外市场固定成本就是 $F_X(\theta^F, \omega^F L^F)$，其中的 θ 表示特定国家特征向量，决定了进入该国市场的难度（例如，制度的素质）；ω 则表示一个国家的工资水平。因此，ωL 表示一国的国内总产出。这也是在比较静态中表示国家特征的常用方法，使用这些关系来理解国家特征是如何通过进入市场的固定成本影响产出的，为阐述方便，令 $F^j \equiv F^j(\theta^j, \omega^j L^j)$。

企业的生产力水平 φ 存在异质性。因此每一个斯蒂格利茨模型中的企业或者产品都与特定的劳动产出的系数相关，该系数用 φ_i 来表示企业 i 的生产率水平。在产品创新过程中投入了沉没成本 F_E 劳动单位之后，随机变量 φ_i 分布服从累积分布函数 $G_{(\varphi)}$。分析主要关注稳态均衡，而忽略跨期的分析。假设企业面临着强制退出的泊松风险率 δ，企业当前价值是限定的。

每个国家中的消费者都有着双层的效用函数，上层（Cobb – Douglas）效应函数决定了消费者在行业间的支出决策，第二层（CES）效用函数表明消费者在制造业内部对不同的差异化产品的选择偏好。所有的本国消费者都有这样的消费函数：

$$U = C_M^\mu C_A^{1-\mu} \qquad (5-19)$$

其中 $\mu \in (0, 1)$，并且 C_A 表示同质产品的消费。制成品通过 C_M 指标进入效用函数，C_M 由下式来定义：

$$C_M = \left(\int_0^N c_i^{\frac{\sigma-1}{\sigma}} di\right)^{\frac{\sigma}{\sigma-1}} \qquad (5-20)$$

其中：N 表示消费的产品数量，c_i 是产品 i 的消费数量，$\sigma > 1$，表示产品之间的替代弹性。每个消费者在制成品上花费其收入的 μ 份额，因此对于产品 i 的需求就是：

$$x_i = A p_i^{-\sigma} \qquad (5-21)$$

其中：$A = \dfrac{\mu L}{P^{1-\sigma}}$，$p_i$ 表示产品 i 的消费价格，L 是人口规模，$P = \left(\int_{i\in\Omega} p_i^{1-\sigma} di\right)^{\frac{1}{1-\sigma}}$，表示制造品在本国的价格指数。产品集由 Ω 来表示。

同质产品的单位要素需求是一单位的劳动力。这个产品可以自由贸易，并且它被选作计价单位：

$$p_A = \omega = 1 \qquad (5-22)$$

其中：ω 表示劳动者的名义工资。

在没有贸易中间商的经济体中，通过轮船运输这些制成品包含冰山贸易成本：从本国到国外一单位商品需要运送 τ 单位，τ>1。假设贸易成本双向是一致的。在本国生产、出口到国外的制造业企业 i 利润最大化选择使得企业 i 在国外消费者的消费价格如下：

$$p_i^F = \frac{\sigma}{\sigma-1}\frac{\tau}{\varphi}$$

企业家进入制造业行业中，在投入了 $\tilde{F}_E$ 劳动单位的沉没成本以开发新产品之后，从概率分布函数 $G_{(\varphi)}$ 中随机获得其边际生产力。然后决定分别进入国内和国外市场。这样做和固定的市场进入成本有关；企业支付 $\tilde{F}_D$ 的固定成本以进入国内市场，支付 $\tilde{F}_X$ 的固定成本以进入国外市场。因此，只要企业在这个市场的营业利润足够大以支付市场进入成本，那么企业就会进入这个市场。由于不变的加成定价法，很容易看出营业利润就等于收入除以 σ。为进入国内和国外市场所需的生产力的关键临界条件（营业利润足够大以抵消进入的固定成本）由下式给出：

$$\varphi_D^{\sigma-1} A = F_D \tag{5-23}$$

$$\varphi_X'^{\sigma-1} \tau^{1-\sigma} A^F = F_X \tag{5-24}$$

其中：$F_D = \delta(\sigma-1)^{1-\sigma}\sigma^\sigma \tilde{F}_D$，$F_X = \delta(\sigma-1)^{1-\sigma}\sigma^\sigma \tilde{F}_X$。A 和 A^F 分别表示本国市场和外国市场的"每个企业"的需求。假设自由进入，则 $E(\pi) = F_E$，因此 $A = A^F$。使用 φ_X' 这种表示的原因是引入贸易中间商的时候出口临界条件非常难。等式（5-23）和（5-24）得出了从梅里兹（2003）模型中的结果，可以总结如下：

$$\frac{1}{\tau^{1-\sigma}\frac{F_X}{F_D}} > 1 \tag{5-25}$$

在无贸易中间商模型中，只有边际生产力超过 φ_X' 的企业才会选择出口，边际生产力等于 φ_X' 的企业为本国市场服务，而边际生产力低于 φ_D 的企业选择退出市场。

2. 引入贸易中间商的模型

假设贸易中间商 j 都是同质的，贸易中间商能够采购一系列货物并且通过船运把这些货物运输到国外。贸易中间商运输的货物数量（等于其从制造业企业购买的数量）用 m_j^W 表示。企业可以自由选择是否成为贸易中间商。贸易中间商和制造企业在国外市场建立批发渠道面临着同样的成本 F_X，但是贸易中间商的优势是产品多样化。由于企业进出口商品的品种增多，营业成本增加，呈现单调递增。因此进入国外市场的总固定成本为：

$$F_{Xj}^W = F_X + \frac{(m_j^W)^\gamma}{\gamma} \qquad (5-26)$$

其中 $\gamma > 1$，m_j^W 是贸易中间商销售的国内制造业企业的商品数量。因为制造企业是原子式的，所以贸易中间商所销售的制造业企业 j 的商品数量可能等于零，如果贸易中间商只出口一种商品的话，$\lim_{m_j^W \to 0} F_{Xj}^W = F_X$。因此，只出口一种商品的贸易中间商和制造企业具有同样的出口固定成本。并且，等式（5-26）说明贸易中间商范围经济存在上限。由于维持国际分销系统成本高昂，如果 m_j^W 很低，贸易中间商选择专业的产品范围。随着 m_j^W 的增加，产品更加多样化，这意味着专业化程度的降低，每种产品成本的增加。因此范围越广，每种产品的出口成本越高。

假定贸易中间商获得国外市场上销售一种产品的特权，那么贸易中间商也面临着来自国外的 CES 需求，所以它在获取商品时对制造企业的需求函数也有 CES 结构的特点。这导致制造企业向贸易中间商索取的价格和贸易中间商向消费者索取的价格一样。而且，因为制造商在其边际成本之上强加了一个 CES 加成，并且贸易中间商也这么做，所以贸易中间商在国外市场中销售的最终消费价格就有了"双重边际化"的特点；$\frac{\sigma}{\sigma-1}$ 的 CES 加成被实施了两次：

$$p_{ij}^W = \left(\frac{\sigma}{\sigma-1}\right)^2 \frac{\tau}{\varphi_i} \qquad (5-27)$$

其中：p_{ij}^W 是销售制造企业 i 商品的批发企业 j 在国外市场索取的价格。可得如下结论：贸易中间商对生产商最初的边际成本进行了两次边际化。贸易中间商 j 的边际成本由两部分组成。首先，它支付一个冰山贸易成本 τ；其次，它支付国内制造商品的采购价格（从制造商 i 处采购）。因为一个垄断竞争的制造商向贸易中间商索取的价格未必会和向最终消费者索取的价格相同，所以制造商 i 向贸易中间商 j 索取的价格现在就可以表示为 $p_{ij,P}$，贸易中间商的边际成本，即取得和运输制造商 i 商品的 MC_{ij}^W 如下式：

$$MC_{ij}^W = \tau p_{ij,P} \qquad (5-28)$$

贸易中间商在国外市场面临的需求是 $A^F(p_{ij}^W)^{-\sigma}$，其中的 p_{ij}^W 是批发企业 j 向国外的制造企业 i 的商品索要的价格。面临着 CES 类型的需求，它将会在其边际成本之上索要一个不变的加成：

$$p_{ij}^{W} = \frac{\sigma}{\sigma-1} MC_{ij}^{W} = \frac{\sigma}{\sigma-1} \tau p_{ij,P} \qquad (5-29)$$

在国外,对贸易中间商 j 所售出的商品 i 的需求就等于 $x_{ij} = A^{F}\left(\frac{\sigma}{\sigma-1}\tau p_{ij,P}\right)$,因此贸易中间商 j 的成本函数就可表达为:

$$C_{ij}^{W}(p_{ij,P}, x_{i}) = \tau p_{ij,P} x_{ij} \qquad (5-30)$$

引用谢泼特引理可以发现,贸易中间商 j 对商品 i 的需求函数(例如,制造商 i 面临的来自贸易中间商 j 的需求函数)如下:

$$D_{ij}^{W}(p_{ij,P}) = \frac{\partial C_{ij}^{W}(p_{ij,P})}{\partial p_{ij,P}} = \tau^{1-\sigma} A^{F}\left(\frac{\sigma}{\sigma-1} p_{ij,P}\right)^{-\sigma} \qquad (5-31)$$

这个结果有两个重要含义。首先,生产商面临的来自贸易中间商的需求弹性和来自消费者的需求弹性相同,因此生产商向贸易中间商索要的价格就会和其向国内消费者索要的价格相同(在边际成本之上的一个不变加成),$p_{ij,P} = p_i$。其次,可以看出贸易中间商在国外市场上将会索要的价格如下(国外消费者有 CES 类型的需求,贸易中间商会在其成本之上索要一个标准的 CES 加成):

$$p_{ij}^{W} = \left(\frac{\sigma}{\sigma-1}\right)^{2} \frac{\tau}{\varphi} \qquad (5-32)$$

$\left(\frac{\sigma}{\sigma-1}\right)^{2}$ 这一项在替代弹性中递减,意味着在产品之间替代性更强的行业中,双重边际化的程度更小。

由于制造商可以选择其出口模式(直接出口或者间接出口),他们的选择取决于什么样的模式会带来最高的出口利润。制造企业 i 通过贸易中间商 j 出口的期望利润(由强制推出率 δ 折算所得)为:

$$\frac{1}{\delta}\left(\tau p_{ij,P} x_{ij}(p_{ij}^{W}) - \frac{\tau}{\varphi_i} x_{ij}(p_{ij}^{W})\right) = \frac{1}{\delta}\tau^{1-\sigma}\varphi_i^{\sigma-1} A^{F}\left(\frac{\sigma-1}{\sigma}\right)^{2\sigma}\frac{1}{\sigma-1} \qquad (5-33)$$

其中:$x_{ij}(p_{ij}^{W})$ 表示商品 i 在价格为 p_{ij}^{W} 时在国外的销售额,例如在贸易中间商制定的价格下的销售额。制造企业出口的商品 i,经折算之后的利润为:

$$\frac{1}{\delta}\left(\tau p_i x_{ij}(\tau p_i) - \frac{\tau}{\varphi_i} x_i(\tau p_i)\right) - \tilde{F}_X = \frac{1}{\delta}\tau^{1-\sigma}\varphi_i^{\sigma-1} A^{F}\left(\frac{\sigma-1}{\sigma}\right)^{\sigma}\frac{1}{\sigma-1} - \tilde{F}_X \qquad (5-34)$$

比较一个制造企业在两种出口模式下的利润得出了下面的这个条件。利用式(5-33)和式(5-34),一个企业会选择自己出口,如果满足下式:

$$\varphi_i^{\sigma-1} > \frac{F_X}{\tau^{1-\sigma} A^{F}} \frac{1}{\left(1-\left(\frac{\sigma-1}{\sigma}\right)^{\sigma}\right)} \qquad (5-35)$$

这表示高生产率的企业会自己出口而不是通过一个贸易中间商,因为生产率足够高可以承受出口的固定成本,并且他们能够避免贸易中间商向其索取的价格加成。注意到式(5-35)定义了新的出口临界条件:

$$\varphi_X^{\sigma-1} = \frac{F_X}{\tau^{1-\sigma} A^F} \frac{1}{\left(1 - \left(\frac{\sigma-1}{\sigma}\right)^\sigma\right)} > \frac{F_X}{\tau^{1-\sigma} A^F} = \varphi_X'^{\sigma-1} \quad (5-36)$$

这个不等式说明,存在贸易中间商的情况下,一些原来自己出口的生产商现在转而决定使用贸易中间商来进行出口。因此,模型中包括贸易中间商比不包括贸易中间商的出口临界条件更高(如图5-1所示)。

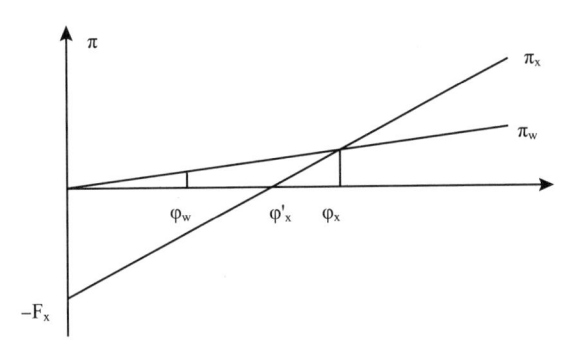

图5-1 不同出口模式下制造商的利润

资料来源:Akerman A. A theory on the role of wholesalers in international trade based on economies of scope [J]. Research Papers in Economics,2010.

图5-1中,曲线 π_X 和曲线 π_W 分别展示了制造商在给定生产力水平的条件下,自己出口和通过贸易中间商出口的营业利润。曲线 π_W 是从零点开始的,因为制造企业通过一个贸易中间商出口不用支付任何固定成本。然而,如果直接出口需要一个固定成本 F_X。π_W 的斜率比 π_X 要小,因为贸易中间商索要额外加成。生产率高于 φ_X 的制造企业总是能从自己出口中获得更高的利润($\pi_X > \pi_W$ 当且仅当 $\varphi > \varphi_X$)。

假设贸易中间商发现自己只有向生产率高于 φ_W 的企业采购商品才能获利,这意味着生产率在 φ_W 和 φ_X 之间的企业更倾向于通过贸易中间商渠道来出口,而非自己进行出口业务。另外,无贸易中间商模型的出口临界条件 φ_X' 将总是位于 φ_X 的左边,在图5-1中可以看到这一点。同时也注意到因为贸易中间商的价格更高,他们每类商品的出口量更少。他们价格高的原因是他们额外的加成和他们出口的商品来自生产率更低的企业这一事实。

最后，等式（5-35）表明了行业中的竞争度（产品之间的替代弹性）会直接影响出口的生产率临界条件，因为它决定了贸易中间商所施加的双重加成的影响。更低的竞争度（比如一个更小的 σ）意味着直接出口的临界条件更低，因为贸易中间商的额外加成更高，这使得选择贸易中间商渠道进行出口变得相对昂贵。

从以上分析可以得出结论：更高生产率的企业，即 $\varphi > \varphi_X$ 时，制造企业会自己出口；中等生产率的企业，即 $\varphi \in [\varphi_W, \varphi_X)$ 的时候，制造企业会通过贸易中间商出口；生产率最低的企业，即 $\varphi \in [\varphi_D, \varphi_W)$ 时，假设 $\varphi_D < \varphi_W$，不会选择出口。

批发企业都是同质的，并且出于简化分析的目的，假设了原子式的制造企业，他们利用贸易中间商作为其商品的分销渠道，而制造企业和批发企业之间则是随机匹配的（见图 5-1）。这确保了批发企业平均来说是出于均衡意愿的，他们具有同样的商品篮子用以出口。因此他们会有同样的产品数量，在他们商品篮子里的商品之间也具有同样的生产分布。批发企业所销售的商品范围和通过贸易中间商进行出口的制造企业的商品范围是相同的（比如，生产率在 φ_W 和 φ_X 之间的企业）。在这个范围内的制造商的数量是 $M^M \dfrac{G(\varphi X) - G(\varphi W)}{1 - G(\varphi D)}$，其中 M^M 为制造企业的总数量。那么每一个贸易中间商的范围就等于这表达式除以批发企业的数量 n^W：

$$m_j^W = \frac{M^M}{n^W} \frac{G(\varphi X) - G(\varphi W)}{1 - G(\varphi D)} \qquad (5-37)$$

制造企业和贸易中间商之间随机匹配的假设也许看起来是一个很强的假设，特别是给定了批发企业的凸性固定成本函数的情况下，这表明贸易中间商更倾向于出口彼此之间性质相近的产品。然而，只要贸易中间商在成本方面是同质的，就算制造企业仅在国内行业类别中匹配，结果也仍然是这样。并且，贸易中间商面临的单位产品固定成本是比较低的，就算制造商的匹配不是那么随机，这一关键机制也是不变的。例如，一些贸易中间商比另一些贸易中间商匹配了更高生产率的制造商。这些贸易中间商所拥有的产品都是由更高的生产率生产出来的，然而他们也仍然需要从生产商那里获得加成，在 CES 偏好下加成为 $\sigma/(\sigma-1)$，因此阻止了最高生产率的出口商而鼓励了中等生产率的制造商。最终，尽管假定贸易中间商的成本函数是异质的，也尽管这和他们将会设定的加成有关，但是两种出口模式之间的关键不同点仍然主要是由所有贸易中间商必须就每个产品索要加成这一事实造成的，因为不管其成本如何，贸易中间商都需要负担额外成本，这意味着他们需要在现存的产品范围内再额外增加一种产品。

贸易中间商的总固定成本，正如我们在式（5-26）中所设定的那样：

$$F_{Xj}^W = F_X + \frac{(m_j^W)^\gamma}{\gamma} = F_X + \frac{1}{\gamma}\left(\frac{M^M G(\varphi_X) - G(\varphi_W)}{n^M} \cdot \frac{1}{1 - G(\varphi_D)}\right) \quad (5-38)$$

其中：φ_W 是生产率最低的制造企业的边际生产率，这种制造企业的出口主要是通过贸易中间商实现的。

一个贸易中间商把其他批发企业的数量和国内制造企业的数量作为给定，它的价格机制也正如我们在式（5-27）中所描述的那样，是在边际成本之上的一个不变加成。因此，批发企业的数量和他们所消费产品的范围可以由两个条件决定。首先，批发企业可以自由进入，在均衡状态的利润为0。其次，贸易中间商最优范围条件限定了每一个贸易中间商的商品范围，比如一个批发企业的边际营业利润增加，从而扩大其商品分布，这个边际利润的增加必须等于所导致的固定成本的边际增加。

零利润条件：$\quad F_X + \dfrac{(m_j^W)^\gamma}{\gamma} = m_j^W \tilde{\pi}_j^W$

最优范围条件：$\quad \dfrac{\partial}{\partial m_j^W}\left(F_X + \dfrac{(m_j^W)^\gamma}{\gamma}\right) = \dfrac{\partial}{\partial m_j^W}(m_j^W \tilde{\pi}_j^W)$

这两个条件共同决定了通过每一个批发企业出口的制造企业的数量 m_j^W，以及每种商品利润的加权平均 $\tilde{\pi}_j^W$。

$$m_j^W = F_X^{\frac{1}{\gamma}}\left(\frac{\gamma}{\gamma - 1}\right)^{\frac{1}{\gamma}} \quad (5-39)$$

$$\tilde{\pi}_j^W = F_X^{\frac{\gamma-1}{\gamma}}\left(\frac{\gamma}{\gamma - 1}\right)^{\frac{\gamma-1}{\gamma}} \quad (5-40)$$

出口的固定成本 F_X 是理解批发企业的规模如何决定的关键变量。出口的固定成本比较高的批发企业会扩大其经营范围，如此一来固定成本就可以均分在更多商品上。这也会使得均衡中单位商品的均衡利润更大。参数 γ 决定了批发企业经营更多商品的难度，也具有非常重要的作用。式（5-39）中最优范围关于固定成本的弹性是 $\frac{1}{\gamma}$,随 γ 增加而减小;由于要处理很多的商品,批发企业的经营范围对固定成本的变化则反应比较小。

从以上分析可以得出:贸易中间商的最优经营范围随出口的固定成本的增加而增加;当贸易中间商很难扩展其商品经营范围的时候,贸易中间商的最优经营范围对出口固定成本的弹性就比较低。

为了达到均衡状态,注意到贸易中间商 j 销售商品 i 的营业利润可以表示为:

$$\pi_{ij}^W = p_{ij}^W x_{ij} - p_{ij,P} \tau x_{ij} = A^F \tau^{1-\sigma} \varphi_i^{\sigma-1} \left(\frac{\sigma}{\sigma-1}\right)^{1-2\sigma} \frac{1}{\sigma-1} \quad (5-41)$$

因此,贸易中间商 j 的经营总利润为:

$$m_j^W \tilde{\pi}_j^W (\varphi_W, \varphi_X) = \frac{m_j^W \tau^{1-\sigma} A^F}{G(\varphi_X) - G(\varphi_W)} \left(\frac{\sigma}{\sigma-1}\right)^{1-2\sigma} \frac{1}{\sigma-1} \int_{\varphi_W}^{\varphi_X} \varphi^{\sigma-1} dG(\varphi) \quad (5-42)$$

其中的 $\tilde{\pi}_j^W(\varphi_W, \varphi_X)$ 表示给定商品篮子中的生产率范围,每单位商品的平均营业利润。

结合式(5-41)和式(5-42)可得:

$$\frac{\tau^{1-\sigma} A^F}{G(\varphi_X) - G(\varphi_W)} \left(\frac{\sigma}{\sigma-1}\right)^{1-2\sigma} \frac{1}{\sigma-1} \int_{\varphi_W}^{\varphi_X} \varphi^{\sigma-1} dG(\varphi) = F_X^{\frac{\gamma-1}{\gamma}} \left(\frac{\gamma}{\gamma-1}\right)^{\frac{\gamma-1}{\gamma}} \quad (5-43)$$

其中 φ_W 是利用贸易中间商进行出口的制造商所需的均衡最低生产率。临界条件 φ_X 由式(5-24)的 τ、F_X 和 A^F 决定。这个变量和固定贸易成本是外生的,但是 A^F 是内生的。因为式(5-43)的左边是随 φ_W 单调递增,所以式(5-43)得出一个 φ_X 的隐式解,是关于 A^F 的函数。利用 φ_X 的均衡值,再结合式(5-37)和式(5-39),可以得到贸易中间商数量的一个解:

$$\frac{M^M}{n^W} \left(\frac{G(\varphi_X) - G(\varphi_W)}{1 - G(\varphi_D)}\right) = F_X^{\frac{1}{\gamma}} \left(\frac{\gamma}{\gamma-1}\right)^{\frac{1}{\gamma}} \quad (5-44)$$

最后,制造企业的自由进入条件表明,企业的预期总利润必须等于进入的固定成本:

$$\int_{\varphi_D}^{\infty} (\varphi^{\sigma-1} A - F_D) dG(\varphi) + \int_{\varphi_W}^{\varphi_X} \varphi^{\sigma-1} \tau^{1-\sigma} A^F \left(\frac{\sigma-1}{\sigma}\right)^{\sigma} dG(\varphi) +$$

$$\int_{\varphi_X}^{\infty} (\varphi^{\sigma-1} \tau^{1-\sigma} A^F - F_X) dG(\varphi) = F_E \quad (5-45)$$

其中: $F_E = \delta(\sigma-1)^{1-\sigma} \sigma^{\sigma} \tilde{F}_E$。

式(5-23)、式(5-35)、式(5-43)、式(5-44)和式(5-45)共

同得出了生产率临界条件 φ_D，φ_W，φ_X，贸易中间商规模 n^W 和制造商规模 M^M 的隐式解。国内的单位企业需求 A 和国外的单位企业需求 A^F 通过价格表达式，由企业规模、贸易中间商数量以及生产率临界条件决定。因此，这些等式集定义了一个一般均衡，其中所有行业可以自由进入，价格水平和市场需求是同质的。

为了得出关于贸易中间商在经济中作用的确切表达式，需要设定生产率的确切分布 $G(\varphi)$。因此加入了一个无标度的帕累托分布。这个分布很好地拟合了观测到的企业生产率的分布，令：

$$G(\varphi) = 1 - \varphi^{-k} \tag{5-46}$$

其中 $\varphi \in [1, \infty)$。为了保证解的存在性，令 $\beta \equiv \dfrac{k}{\sigma-1} > 1$。

计算企业自己出口和通过贸易中间商出口量时为：

直接出口： $$V_{i,X}(\varphi_i) = p_i x_i = \left(\dfrac{\sigma}{\sigma-1}\right)^{1-\sigma} \tau^{1-\sigma} \varphi_i^{\sigma-1} A^F \tag{5-47}$$

通过贸易中间商出口：

$$V_{j,X}(\varphi_i) = p_{ij}^W x_{ij}^W = \left(\dfrac{\sigma}{\sigma-1}\right)^{2(1-\sigma)} \tau^{1-\sigma} \varphi_i^{\sigma-1} A^F \tag{5-48}$$

因此，总出口量之比是

$$\dfrac{V_W}{V_X} = \dfrac{\int_{\varphi_W}^{\varphi_X} V_W(\varphi) dG(\varphi)}{\int_{\varphi_X}^{\infty} V_X(\varphi) dG(\varphi)} = \left(\dfrac{\sigma-1}{\sigma}\right)^{\sigma-1} \left(\left(\dfrac{\varphi_X}{\varphi_W}\right)^{k-(\sigma-1)} - 1\right) \tag{5-49}$$

这个表达式明显是相对生产率临界水平 φ_X 和 φ_W 的函数。自己出口的企业和通过贸易中间商出口的企业之间的相对规模可以写成

$$\dfrac{\int_{\varphi_W}^{\varphi_X} dG(\varphi)}{\int_{\varphi_X}^{\infty} dG(\varphi)} = \left(\dfrac{\varphi_X}{\varphi_W}\right)^{k} - 1 \tag{5-50}$$

这也明显是相对临界生产率的函数。

为了弄清楚贸易中间商在总出口量式（5-49）和经营范围式（5-50）中相对重要性的影响因素，有必要理解相对临界生产率 $\dfrac{\varphi_X}{\varphi_W}$ 的影响因素。无法得出 φ_W 的显示解，但是可以通过计算式（5-43）得出下面这个非线性关系：

$$\frac{\left(\frac{\varphi_X}{\varphi_W}\right)^k - 1}{\left(\frac{\varphi_X}{\varphi_W}\right)^{k-(\sigma-1)} - 1} = \lambda_1 F_X(\theta, \omega^F L^F)^{\frac{1}{\gamma}} \tag{5-51}$$

其中 λ_1 是个常数。这个表达式表明相对的临界生产率随着出口固定成本的增加而增加。

首先，固定成本增加会导致相对的临界生产率增加。因此：(1) 更多的企业通过贸易中间商出口（这就等同于更多种类的商品会通过贸易中间商出口）；(2) 贸易中间商所管理的相对出口量增加。这个结果产生于这个模型所提供的中心机制：批发行业可以把商品间的出口固定成本集中起来，因此减少了每单位商品的出口固定成本，出口固定成本比较大的时候，这一特点尤为重要。我们之前看到，较高的固定成本导致批发企业扩大商品经营范围。通过这种做法，每单位商品的固定成本就减少。

其次，不管是贸易成本变量 τ 还是每个企业的需求变量 A^F 都会直接影响到出口模式的选择。这是因为，对于营业利润来说，这些变量会以同样的方式影响贸易中间商和直接出口商（这也是他们通过对固定成本的影响，可能影响到相对临界生产率的唯一方法）。因此，批发技术呈现出一个关于产品范围的递增的规模报酬。批发企业产品数量的增加降低了每单位商品的固定成本，随着固定成本的增加，这就使得贸易中间商更加重要。竞争越激烈，企业在直接出口和贸易中间商出口之间倾向于选择贸易中间商出口。这使得 σ 增加了贸易中间商的作用。然而，更高的 σ 也使得价格差别对收益和利润变得更为重要。替代弹性比较高的时候，贸易中间商所施加的额外加成对于实际售价来说就很重要，就会造成对贸易中间商在出口中所起作用的负效应。因此：(1) 由贸易中间商运输的出口份额较高；(2) 相对于自己出口，依靠贸易中间商出口的企业会比较多。这是因为批发企业可以把固定成本分散到更多的商品上。

根据贸易中间商理论可以得出，由于出口中固定成本的存在，使得贸易类服务业跨国公司发挥了贸易平台的作用，提高了贸易规模，丰富了贸易商品种类，贸易类服务业跨国公司获得了范围经济的优势，行业贸易规模在总贸易额中比重增加，形成结构效应。与金融业作为中间要素投入不一样，贸易类跨国公司的作用在于发挥渠道优势，是货物贸易的平台。

二、经验分析回顾

(一) 服务业企业生产率的估算

根据异质性理论,生产率高的企业会选择贸易或者 FDI 的方式进入国际市场,通过贸易方式进入国际市场,本身具有贸易规模效应,根据前文的分析,服务业 FDI 同样具有贸易规模效应,由于生产率越高的行业创造的贸易规模越大,在总贸易额中占据主导地位,因此形成了贸易结构效应。生产率的衡量有两种方法:全要素生产率和劳动生产率。

1. 全要素生产率 (TFP)

全要素生产率将资本和劳动力纳入估算范畴,其比劳动生产率更加全面,缺点是测算难度较大。服务业行业全要素生产率的估算,一般采用 DEA – Malmquist 指数方法,另外还有一种方法是近似全要素生产率[①],其公式如下:

$$TFP = \ln(Q/L) - s\ln(K/L), \quad s \in [0, 1] \quad (5-52)$$

其中:Q 为产出,L 为劳动投入,K 为资本投入,当 s = 0 时,TFP 即为劳动生产率。

2. 劳动生产率 (LP)

劳动生产率是指每单位劳动力创造的增加值或者产出,相对于全要素生产率,其测算更为准确,但是忽略了资本对提高生产率的作用。目前异质性理论中一般将劳动力作为唯一的生产要素,因此模型所指的生产率即为劳动生产率,计算公式为:

$$LP = Q/L \quad (5-53)$$

全要素生产率和劳动生产率除了在计算方法上的差异外,一般行业的生产率用全要素生产率来表示,企业的生产率用劳动生产率来表示,因此本书采用劳动生产率来表示贸易、金融、信息、专业服务四个行业的跨国公司生产率,这与经典的异质性理论的假设也一致。

[①] 陈景华. 企业异质性、全要素生产率与服务业对外直接投资——基于服务业行业和企业数据的实证检验 [J]. 国际贸易问题, 2014 (7): 114.

(二) 行业经验分析回归

1. 金融服务业跨国公司与贸易结构效应

关于金融业跨国公司的研究目前主要集中于动机,莫利纽克斯等(Molyneux et al., 2013)[①]将海外分支机构的资产作为公司层面的变量,检验了银行国际化的动机,实证得出发达国家布局的动机主要是客户跟随型,发展中国家布局的动机主要是扩大市场规模。古兰豪森、苹艾萝和波佐洛(Gulamhussen, Pinheiro and Pozzolo, 2014)检验了银行全球化程度和风险的关系,利用分支机构资产/总资产指标衡量的全球化程度越高,银行海外经营的风险越高。目前金融业跨国公司的贸易效应经验和实证研究主要集中于金融业FDI和贸易之间是创造关系还是替代关系的验证,布赫和利普纳(2004, 2007)[②]利用公司和国家层面的变量对银行业FDI和贸易的关系进行了实证。福卡雷利和波佐洛(Focarelli and Pozzolo, 2001)[③]提出银行规模越大,资产越多,因此布赫和利普纳(2004)将银行海外分支机构的总资产规模作为解释变量,用国际债权和债务作为衡量银行国际化的解释变量。结果显示,总资产和国际化指标对银行跨境贸易具有积极的影响,FDI和贸易之间短期呈现替代关系,长期存在互补关系。

2. 贸易服务业跨国公司与贸易结构效应

贸易服务业一般是批发、零售业的统称,在我国称为商贸服务业。异质性理论提出之后,贸易服务业跨国公司在全球贸易中的地位越来越受到理论的关注,安等(2011)[④]称之为贸易中间商,克劳特海姆(Krautheim, 2013)[⑤]将贸易服务业FDI定义为出口平台型FDI(Export – Supporting FDI, ESFDI),阿克

[①] Molyneux, Nguyen, Xie. Foreign bank entry in South East Asia [J]. International Review of Financial Analysis, 2013, 30: pp. 26 – 35.

[②] Buch, C M and A Lipponer. FDI versus cross – border financial services: The globalisation of German banks, 2004, Discussion paper Series 1/Volkswirtschaftliches Forschungszentrum der Deutschen Bundesbank, P. 18.

[③] Focarelli, D and A F Pozzolo. The patterns of cross-border bank mergers and shareholdings in OECD countries. Journal of banking & Finance, 2001, 25 (12): P. 2305.

[④] Ahn, J, A K Khandelwal and S Wei. The role of intermediaries in facilitating trade. Journal of International Economics, 2011, 84 (1): pp. 73 – 85.

[⑤] Krautheim, S. Export-upporting FDI. Canadian Journal of Economics/Revue canadienne d'économique, 2013, 46 (4): pp. 1571 – 1605.

曼（2010）① 建立批发商在贸易中作用的模型，提出批发商的出现使得生产率低的企业实现了进口，并且为直接出口提供了经验，批发商的出现提高了出口规模和出口产品的种类，并利用瑞典税务机关（Skatteverket）提供的批发商年度总收入、雇员数量、固定资产总额等数据，证明制造企业一般比批发企业的规模更大，但是批发商的出口数量却比制造企业多。制造企业出口额较大，但是批发商出口产品范围广。安等（2011）在阿克曼（2010）的基础上，从出口企业的角度检验了贸易中间商对不同生产率企业出口的影响，使用贸易中间商的销售额、就业和每个工人的销售额三个代理变量来衡量生产率，中等生产率水平的公司会选择中介，生产率最高的企业会选择直接出口，贸易中间商的出口份额与较小的市场规模和较高的交易成本之间有非常稳健的关系。同时还证明，贸易中间商在促进中国出口贸易中发挥了巨大的作用，2005年，贸易中间商出口额占中国总出口额的22%。克劳特海姆（2013）提出假设：贸易成本越小，出口平台型FDI越高，贸易规模越大，并利用德国的数据证明了这一结论。

3. 信息服务业跨国公司与贸易结构效应

Barry and Van Welsum（2005）② 研究了爱尔兰作为出口平台型国家，吸引了诸如 Microsoft, Lotus, Oracle, Symantec, InformixC, orel EDS, IBM, ICL and Accenture 等跨国公司分支机构，这些企业具有明显的出口导向，使得爱尔兰成为欧盟地区计算机软件服务的主要出口基地，占比约为50%。这些跨国公司的入驻提高了爱尔兰本土企业的出口能力。阿诺德等（Arnold et al., 2014）③ 假定外资股权比例大于10%的企业即可认定为外国分支机构，验证了信息服务业跨国公司的入驻对于印度制造业全要素生产率提升的积极作用。亚历德罗等（2011）④ 分析了美国服务业跨国公司的就业效应，将信息服务业跨国公司的FDI、海外分支机构的就业人数和销售作为解释变量，提出信息服务业跨国公司的海外经营增加了东道国和母国的贸易往来，对本国就业具有促进作用。

---

① Akerman, A. A theory on the role of wholesalers in international trade based on economies of scope. Research Papers in Economics, 2010.

② Barry, F and D Van Welsum. Services FDI and offshoring into Ireland. in Panel session on ICT – enabled offshoring: Country experience and business perspectives, held as part of the June 2005 meeting of the OECD Working Party on the Information Economy, OECD, Paris, 2005, P. 23.

③ Arnold, et al. Services reform and manufacturing performance: Evidence from India [J]. The Economic Journal, 2014, P. 20.

④ Alejandro, et al. US multinational services companies: Effects of Foreign Affiliate Activity on US Employment [J]. 2011, P. 23.

4. 专业服务业跨国公司与贸易结构效应

专业服务业是货物生产和其他服务之间的重要桥梁，其中法律和会计服务是最为重要的两类专业服务业，提高了市场交易和企业管理的效率。建筑设计服务业有助于美化生活环境，而工程设计为生产提供了创造服务，专业服务根植于智力和技术投入，需要受过良好教育和培训的劳动力。专业服务业跨国公司贸易效应的实证研究相对较少，阮红（Nguyen - Hong, 2000）[①] 提出专业服务具有可贸易性，一般通过商业存在和专业人员的流动实现，信息技术的发展使得诸如设计、绘图等服务可以跨境交付。目前该领域中存在的贸易壁垒，主要来自于各国的贸易投资准入的"门槛"，影响了生产率的提高和贸易规模的扩张。衡量专业服务业跨国公司劳动生产率的指标有广告支出、知识产权和R&D支出。广告支出有助于提高消费者的认知度，知识产权和R&D支出有助于提高生产能力，这些指标都可以衡量专业服务业跨国公司的生产差异。由于无法获得广告支出的数据，阮红（2000）用R&D支出/销售收入比来表示，雇员数量和销售规模用以表示企业规模，资本成本表示资产折旧或者增值能力。实证结果显示，R&D支出和贸易并不存在线性关系，而是呈现先反向后正向的关系，雇员数量和销售规模与公司利润无关。

三、实证分析和回归结果

异质性理论主要研究生产率差异下微观企业的行为选择的结构，本书提出假设：由于服务业的异质性，使得服务业跨国公司的经营行为也存在异质性，异质性的表现为劳动生产率的差异，较早开展全球化经营的贸易、金融、信息、专业服务业跨国公司具有较高的劳动生产率，实现了贸易较高的贸易流，占服务贸易总额比重较高，实现了贸易结构效应。

（一）变量和数据说明

1. 被解释变量 $TRADE_{ij}$

$TRADE_{ij}$表示贸易、金融、信息、专业服务业跨国公司海外分支机构在j年份实现的跨境贸易额，数据来源于美国经济分析局网站。

[①] Nguyen - Hong. Restrictions on trade in professional services [J]. 2000. P. 23.

2. 核心解释变量 LP$_{ij}$

LP$_{ij}$ 表示服务业跨国公司生产率，企业劳动生产率的计算方法是直接计算劳动的单位产出，即劳动的生产率，根据公式为 TFP = Q/L。阿克曼 (2010)、陈景华 (2014) 用服务业跨国公司在东道国的销售总额除以雇员总数表示，即 LP = SALES/EMP，代表异质性。数据来源于美国经济分析局网站。

ASSETS$_{ij}$、RD$_{ij}$、VALUE$_{ij}$、COST$_{ij}$ 分别表示美国贸易、金融、信息、专业服务业跨国公司分支机构在东道国的海外资产、研发投入、增加值和经营成本，这三个指数表示服务业跨国公司的跨国经营情况。数据来源于美国经济分析局网站。以上解释变量都是从公司层面的数据，本部分的实证由于主要研究跨国公司的经营行为对贸易结构的影响，贸易数据并未采用双边贸易量，因此并没有加入国家层面的数据。此外，本书在第四章已经用统计数据验证了贸易、金融、信息、专业服务业在服务贸易总额中的占比排名，因此在实证部分默认这样的结果，自变量采用的都是规模数据，并没有比值。并且，采用比值容易造成回归效果的不显著性，因此本部分用各行业贸易规模数据来表示因变量，以免影响回归的显著性。该实证采取的面板数据，根据数据获取的范围，其中时间年份为 1999~2012 年，截面为 4 个行业。

（二）模型的确立

根据亚历德罗等 (2011)、陈景华 (2014) 的模型，本书拟设立以下模型：

$$\ln TRADE_{ij} = \alpha_0 + \alpha_1 \ln LP_{ij} + \alpha_2 \ln RD_{ij} + \alpha_3 \ln ASSETS_{ij} + \alpha_4 \ln VALUE_{ij} + \alpha_5 \ln COST_{ij} + \varepsilon_{ij} \tag{5-54}$$

表 5-24 贸易结构效应实证设计的相关系数矩阵

	lnTRADE	lnASSETS	lnRD	lnVALUE	lnCOST	lnLP
lnTRADE	1.000000					
lnASSETS	0.972240	1.000000				
lnRD	0.918048	0.903080	1.000000			
lnVALUE	0.989020	0.987406	0.917288	1.000000		
lnCOST	0.992604	0.979881	0.926291	0.994946	1.000000	
lnLP	-0.239604	-0.161962	-0.416034	-0.269766	-0.290579	1.000000

根据表 5-24 的变量相关系数矩阵，发现除了 TFP 与其他解释变量没有共线性之间，其他解释变量存在多重共线性问题，本书采取逐步回归的方式得到下列方程：

$$\ln TRADE_{ij} = \alpha_0 + \alpha_1 \ln LP_{ij} + \alpha_2 \ln RD_{ij} + \alpha_3 \ln ASSETS_{ij} + \varepsilon_{ij} \quad (5-55)$$

（三）实证分析

由于采取的是面板模型，首先进行单位根检验，根据表 5-25 可得，在 5% 的显著性水平下，lnTRADE、lnLP、lnRD、lnASSETS 都通过单位根检验，变量之间是同阶单整，接下来进行协整检验，来考察变量间长期均衡关系。

表 5-25　　　　　　贸易结构效应实证设计的单位根检验

检验变量	观测值	P 值	截面数	观测值数量
lnTRADE	-7.48083	0.0000**	28	205
lnLP	-8.35841	0.0000**	28	211
lnRD	-13.1657	0.0000**	27	206
lnASSETS	-14.1755	0.0000**	28	206

注：** 表示 5% 的显著性水平。

为避免伪回归，对数据进行协整检验，得到结果如表 5-26 所示，根据 Kao 检验，在 1% 的显著性水平下通过检验。

表 5-26　　　　　　贸易结构效应实证设计的协整检验

	Kao 检验	T 统计量值	P 值
模型 a	ADF	-4.179621	0.0000*

在模型稳定的基础上进行回归，根据表 5-27 得出的模型回归结果，回归方程在 1% 的显著性水平通过检验，说明模型的设定是正确的，其中调整之后的 R^2 为 0.957056，说明模型的拟合效果较好，解释变量完全能够解释各行业跨国公司的贸易行为，不加入国家层面的数据影响不大。

表 5-27　　　　　　　　贸易结构效应实证设计的模型回归结果

lnTRADE		Fixed Effects（Cross）	
C	4.293946 *** （0.471233）	WHT—C	0.350687
		INF—C	-0.133575
lnLP	0.491921 *** （0.064331）	PST—C	0.213209
		FIN—C	-0.602449
lnASSETS	0.353967 *** （0.052051）	观测值	52
		调整后的 R^2	0.957056
lnARD	0.042489 * （0.021149）	Hausman Test	P 值 = 0.0000
		采用模型	个体固定效应（CSW）

注：*** 表示在 1% 的显著性水平下拒绝存在单位根的原假设，即回归系数在 1% 水平上显著。* 表示在 10% 的显著性水平下拒绝存在单位根的原假设，即回归系数在 10% 水平上显著。

从回归系数来看，代表不同行业跨国公司生产率差异的劳动生产率通过10% 的显著性检验，符号为正，说明生产率越高的跨国公司，其贸易创造能力越强，总资产通过 10% 的显著性检验，符号为正，说明服务业跨国公司海外资产越多，实现的贸易额越高，研发投入通过 1% 的显著性检验，说明研发投入越高，贸易规模越大，在三个变量中，劳动生产率的系数值最大，回归的结果验证了假设，充分说明劳动生产率越高的企业，越倾向于开展国际贸易，验证了异质性理论。同时进行了稳健性检验，用营业收入变量代替原文中的增加值变量，结果显示在 1% 的显著性水平下通过检验，说明了回归方程的稳健性。

由于回归结果最终显示为个体固定效应，批发零售业跨国公司的个体固定效应是 0.350687，信息服务业跨国公司是 -0.133575，专业服务业跨国公司是 0.213209，金融保险服务业是 -0.602449，说明观察到的变量对被解释变量效应因行业而异。因此，分行业情况进行回归检验见表 5-28，发现各行业的异质性对出口有着显著和正向的作用，尤其是以金融保险业跨国公司的异质性影响系数最大，其次为批发零售、信息和专业服务业跨国公司，说明劳动生产率作用对金融保险业跨国公司的贸易行为影响尤为重要。

表 5-28　　　　　　贸易结构效应实证设计的分行业回归结果

行业	批发	信息	专业	金融、保险
C	1.970470 ** (0.815669)	4.512233 *** (1.191179)	8.084163 *** (1.102923)	3.771631 ** (1.681542)
lnTFP	0.602244 *** (0.084944)	0.483217 *** (0.135471)	0.443043 *** (0.032145)	0.714634 ** (0.243895)
lnASSETS	0.283297 ** (0.122124)			
lnARD		0.175140 ** (0.076385)		
lnVALUE				0.366509 *** (0.032561)
lnCOST			-0.313176 (0.180355)	
观测值	13	14	14	13
调整后的 R^2	0.942499	0.958809	0.939037	0.912446
采用模型	OLS	OLS	OLS	OLS

注：( ) 内的值为回归系数标准差，*** 表示在1%的显著性水平下拒绝存在单位根的原假设，** 表示在5%的显著性水平下拒绝存在单位根的原假设，* 表示在10%显著性水平下拒绝单位根的原假设。

除了劳动生产率的影响外，每个行业其他解释变量的影响是不一样的，企业的资产规模对批发业零售业跨国公司出口有着显著的积极影响，R&D 对信息业跨国公司影响显著，生产成本对专业服务业跨国公司影响显著，增加值对金融和保险业跨国公司影响显著。不同行业个体影响因素的差异也与行业的特点保持一致，由于批发零售的网点和采购点对于贸易流具有重要的作用，因此其体现为资产规模，而在信息行业中，技术是尤其重要的因素，因此体现为研发投入，由于专业服务业主要是人作为投入要素，劳动力成本是影响其经营的重要因素，劳动力成本越高，其实现的跨境贸易的规模越小，而金融保险业的价值创造能力在其贸易创造中更加具有意义。

第三节 贸易收益效应的实证检验

一、经验分析回顾

(一) 实证分析结果

弗朗索瓦和赖纳特 (Francois and Reinert, 1996)[①] 实证发现, 产出中服务的增值作用与人均 GDP、服务业就业人数、制造业就业人数具有显著的相关性。阿尔托蒙特等 (Altomonte et al., 2011)[②] 使用了 2007～2009 年法国企业层面的数据, 解释跨国公司通过 GVC 治理对贸易衰退的影响。G20 (2013) 报告提出, 服务业生产效率的提高使得企业参与全球价值链的能力和国际竞争力增强。艾斯基夫等 (2013) 实证检验了最不发达国家通过参与全球价值链, 2000～2012 年货物和贸易出口年均增速为 15.5%。鲍尔温和洛佩兹·冈萨雷斯 (Baldwin and Lopez Gonzalez, 2014)[③] 利用世界投入产业表制作了投入产出矩阵, 实证了各国在供应链贸易网络中的作用, 发现货物贸易的区域化程度要高过服务贸易, 也就是说服务贸易更加具有全球性特点。从国家来看, 美国和德国跨国公司是总部服务的主导者, 而中国是全球货物中间品进出口的最大买方, 但是数据并不能证明中国的贸易增加值有明显的提高。谷戈等 (Goger et al., 2014)[④] 根据 OECD 的 Capturing the Gains (CTG) 项目结果发现, 非洲国家通过参与 GVC 获得贸易规模增长和市场份额的提升, 但是贸易收益相对有限, 具体表现就是国内增值部分较低。根据对园艺、家电和旅游三个产业价值链剖析, 批发、零售和旅游业跨国公司分别是这些行业的 GVC 的治理者。

[①] Francois, Joseph and Kenneth Reinert. 1996. "The Role of Services in the Structure of Production and Trade: Stylized facts from Cross - Country Analysis," Asia - Pacific Economic Review, 2: 35 - 43.

[②] Altomonte, et al. Global value chains during the great trade collapse: a bullwhip effect? [J]. Paolo Baffi Centre Research Paper, 2011.

[③] Baldwin, Lopez Gonzalez. Supply-chain Trade: A Portrait of Global Patterns and Several Testable Hypotheses [J]. The World Economy, 2014.

[④] Goger, et al. Capturing the Gains in Africa: Making the most of global value chain participation [Z]. OECD Background Paper, 2014.

（二）贸易中服务增加值的计算方法

为了适应全球价值链贸易发展趋势，OECD 和 WTO 近年来联合开展了贸易增加值统计方法核定，并在此基础上建立了 TiVA 数据库，为测算全球价值链贸易提供了基础。贸易增加值是指一国出口贸易中的国内增值部分，其中出口增加值还可分为国内直接增加值和进口中间品增加值。同时 TiVA 在世界投入产出表的基础上，分解出了各国各行业出口中服务增加值。与总的贸易增加值的结构对应，出口贸易中服务业增加值也分为国内和国外两部分，而国内服务业增加值又可以分为三个部分：总出口中国内服务业直接增加值、总出口中国内服务业间接增加值、总出口中国内服务业再进口增加值。其具体结构表如表 5-29 所示。

表 5-29　　　　　　　　　出口贸易中服务业增加值构成

	总出口	总出口中国内服务业直接增加值	总出口中国内服务业间接增加值	总出口中国内服务业间接增加值	总出口中国内服务业再进口增加值
H 国家 1 部门	—	—	—	—	—
H 国家 2 部门	—	—	—	—	—
F 国家 1 部门	—	—	—	—	—
F 国家 1 部门	—	—	—	—	—

资料来源：OECD 数据 TiVA 数据库。

因此，总出口中国内服务业增加值 = 总出口中国内服务业直接增加值 + 总出口中国内服务业间接增加值 + 总出口中国内服务业再进口增加值，并将其确定为贸易服务增加值，用来衡量一国参与全球价值链服务所带来的贸易收益。

二、实证分析和回归结果

（一）变量选择和数据来源说明

1. 被解释变量

（1）服务出口中国内服务增加值，根据出口中国内增加值的计算方法，本书计算出 TiVA 数据库中服务出口中国内服务增加值比重，表示一国通过服务业开放参与全球价值链，获得的出口服务增加值，记作 SVA。

（2）货物出口中国内服务增加值，由于服务业在全球价值链中，不仅推动了全球服务贸易规模，同时服务作为中间投入要素，也提高了货物贸易规模，根据出口中国内增加值的计算方法，本书计算出 TiVA 数据库中货物出口中国内服务增加值比重，用来衡量一国通过服务业开放参与全球价值链，获得的货物出口的服务增加值，记作 MVA。

SVA 和 MVA 之和为一国总出口贸易服务增加值，作为衡量服务对贸易收益的贡献指标。

2. 解释变量

（1）服务业 FDI。用以衡量服务业开放程度，服务业跨国公司投资的规模化指标，数据来源于 OECD 数据库。

（2）全球价值链参与指数（GVC participation index）。代表一国在全球生产中垂直分工中的程度，这一指数由两个指数之和构成，一个是垂直专业化率 VS（VS = 中间品进口/总产出），VS 表示出口中进口的比重，衡量一国出口中进口要素的比重，但是这只是一国参与全球价值链的一部分，为了对这一指数进行完善，全球价值链参与指数的另外一个指数是 VS1，表示一国货物和服务出口作为其他国家出口中投入要素的比例，VS 和 VS1 之和等于全球价值链参与指数（Koopman，et al.，2012）[1]、（Miroudot，et al.，2013）[2]、（Liapis and Tsigas，2014）[3]，记住 INDEX，数据来源于 TiVA 数据库。

（3）货物进口和货物出口，全球价值链中，服务作为中间投入要素为货物贸易提供增值服务，本书假设货物贸易基础也是其中的一个重要变量，并分为货物进口和货物出口。数据来源于 OECD 数据库。

由于贸易增加值数据的统计时间较短，本部分实证能够获得的基础数据年份为 2007 年、2008 年、2009 年三个年份，截面数据为 34，属于短面板数据。

3. 变量统计描述和系数矩阵

根据数据的统计描述（见表 5 - 30）和相关系数矩阵（见表 5 - 31）的情

---

[1] Koopman, Wang, Wei. Tracing value-added and double counting in gross exports [R]. National Bureau of Economic Research, 2012.
[2] Miroudot, Rouzet, Spinelli. Trade Policy Implications of Global Value Chains [J]. 2013.
[3] Liapis, Tsigas. TRADE IN VALUE ADDED OF AGRICULTURAL AND FOOD PRODUCTS [J]. 2014.

况，基本可以进行回归分析。

表5-30 贸易收益效应实证设计的各变量统计描述

	lnSVA	lnMVA	lnSFDI	lnINDEX	lnMI	lnME
均值	10.23733	9.584502	9.105602	-0.648041	11.71401	11.66345
最大值	13.07101	12.48023	12.22777	-0.292350	14.57692	14.21463
最小值	7.323897	4.680278	4.743401	-1.075817	8.107741	8.039265
标准差	1.257603	1.600016	1.387034	0.179877	1.290161	1.316501
观测值个数	102	102	76	102	102	102

表5-31 贸易收益效应实证设计的相关系数矩阵

	lnSVA	lnMVA	lnSFDI	lnINDEX	lnMI	lnME
lnSVA	1.000000					
lnMVA	0.838169	1.000000				
lnSFDI	0.673323	0.491156	1.000000			
lnINDEX	-0.395053	-0.455877	-0.050416	1.000000		
lnMI	0.892448	0.974743	0.576643	-0.452331	1.000000	
lnME	0.853807	0.978380	0.553567	-0.359097	0.975573	1.000000

（二）实证研究结果

1. 模型的选取

在处理截面 N 相对较大、时间跨度 T 相对较小的短面板数据时，一般采用静态面板数据模型。为了分别研究服务业 FDI 对各国服务出口、货物出口中服务增加值的贡献率，本书分别建立模型对 SVA、MVA 进行回归，为了获得服务业 FDI 的长期影响，以及与全球价值链参与指数的相互影响，本书为此分别采用 FDI 的线性和二次型，以及服务业 FDI 与全球价值链参与指数交叉项，来分析对 SVA、MVA 的影响，构建计量模型如下：

$$\ln SVA_{ij} = \alpha_0 + \alpha_1 \ln SFDI_{ij} + \alpha_2 \ln INDEX_{ij} + \alpha_3 \ln(SFDI \times INDEX)_{ij} + \alpha_4 \ln ME_{ij} + \alpha_5 \ln MI_{ij} + \varepsilon_{ij} \quad (5-56)$$

$$\ln SVA_{ij} = \beta_0 + \beta_1 \ln SFDI_{ij} + \beta_2 (\ln SFDI_{ij})^2 + \beta_3 \ln INDEX_{ij} +$$

$$\beta_4\ln(\text{SFDI}\times\text{INDEX})_{ij}+\beta_5\ln\text{ME}_{ij}+\beta_6\ln\text{MI}_{ij}+\varepsilon_{ij} \quad (5-57)$$

$$\ln\text{MVA}_{ij}=\alpha_0+\alpha_1\ln\text{SFDI}_{ij}+\alpha_2\ln\text{INDEX}_{ij}+\alpha_3\ln(\text{SFDI}\times\text{INDEX})_{ij}+$$
$$\alpha_4\ln\text{ME}_{ij}+\alpha_5\ln\text{MI}_{ij}+\varepsilon_{ij} \quad (5-58)$$

$$\ln\text{MVA}_{ij}=\beta_0+\beta_1\ln\text{SFDI}_{ij}+\beta_2(\ln\text{SFDI}_{ij})^2+\beta_3\ln\text{INDEX}_{ij}+$$
$$\beta_4\ln(\text{SFDI}\times\text{INDEX})_{ij}+\beta_5\ln\text{ME}_{ij}+\beta_6\ln\text{MI}_{ij}+\varepsilon_{ij} \quad (5-59)$$

2. 模型稳定性检验

为了避免伪回归，确保估计结果的有效性，必须对面板序列的平稳性进行单位根检验（见表5-32）。

表5-32　　贸易收益效应实证设计的变量单位根检验结果

检验方法	含截距		含截距和趋势	
	LLC	IPS	LLC	IPS
变量	统计量（p值）	统计量（p值）	统计量（p值）	统计量（p值）
lnsva	-7.420038 (0.0000)	-7.245069 (0.0000)	-7.507307 (0.0000)	-7.215620 (0.6898)
lnmva	-7.848548 (0.0000)	-7.589617 (0.0000)	-7.928888 (0.0000)	-7.887256 (0.0000)
lnsfdi	-7.051546 (0.0000)	-6.996337 (0.0000)	-6.878939 (0.0000)	-6.813185 (0.0000)
lnindex	-10.32743 (0.0000)	-10.68604 (0.0000)	-10.36677 (0.0000)	-11.37465 (0.0000)
lnmi	-7.627117 (0.0000)	-7.635805 (0.0000)	-7.293531 (0.0000)	-7.300478 (0.0000)
lnme	-8.734366 (0.0000)	-8.737185 (0.0000)	-8.630291 (0.0000)	-8.643093 (0.0000)

由于LLC（Levin-Lin-Chu）检验以及PP-Fisher Chi-square检验结果都拒绝存在单位根的原假设，因此序列是平稳的（见表5-33）。

表 5-33　　　　　　　贸易收益效应实证设计的 KAO 协整检验

	SVA	MVA
t 统计量	-4.179621	-3.751617
P 值	0.0000	0.0001

KAO 统计量显示两个模型均存在协整关系。

3. 模型回归结果

同时对模型的稳健性进行检验,本书用 VS 用来代替全球价值链参与指数进行回归,在 1% 的置信区间上显著,（见表 5-34,表 5-35）表明模型是稳健性。

表 5-34　　　贸易收益效应实证设计的模型回归结果（SVA 为因变量）

$\ln SVA_{jt}$	模型（5-66）	模型（5-67）
$\ln SPDI_{jt}$	-0.119665 (0.080112)	-0.515659 *** (0.149098)
$(\ln SPDI_{ij})^2$		0.021017 *** (0.006902)
$\ln INDEX_{jt}$	-0.041136 (1.071674)	0.186910 (.3351617)
$\ln(SFDI \times INDEX)_{ij}$	-0.118553 (0.118111)	-0.158824 (0.108326)
$\ln MI_{jt}$	0.524637 ** (0.198230)	0.880445 *** (0.214977)
$\ln ME_{jt}$	0.344930 (0.193152)	0.002953 (0.208633)
C	0.463608 (1.032113)	2.006710 * (1.067483)
观测值	76	76
调整 R^2	0.994572	0.995502
采用模型	个体固定效应模型	个体固定效应模型

注：*** 表示在 1% 的显著性水平下拒绝存在单位根的原假设,即回归系数在 1% 水平上显著。* 表示在 10% 的显著性水平下拒绝存在单位根的原假设,即回归系数在 10% 水平上显著。

表 5-35　　　　　　　　　模型回归结果（MVA 为因变量）

lnMVA$_{jt}$	模型（5-68）	模型（5-69）
lnSFDI$_{jt}$	-0.021573 (0.077924)	0.015769 (0.158845)
(lnSFDI$_{ij}$)^2		-0.002110*** (0.007273)
lnINDEX$_{jt}$	-1.137877 (1.087168)	-1.155505 (1.099073)
ln(SFDI × INDEX)$_{ij}$	-0.013810 (0.118732)	-0.010137 (0.120122)
lnMI$_{jt}$	0.163883 (0.144692)	0.164608 (0.146659)
lnMR$_{jt}$	1.010769*** (0.136457)	1.011037*** (0.138143)
C	-4.735213*** (0.845858)	-4.898304*** (1.067483)
观测值	76	76
调整 R^2	0.940942	0.942017
采用模型	个体随机效应模型	个体随机效应模型

注：*** 表示在1%的显著性水平下拒绝存在单位根的原假设即回归系数在1%水平上显著。

4. 实证结果分析

第一，服务业 FDI 对各国出口贸易服务增加值影响：根据模型（5-56）、（5-57）的结果，服务业 FDI 对服务出口贸易服务增加值短期影响为负，长期影响为正，可能是短期服务业跨国公司是通过服务要素进口来进行生产，长期由于生产率的要素溢出效应，使得东道国行业生产能力提高，因此出口贸易服务增加值提高；根据模型（5-58）、（5-59）的结果，服务业 FDI 对各国货物出口贸易服务增加值短期没有显著影响，长期影响为负，说明服务业跨国公司并不能提高各国货物出口中的国内服务增加值。

第二，根据模型（5-56）、（5-57）、（5-58）、（5-59）的结果，全球价值链参与指数对各国出口贸易服务增加值都没有显著的影响，这与利亚皮斯和西加斯（Liapis and Tsigas, 2014）的结论也基本一致，而且与服务业 FDI 交叉项也没有显著影响,这与预期假设不符,主要是数据年份太少的原因造成。

第三,根据模型(5-56)、(5-57)、(5-58)、(5-59)的结果,货物贸易进口、出口的基础对 SVA 和 MVA 的影响各不相同,其中进口对 SVA 影响为正,而且积极显著,出口对 MVA 的影响为正,并且积极显著。这两个基础都说明各国在全球价值链中贸易服务增加值都与货物贸易的基础相关,服务是其中重要的投入要素。

此外,由于数据的获得性问题,本节实证检验的数据来源 OECD 国家,大多数是发达国家,其实证的结论代表着 OECD 国家的实际情况,为了进一步说明发展中国家的问题,在本书第六章将以中国为代表个案,分析发展中国家在全球价值链出口中的贸易收益。

第四节 贸易区位效应的实证检验

一、理论模型

由于目前关于贸易区位效用实证研究相对较少,本书以藤田昌九、保罗·克鲁格曼和安东尼·J. 维纳布尔斯(2005)[①]的国际模型作为基础,推导国际贸易中心与贸易有关的服务业集聚路径。

(一)基于三地区的国际贸易与城市功能模型的理论框架

假设在全球经济中,存在 A 国的城市 1、城市 2 和 B 国的城市 0,三个地区之间可以开展贸易,但劳动力只能在城市 1 和城市 2 之间流动。假设劳动是唯一的生产要素,记城市 0 的劳动力为 L_0,令 A 国的劳动力总数为 1,城市 1 的劳动力份额为 λ,城市 2 的份额便为 $1-\lambda$,三个城市的收入表示为:

$$Y_0 = L_0 \tag{5-60}$$

$$Y_1 = \lambda W_1 \tag{5-61}$$

[①] 保罗,克鲁格曼,藤田昌久,安东尼·J. 维纳布尔斯. 空间经济学:城市,区域与国际贸易[M]. 中国人民大学出版社,2005:177-190.

$$Y_2 = (1-\lambda)W_2 \quad (5-62)$$

假设产业只有制造业部门，使用生产要素劳动力来生产产品，其生产方式以 D-S 模型生产，产品在不同城市之间运输存在成本，如果产品在国内两个地区运输，国际贸易的成本为 T_0 每一产品只有 $1/T$ 能达到目的地，如果将产品从本国运动国外去，则每一单位产品只有 $1/T_0$ 到达城市 0，从城市 1、城市 2 向城市 0 运输的成本是一样的，得出以下的价格和工资方程为：

$$G_0 = [L_0 + \lambda(w_1 T_0)^{1-\sigma} + (1-\lambda)(w_2 T_0)^{1-\sigma}]^{1/1-\sigma} \quad (5-63)$$

$$G_1 = [L_0 T_0^{1-\sigma} + \lambda w_1^{1-\sigma} + (1-\lambda)(w_2 T)^{1-\sigma}]^{1/1-\sigma} \quad (5-64)$$

$$G_2 = [L_0 T_0^{1-\sigma} + \lambda(w_1 T)^{1-\sigma} + (1-\lambda)w_2^{1-\sigma}]^{1/1-\sigma} \quad (5-65)$$

$$W_1 = [Y_0 G_0^{\sigma-1} T_0^{1-\sigma} + Y_1 G_1^{\sigma-1} + Y_2 G_2^{\sigma-1} T^{1-\sigma}]^{1/1-\sigma} \quad (5-66)$$

$$W_1 = [Y_0 G_0^{\sigma-1} T_0^{1-\sigma} + Y_1 G_1^{\sigma-1} + Y_2 G_2^{\sigma-1} T^{1-\sigma}]^{1/1-\sigma} \quad (5-67)$$

假设存在另一种生产要素土地，根据藤田昌九、保罗·克鲁格曼和安东尼·J. 维纳布尔斯（2005）空间经济学模型论述，由于空间的存在使得城市在向心力的离心力的共同作用下，假设存在拥塞成本，其中 $(1-\lambda)^\delta$ 和 λ^δ 表示城市 1 和城市 2 的拥塞成本，代入方程（5-66）和方程（5-67），得到城市 1 和城市 2 的实际工资为：

$$\omega_1 = w_1(1-\lambda)^\delta/G_1 \quad (5-68)$$

$$\omega_2 = w_2 \lambda^\delta/G_2 \quad (5-69)$$

由式（5-68）和式（5-69）可得，劳动力城市分布系数为 λ，当城市 1 的人口增加时，城市 1 的工资水平就会下降，而且实际工资下降的速度会更快，而 λ 则是根据各个地区的实际工资水平与整个经济中的平均工资的差异来调整的。

（二）贸易自由化对城市产业集聚度的影响

图 5-2 表示劳动力分布系数 λ 和国际贸易成本 T_0 关系，实线表示稳定的均衡，虚线表示不稳定的均衡，当国际贸易成本较低的时候，两个城市劳动力分布是相等的，当国际贸易成本较高时，两个城市的劳动力规模不再对称。

当 T_0 较低时表明经济开放程度较高，每个城市生产的产品倾向于销往国外城市 0，如果城市 2 的每一单位劳动力转移到城市 1，会使得城市 1 的市场增大，城市 1 的区位吸引力就增大。但由于城市 1 的产品市场在国外，国内市场小，因为城市后向关联效应弱，同时劳动力的涌入使得城市拥塞成本提高，因此又回到均衡模型。即当 T_0 较低时候，均衡是稳定的。

随着 T_0 变高，企业越发依赖国内市场，劳动力涌入使得城市1的后向关联效应增强，但拥塞成本变高，均衡取决于这二者相互作用的结果，这种均衡变得不稳定。如果初始时刻是两个规模相等的城市，根据空间经济学模型对拥塞成本的进行动态衍化，最终人口不会只集聚在一个城市。因此假设两个城市规模不一致，城市1规模较大，拥有关联效用和拥塞成本，城市2规模相对较小。

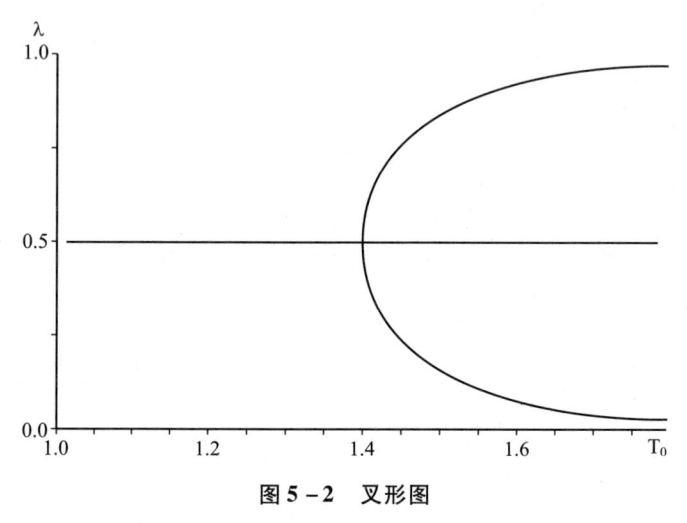

图 5-2 叉形图

资料来源：保罗·克鲁格曼，藤田昌久，安东尼·J. 维纳布尔斯. 空间经济学：城市，区域与国际贸易 [M]. 中国人民大学出版社，2005：177-245.

根据图 5-2 可得以下结论，即：国际贸易壁垒的降低使得两个城市规模差异会逐渐变小，由于规模较小的城市上离外国市场也很近，因此这个城市的劣势变得越来越来越小，城市规模越来越大，直到达到分岔点，国内两个城市规模相等。

此时来研究分岔点的特征，在 $\lambda = 0.5$ 附近将模型线性化，求出 d_ω/d_λ 的表达式（$d\omega = d_{\omega_1} - d_{\omega_2}$），根据模型中的条件，可得：

$$\frac{d\omega}{d\lambda} \frac{\lambda}{\omega} = \frac{Z(2\sigma - 1)}{[\sigma + Z(\sigma - 1)(\sigma - 1)]} - \delta \quad (5-70)$$

其中，$Z \equiv \frac{1}{2} \left[\frac{G}{W}\right]^{1-\sigma} (1 - T^{1-\sigma})$ \quad (5-71)

方程式（5-70）是前向关联和后向关联的表达方式，第一项总是为正，代表城市向心力，第二项表示城市集中的成本。

当 dω/dλ > 0，均衡不稳定；当 Z = 0，dω/dλ < 0，而且 dω/dλ 随着 Z 的增大而变大，如果拥塞成本足够小，dω/dλ 将为正。

Z 的大小取决于各参数取值，如果考虑对外运输成本，Z 随着成本的增加而增加，因此 T_0 增加，由于贸易成本上升，出口价格增加，因此 G 增加。由于出口价格上升，使得出口市场份额下降，因此劳动力工资 w 减少。Z 是 T_0 的增函数，因此较高的国际贸易成本会使得对称均衡点不稳定，进而会形成两个规模不相等的城市，即非堆成均衡。当 δ 越高、L_0 越高、T 越低，T_0 的临界值越高，此时城市 1 和城市 2 规模可能会相等。因此，拥塞成本越高，使得城市集聚能力减弱；而城市劳动力越高，城市的开放程度就越高，企业出口份额越高。国内运输成本越低，使得城市规模越趋进。

从以上模型分析可以得出如下结论，即：国际贸易引起城市人口和制造业的分散，但是这些产业中的企业的选择是什么。下面引入空间经济学的产业集聚和贸易开放的静态模型来分析。其主要基于两个核心能力，即向心力和离心力。向心力是指企业倾向于围绕上游企业而形成集聚，离心力产生于每个城市的消费者的最终需求。国际贸易会弱化向心力和离心力，因为企业可以偏向于使用更多的进口中间投入品，消费者可以倾向于消费更多地进口商品。

假设两个城市人口相等，提高城市的拥塞成本而促进劳动力流动，假设存在城市 0、1 和 2，以及两个产业，1 代表与贸易有关的服务业，2 代表制造业。产业部门以上标来表示，城市以下标来表示，L_j^i 表示 j 城市 i 产业雇佣的劳动力。

假设国外城市的两个产业部门雇佣的劳动力相等，即：

$$L_0^1 = L_0^2 = L_0/2 \tag{5-72}$$

假设国内每个城市的人口是固定的，即劳动力是不流动的，且均为国内总人口（单位值）一半，即：

$$L_j^1 = L_j^2 = 0.5 \tag{5-73}$$

劳动力根据工资差异在国内城市之间流动，由于同一城市的所有人的物价指数是一样的，因此工资差异主要是名义工资差异。各城市不同产业的物价指数为：

$$(G_j^i)^{1-\sigma} \sum_{K=0,1,2} L_k^i (w_k^i)^{1-\beta\sigma} (G_k^i)^{-\alpha\sigma} (T_{kj}^i)^{1-\sigma} \tag{5-74}$$

其中，α 和 β = 1 - α 分别是中间产品和劳动所占的份额，T_{kj}^i 表示产品 i 从 k 地区运到 j 地区的运输成本，每个产业国际贸易成本 T_0 和国内运输成本为 T。工资方程可以表达为式（5 - 75）、式（5 - 76）：

$$(W_j^i)^{\beta\sigma}(G_j^i)^{\alpha\sigma} = \beta \sum_{K=0,1,2} (G_k^i)^{\sigma-1} E_{kj}^i (T_{kj}^i)^{1-\sigma} \quad (5-75)$$

$$E_j^i = \left[\frac{W_j^1 L_j^1 + W_j^2 L_j^2}{2}\right] + \frac{\alpha W_j^i L_j^i}{\beta} \quad (5-76)$$

根据空间经济学模型公式（5 - 76）：

$$\frac{d_w}{d_L}\frac{L}{w} = \frac{Z}{\Delta}[(2\sigma-1)\alpha - Z(\sigma(1+\alpha^2)-1)] = \frac{Z}{\Delta}\left[\frac{\alpha(1+\rho)-Z(\alpha^2+\rho)}{1-\rho}\right]$$

$$(5-77)$$

其中，L 是 L_j^i 在均衡点的值，$\Delta > 0$，且：

$$Z \equiv L\left(\frac{G}{W}\right)^{\beta\sigma-1}(1-T^{1-\sigma}) \quad (5-78)$$

$\frac{d_w}{d_L}$ 在 Z 较小是为正，在 Z 接近单位值是为零（α < ρ），Z 随着 T_0 和 T 变化。由于 T_0 的变化会影响 $\frac{G}{W}$ 的取值，因此如果国际和国内贸易壁垒降低，均衡被打破，从而能使 $\frac{d_w}{d_L}$ 由负数变为正数，图2 为均衡打破可能出现的情况，当 L_0 分别取值为 1，2，10 时，得出三条不同的曲线 BB。曲线上方区域为稳定的，下方区域是不稳定的。经济越开放，即 T_0 越小，L_0 越高，经济不稳定的可能性越大。当不稳定的时，会动态的形成两个稳定均衡，即每个地区专门从事某一产业。

根据以上分析，我们可以得出结论，经济越开放，贸易自由化程度越高，生产者和消费者外向度会更高，位居主导地位的消费者会更少依赖当地厂商，而倾向于进口。

以上是开放的静态分析，下面我们引入动态过程，即劳动力可以在国内城市之间流动。此时，假设：

θ_i 为产业 1 在城市 i 中雇佣的劳动人份额，λ 表示城市 1 人口占比，得到式（5 - 79）、式（5 - 80）：

$$L_1^1 = \lambda\theta_1, \quad L_1^2 = \lambda(1-\theta_1) \quad (5-79)$$

$$L_2^1 = (1-\lambda)\theta_2, \quad L_2^2 = (1-\lambda)(1-\theta_2) \quad (5-80)$$

劳动力的流动方程为：

$$\dot{\theta}_1 = \gamma_\theta (w_1^1 - w_1) \theta_1 \tag{5-81}$$

$$\dot{\theta}_2 = \gamma_\theta (w_1^2 - w_2) \theta_2 \tag{5-82}$$

γ_θ 为调节速度，$\overline{w_i}$ 为城市 i 的平均工资，且有：

$$\overline{w_i} \equiv \theta_i w_i^1 + (1-\theta) w_i^2 \tag{5-83}$$

劳动力在两个城市之间流动的动态变化，且有：

$$\dot{\lambda} = \gamma_\lambda (\omega_1 - \omega) \lambda \tag{5-84}$$

γ_λ 是调节速度，ω_i 代表每个城市的实际工资水平，ω_1 和 ω_2 表示平均工资水平，$\overline{\omega}$ 是整个经济体的实际工资的平均水平，且有：

$$\omega_1 \equiv \omega_1 (G_1^1 G_1^2)^{-0.5} (1-\lambda)^\delta \tag{5-85}$$

$$\omega_2 \equiv \omega_1 (G_2^1 G_2^2)^{-0.5} \lambda^\delta \tag{5-86}$$

$$\overline{\omega} \equiv \lambda \omega_1 + (1-\lambda) \omega_2 \tag{5-87}$$

此时，根据模型取值得出国际贸易对城市产业功能的影响示意图，国际贸易运输成本为横轴，劳动力雇佣水平为纵轴，大致描绘出国际贸易成本变化对于开放型经济中不同城市产业功能的影响：

根据图 5-3 可以发现，以运输成本 T_0 为横轴，劳动力雇佣水平为纵轴，当以较高的 T_0 为初始值，城市 1 拥有较多的人口，该城市两种产业占比较高，L_1^1 表示城市 1 中产业 1 雇佣劳动力数，L_2^1 城市 1 中产业 2 雇佣的劳动力数，两者之和等于 L_1，城市 2 人口较少，而且都被一个产业 2 雇佣，因此 $L_2 = L_2^2$，$L_2^1 = 0$，因此规模较大的城市产业较多，不仅有制造业的集聚，同时与贸易有关服务产业开始发展，而规模小的城市，产业只能从事某一个产业。

当国际贸易壁垒降低的时候，规模较大城市人口会流入规模小的城市，消费者后向关联效应减弱，由拥塞成本引起的离心力会使得人口更加分散，城市 1 中的产业 2 会转移到城市 2，这使得城市 1 的产业 1（即与贸易有关的服务业）获得更多的劳动力资源获得发展，此时对外贸易起到平衡各地区各部门的产品供需关系，因此国际贸易的存在使得城市专业化程度更高，最初从事贸易的城市会进一步往服务的分工方向演变（如图 5-4 所示）。

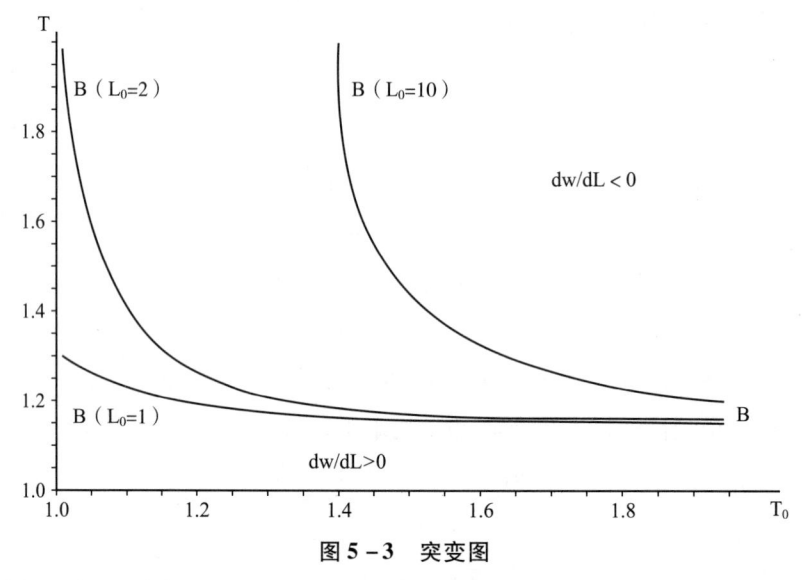

图 5-3 突变图

资料来源：保罗·克鲁格曼，藤田昌久，安东尼·J. 维纳布尔斯. 空间经济学：城市，区域与国际贸易 [M]. 中国人民大学出版社，2005：177-245.

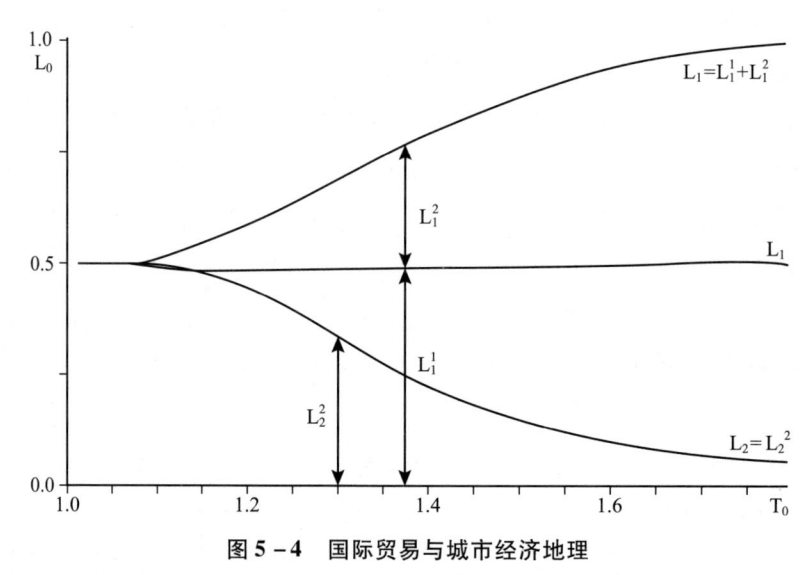

图 5-4 国际贸易与城市经济地理

资料来源：保罗·克鲁格曼，藤田昌久，安东尼·J. 维纳布尔斯. 空间经济学：城市，区域与国际贸易 [M]. 中国人民大学出版社，2005：177-245.

(三) 异质性对国际贸易中心城市功能影响

假设企业的异质性存在三种情况：第一，企业1和企业2同为制造企业，企业1的效率高于企业2的效率，根据城市1和城市2的就业分布，会存在两种情况，企业 1 和企业 2 同时选择城市 2，这进一步强化了城市 2 的制造业分工地位。另一种情况是效率低的企业会选择生产成本低的城市，即选择城市 2，而生产率高的企业会选择城市 1，当企业 1 进入城市 1 的时候，由于城市 1 本身的制造业人口较少，企业 1 如选择留在城市 1，企业 1 如果想在城市 1 获得发展，获得优势的服务业劳动力资源优势，一方面需要提高劳动生产效率；另一方面选择是提高服务的比重，后者也会进一步推动城市 1 的与贸易有关的服务的集聚。

第二，假设此时存在两个企业 1 和企业 2，假设企业 1 为服务业企业具有较高生产效率，对市场的接近度要求更高，因此贸易壁垒越高，越倾向于在当地生产，由于城市 1 的服务专业度较高，有更多服务业专业工人，且接近市场需求，因此企业 1 倾向于选择城市 1，随着企业 1 的集聚，更加强化了城市 1 的服务功能。企业 2 为制造业企业，其有两个选择，选择城市 1 的结果，面临的选择是上一个假设结果相同。如果选择城市 2，则城市 2 的制造业分工就越明显。

第三，假设此时存在两个企业 1 和 2，二者都为服务业企业，企业的 1 效率高于企业 2，企业 1 和 2 同时选择城市 1 的结果是强化了城市 1 的服务专业化，根据异质性贸易理论，由于市场规模的限制，生产率高的企业会倾向于选择出口，城市 1 的服务贸易功能扩大，城市外向联系变大，城市的全球服务能力提高，当城市的贸易流动呈现多方向的时候，城市呈现现代国际贸易中心城市的特征。

二、经验分析回顾

国内城市功能转型的实证中，刘庆林、廉凯（2009）[1]采用格兰杰因果检验法和路径分析法分析了服务业国际转移对中国国民经济总量的影响，发现服务业国际转移能够通过贸易、就业和技术等路径推动中国经济总量增长；采用地区比较分析法测算得出服务业国际转移能够提高劳动力素质、产业集聚水平和服务业劳动生产率。贺灿飞等（2012）[2]提出跨国公司的渐进式多次投资导

---

[1] 刘庆林，廉凯. 服务业国际转移经济效应分析：中国数据的验证 [J]. 产业经济评论，2009 (1)：94 - 110.
[2] 贺灿飞. 转型经济与服务业跨国公司区位分析框架：地理学核心问题与主线——中国地理学会 2011 年学术年会暨中国科学院新疆生态与地理研究所所建所五十年庆典 [C]. 中国新疆乌鲁木齐，2011.

致了公司内不同功能在相同城市的地理集聚，尤其是处于城市体系高端的城市具有吸引高端价值链功能的竞争力，呈现一定功能专业化趋势。张云飞（2014）[①] 通过动态面板广义矩估计（GMM）方法对城市群内产业集聚与经济增长的关系进行了实证检验，实证结果表明城市群内产业集聚与经济增长之间存在倒"U"型曲线关系，表现为"门槛效应"，即产业集聚初期推动经济增长，达到一定程度后，过度集聚引起的负外部性会抑制经济增长。陈海波和张悦（2014）[②]，选取 2004~2012 年江苏 13 个市统计数据，建立空间面板模型，结果表明外商直接投资不仅会对本市的经济产生促进作用，即直接效应，也会带动邻近市的经济发展，即间接效应。

三、实证分析和回归结果

由于纽约、伦敦等国际贸易中心城市的数据难以获得，数据样本较小将会影响回归结果，本书选取了中国的上海、北京、重庆、天津、广州、深圳等20个经济发达、开放度较高的城市和具有较大贸易规模和服务业跨国公司集聚度的城市作为研究样本。综合考量制造业和服务业开放，选择中国加入 WTO 之后的时间点，即从 2002~2013 年为观测期。

（一）变量选择和数据来源

根据贸易区位效应的机理和理论模型的基础，本书主要选择其中几个核心的指标进行回归指标统计量描述和系数矩阵结果分别见表 5-36 和表 5-37。

表 5-36　　　　　贸易区位效应实证设计的统计量描述

	SVA	TSV	CSV	TRA	EMP	FAI	SMC	MMC
均值	3042.939	1892.864	1066.227	1008.897	262.6492	1830.070	62.49741	60.98964
中值	2203.480	1206.847	776.2900	527.8000	212.6000	1395.200	20.00000	29.00000
最大值	14986.50	10808.60	4700.300	6139.400	874.7000	6101.700	502.0000	338.0000

[①] 张云飞. 城市群内产业集聚与经济增长关系的实证研究——基于面板数据的分析 [J]. 经济地理, 2014 (1): 108-113.

[②] 陈海波, 张悦. 外商直接投资对江苏区域经济影响的实证分析——基于空间面板模型 [J]. 国际贸易问题, 2014 (7): 62-71.

续表

	SVA	TSV	CSV	TRA	EMP	FAI	SMC	MMC
最小值	1.000000	206.0131	66.46720	25.20000	38.50000	170.0000	2.000000	9.000000
标准差	2654.933	1908.525	916.6597	1293.177	175.2600	1260.022	114.3801	72.88783
观测值数量	193	193	193	193	193	193	193	193

表5-37 贸易区位效应实证设计的系数矩阵

	SVA	TSV	CSV	TRA	EMP	FAI	SMC	MMC
SVA	1.0000000							
TSV	0.8027224	1.0000000						
CSV	0.7836403	0.9778102	1.0000000					
TRA	0.5488784	0.7436929	0.6830610	1.0000000				
EMP	0.5851561	0.6758711	0.6734597	0.2626067	1.0000000			
FAI	0.7174489	0.7931012	0.8252553	0.3858279	0.6755814	1.0000000		
SMC	0.6076035	0.7568331	0.7572518	0.5965260	0.6054253	0.5561199	1.0000000	
MMC	0.6141641	0.7712318	0.7572386	0.7553717	0.5340226	0.5193073	0.8031147	1.0000000

1. 被解释变量

（1）与贸易有关的服务业增加值，由于中国统计年鉴中并没有这个分类，本书根据序论确定的范围进行了数据的加总，主要包括：①交通运输、仓储和邮政业；②信息传输、计算机服务和软件业；③批发和零售业；④金融业；⑤租赁和商务服务业；⑥科学研究、技术服务与地质勘查业等行业的增加值之和，记为TSV。

为了同时比较其他分类方法的合理性，文本同时按照OECD和香港的分类方法，进行数据测算，一同加入回归方程，比较最终的回归结果和经济意义。

（2）服务业增加值，即代表OECD与贸易有关的服务业分类标准，其范畴基本包括中国统计年鉴行业分类中全部服务业，因此OECD的分类用样本城市第三产业增加值来表示，记作SVA。

（3）贸易服务业增加值，即代表香港与贸易有关的服务业分类标准，其范畴包括中国统计年鉴行业分类中的批发零售和运输服务业，因此用这两个行业增加值之和表示，记作SVA。

2. 解释变量

（1）国际贸易指标以 TRA 为解释变量。根据理论模型，国际贸易是城市功能转型的直接因素。目前大多数研究中国际贸易一般指货物贸易，根据中国对外贸易发展趋势，将服务贸易纳入国际贸易指标中，即 TRA 为各个城市服务贸易总量和货物贸易总量之和，数据来源于中国历年统计年鉴。

（2）服务业单位就业人数以 EMP 为解释变量。根据空间经济学理论，劳动力是开放条件下影响城市功能的重要变量，即当经济变得更加外向时，来自消费者的后向联系变弱，因此由拥塞成本而引起的离心力会使得人口变得更加分散，大城市的制造业人口向小城市制造业集中，而大城市劳动力向服务业集中，使得大城市服务功能提升，数据来源于中国历年统计年鉴、各城市历年统计年鉴。

（3）服务业固定资产投资指标 FAI 为解释变量，服务业 FDI 是服务业国际转移的重要形式，服务业 FDI 流入的直接效应就是带来投资资本。因此，服务业国际转移的资本效应有利于促进各个城市服务业资本形成与积累，进而推动城市功能的进一步形成，数据来源于中国历年统计年鉴、各城市历年统计年鉴。

（4）服务业跨国公司指标以 SMC 为解释变量。本书将服务业跨国公司集聚程度作为衡量国际贸易中心功能转型的重要因子，研究对与贸易有关的服务业集聚功能的影响效果。SMC 为服务业跨国公司在华机构（家），数据来源于全球 500 强公司及其在华投资企业概览、500 强公司官方网站。

（5）制造业跨国公司指标 MMC 为解释变量，由于服务业跨国公司是跟随制造业跨国公司，因此制造业的基础是服务业跨国公司的集聚、与贸易与有关的服务业集聚的基础。MMC 为制造业跨国公司在华机构（家），数据来源于全球 500 强公司及其在华投资企业概览、500 强公司官方网站。

（二）实证设计和回归结果

1. 实证模型的构建

根据本书第四章提出的贸易区位效应的假设，国际贸易中心城市吸引了与贸易有关的服务业的集聚，成为与贸易相关服务的中心，为了验证这一结果，本书同时验证 OECD 和香港贸发局提出的分类效果，分别对服务业增加值（SVA）、与贸易有关的服务业增加值（TVA）、贸易服务业增加值（CVA）进行模型回归，因此本书构建以下实证模型：

$$SVA = \alpha_i + \alpha_1 TRA_{it} + \alpha_2 EMP_{it} + \alpha_3 FAI_{it} + \alpha_4 SMC_{it} + \alpha_5 MMC_{it} + \varepsilon_{jt} + \pi_j + \mu_t$$
(5-88)

$$TVA = \beta_i + \beta_1 TRA_{it} + \beta_2 EMP_{it} + \beta_3 FAI_{it} + \beta_4 SMC_{it} + \beta_5 MMC_{it} + \varepsilon_{jt} + \pi_j + \mu_t$$
(5-89)

$$CVA = \gamma_i + \gamma_1 TRA_{it} + \gamma_2 EMP_{it} + \gamma_3 FAI_{it} + \gamma_4 SMC_{it} + \gamma_5 MMC_{it} + \varepsilon_{jt} + \pi_j + \mu_t$$
(5-90)

2. 稳健性检验

为了避免伪回归情况的发生，需要先对面板数据进行对单位根检验，以确定其平稳性。本书主要采用 LLC、IPS、ADF、PP 检验，通过单位根检验，是一阶单整。

在得出面板数据不存在单位根后，再检验面板数据是否存在协整关系。本书主要采用 Kao（1999）提出的统计量来检验，结果表明模型（5-88）、（5-89）、（5-90）变量均存在协整关系。其结果如表 5-38 所示。

表 5-38　　　　　　　　　Kao 检验结果

	t - Statistic	Prob.
模型（5-98）	-1.886030	0.0296
模型（5-99）	-3.100900	0.0010
模型（5-100）	-2.380040	0.0087

3. 实证结果分析。

为了检验模型的稳健性，本书用服务业 FDI 代替服务业跨国公司数量这一指标来对模型结果进行回归，结果如表 5-39 所示。模型（5-88）、（5-89）、（5-90）模型在 5% 的置信区间显著，说明模型的稳健性。

表 5-39　　　　　　　贸易区位效应实证设计回归结果

变量	模型（1）	模型（2）	模型（3）
TRA	1.082476 *** (0.107242)	0.999628 *** (0.078095)	0.361233 *** (0.041894)

续表

变量	模型（1）	模型（2）	模型（3）
EMP	8.477338 *** (1.503761)	5.243676 *** (1.035225)	1.913417 *** (0.604823)
FAI	0.561667 *** (0.051644)	0.245916 *** (0.036341)	0.196181 *** (0.022477)
SMC	17.88658 *** (4.835325)	10.60048 *** (3.235775)	7.266110 *** (1.894625)
MMC	-38.20712 *** (12.46700)	-22.13662 *** (8.151386)	-8.785951 * (4.879517)
常数	-102.6047 (472.0522)	-268.9372 (319.4338)	-83.75072 (190.8082)
观测值	207	194	195
调整后的 R^2	0.971854	0.977603	0.965199
采用模型	个体固定效应模型	个体固定效应模型	个体固定效应模型

注：（ ）内的值为回归系数标准差。*** 表示在1%的显著性水平下拒绝存在单位根的原假设，即回归系数在1%水平上显著。* 表示在10%的显著性水平下拒绝存在单位根的原假设，即回归系数在10%的水平上显著。无 * 表示在10%显著性水平下不能拒绝单位根的原假设，即回归系数在10%水平上仍不显著。

根据回归结果，可以得到以下结论：

第一，比较三个模型的 R^2，模型（5-89）的显著性最高，说明回归结果能够支持以上结论，即服务业跨国公司在国际贸易中心集聚的结果，主要体现为与贸易有关的服务业集聚。但是其他两个被解释变量的显著性也比较高，都超过0.9的水平，说明OECD和香港的分类都有经济上的合理性，即服务业跨国公司在国际贸易中心的集聚，不仅显著推动了贸易有关服务业的集聚，同样也推动了与批发零售等直接相关的服务业的集聚，而且推动了国际贸易中心从原来的货物集散向服务交易功能的转型。

第二，从解释变量对别解释变量的系数来看，在所有变量中，服务业跨国公司的集聚程度对与贸易有关服务业集聚拉动作用最大，证明了服务业跨国公司集聚对国际贸易中心城市经济发展中的重要作用。

第三，制造业跨国公司的规模与国际贸易中心与贸易有关的服务业增加值呈现显著的反向效应，这一定程度上与预期的结论不符合。这可能与我们样本选择的数据有关，因为制造业和服务业跨国公司数量选取的是财富500强的公司，由于这500强的选取是一个定量，因此使得制造业跨国公司的数值和服务业跨国公司的数值存在此消彼长的关系，因此回归呈现反向的趋势。

本章小结

从实证结果来看，与机理分析部分提出的四个假设基本符合，具体结论如下：

第一，无论是服务业FDI还是服务业跨国公司的经营活动都对贸易存在显著的正向作用，也就是说服务业跨国公司推动了全球贸易规模的增长。其中，服务业FDI对双边贸易的影响更显著，服务业跨国公司的经营活动对公司内贸易影响更为显著。此外引力模型基本适用于服务贸易的实证研究，市场规模、距离、贸易投资制度等变量对贸易规模都有显著的影响，但是这四个变量对FATS和BOP统计方式下的贸易效应有所区别，其中市场规模、距离对FATS影响的显著性更大，而贸易投资制度和货物贸易基础对双边跨境贸易流影响显著。

第二，各行业的异质性对出口有着显著、正向的作用，除了劳动生产率的影响外，每个行业其他解释变量的影响是不一样的，贸易服务业跨国公司除了生产效率的影响因素之外，企业的资产规模对出口有着显著的积极影响，信息业跨国公司则是研发投入，专业服务业跨国公司是生产成本，金融和保险业跨国公司是增加值。由于批发零售的网点和采购点对于贸易流具有重要的作用，因此其体现为资产规模，而在信息行业中，技术是重要的因素，因此体现为研发投入，由于专业服务业主要是人作为投入要素，劳动力成本是影响其经营的重要因素，劳动力成本越高，其实现的跨境贸易的规模越小，金融保险业的价值创造能力在其贸易创造中更加具有意义。

第三，根据OECD国家面板数据的实证结果得出，服务业FDI对服务增加值短期影响为负，长期影响为正。但是全球价值链参与的程度与各国国内服务增加值没有显著的影响，这与假设不符。各国在全球价值链中服务增加值都与货物贸易的基础相关,服务是其中重要的投入要素。这可能受到数据影响,回归结果一定程度上不能解释实际的情况。

第四,中国20多个城市的面板数据实证显示,服务业跨国公司在国际贸易中心集聚的结果,主要体现为与贸易有关的服务业,尤其是批发零售等服务业集聚,推动了国际贸易中心从原来的货物集散向贸易服务功能的转型。

第六章

服务业跨国公司对中国的贸易效应

自加入 WTO 后，中国服务业领域的开放度明显提高。按 WTO 划分的 160 个服务业部门，中国已经开放了 110 个部门，开放程度远高于发展中国家的平均水平，服务业跨国公司在中国的集聚程度明显提高。中国作为贸易大国，服务业跨国公司产生的贸易效应，尤其是对我国参与全球价值链的贸易收益具有显著影响。上海作为全球城市，服务业跨国公司不断集聚将推动国际贸易中心走向何方？

第一节 服务业跨国公司在中国的发展情况

服务业跨国公司在中国的发展可以追溯到 19 世纪 50 年代左右，如 1848 年英国东方银行在中国成立，1858 年渣打银行即在中国成立分公司[①]。而服务业跨国公司在中国的快速布局主要在中国"入世"之后，利用中国服务业开放的机遇，加大在中国的发展步伐。

一、服务业跨国公司在中国的发展阶段

服务业跨国公司在中国的发展阶段，在贺灿飞等（2012）[②]的研究中提到

---

① http://www.busyan.com/news/10705_1.htm.
② 贺灿飞，肖晓俊，邹沛思. 中国城市正在向功能专业化转型吗？——基于跨国公司区位战略的透视[J]. 城市发展研究，2012（3）：22.

可以分为三个阶段，即 1979~1991 年、1991~2001 年、2001 年以后，本书在此基础上进行了调整，提出新的三阶段论。

第一阶段，在 1979 年以前，其实早在 19 世纪以银行业跨国公司为代表的服务业跨国公司已经在中国发展，其主要为母国在中国的企业和个人提供服务，如 1848 年英国东方银行在中国成立，1858 年渣打银行即在中国成立分公司，20 世纪 30 年代是服务业跨国公司在中国发展的高峰时期，大量的贸易公司、银行等集聚在上海等口岸城市，尽管这样的开放是欧美国家殖民主义发展的产物，但是对于中国和世界的贸易往来发挥了积极的作用。

第二阶段，1979~2001 年，由于这一阶段我国开放还处于逐步的推进过程，尤其是服务业的开放显得更加谨慎，这段时间服务业跨国公司的发展主要是为制造业跨国公司在中国发展提供服务，更多呈现客户跟随的特点，例如物流、批发零售等与贸易相关的服务业跨国公司获得长足的发展。

第三阶段，2001 年中国入世之后，这一阶段既是中国大步开放，也是全球服务业跨国公司大发展的阶段，既有的制造业基础和中国巨大的市场空间，使得服务业跨国公司加大了在中国的布局，诸如银行、保险、零售、法律、专业服务、信息以及其他新兴行业服务业跨国公司不断进入中国。

二、服务业 FDI 趋势及特征

（一）服务业 FDI 规模

随着服务业跨国公司在中国布局加快，中国服务业利用外商直接投资快速发展，尤其是在 2001 年中国加入 WTO 以后发展速度尤为显著。中国服务业 FDI 主要由两部分构成：服务业跨国公司的直接投资和制造业跨国公司的直接投资，而主体来自于服务业跨国公司。受中国加入 WTO 的鼓舞，服务业实际利用外资金额快速上升。1997 年服务业实际利用外商投资为 120.6 亿美元，到 2014 年达到 741.0 亿美元，增长了 5 倍多（如图 6-1 所示）。

从图 6-2 可以看出，近年来服务业利用外资几乎与总利用外资金额同步变化，从 2011 年开始，服务业实际利用外商直接投资额占 50% 以上。此外，由于国内逐渐加深服务业对外资准入限制的取消，中国服务业利用外资的行业也逐渐开放。服务业外资的重点转向批发零售、金融、旅游。同时开放了通

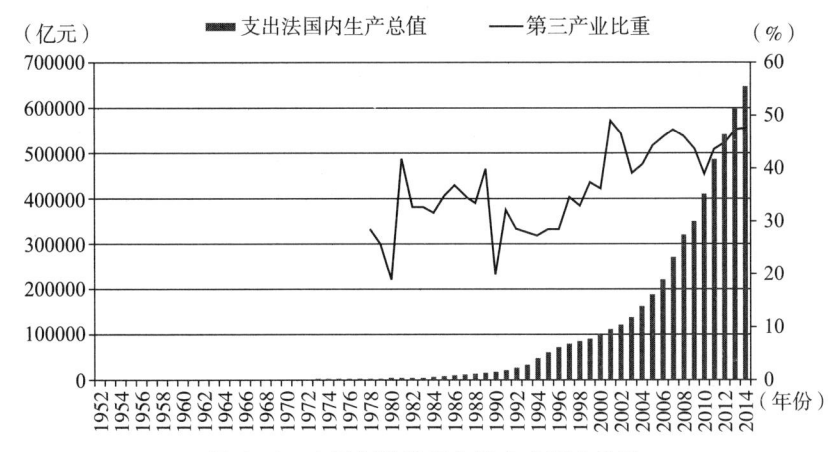

图 6-1 中国经济发展与服务业所占比重

资料来源：根据国家统计局数据整理。

信、会计、法律、咨询、航空运输和代理业务等。随着服务业利用外资的加深，服务业跨国公司也加快进入中国服务业市场的步伐，对中国未来的服务业发展产生深远的影响。从总量看，中国服务业FDI逐年增长，取得了比较大的进步。

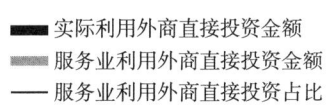

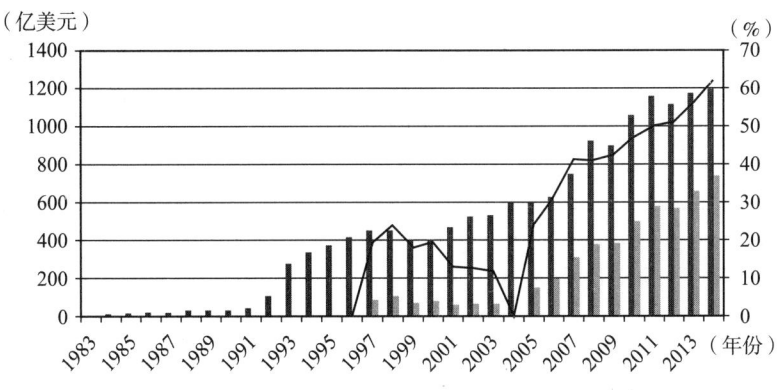

图 6-2 1983~2014年中国实际利用外商直接投资情况

资料来源：根据国家统计局统计数据整理。

（二）服务业FDI的行业结构

近年来，中国服务业已经形成了较为开放的格局，中国服务业吸引直接投资的增长较为稳定，外资在金融保险、运输、通信、旅游、零售、餐饮、广告、专业咨询、教育、医疗卫生、贸易、计算机及相关服务、建筑、房地产等服务部门中都发挥着积极的作用。服务业跨国公司所处的行业由最初的旅游设施、房地产和住宿餐饮业逐渐向多元化发展（见表6-1）。

表6-1　　　　　2006~2011年外商投资企业行业分布情况　　　　　单位：%

行业分布	2006年	2007年	2008年	2009年	2010年	2011年	2013年	2014年
批发和零售业	8.9	9.8	23.0	25.0	26.7	29.4	34.6	35.6
信息传输、计算机服务和软件业	4.0	3.8	28.8	28.4	26.7	23.3	16.5	15.4
租赁和商务服务业	6.8	7.1	13.6	14.3	14.5	15.1	16.5	15.7
房地产业	8.2	7.2	8.5	7.9	7.5	7.2	6.6	6.2
住宿和餐饮业	3.5	3.1	6.3	6.6	6.7	7.0	8.4	8.6
科学研究、技术服务和地质勘查业	3.9	4.4	5.4	5.7	6.2	6.5	7.1	7.4
交通运输、仓储和邮政业	2.7	2.5	4.6	4.7	4.4	4.2	4.3	4.0
金融业	0.1	0.1	1.8	2.1	2.3	2.6	3.3	3.5
居民服务和其他服务业	1.9	1.4	2.5	2.3	2.1	2.0	1.8	1.6
文化、体育和娱乐业	1.3	1.1	1.1	1.0	1.0	0.9	1.0	1.0
水利、环境和公共设施管理业	8.9	9.8	23.0	0.4	0.4	0.4	0.4	0.4
教育	4.0	3.8	28.8	0.1	0.1	0.1	0.2	0.1
卫生、社会保障和社会福利业	6.8	7.1	13.6	0.1	0.1	0.1	0.1	0.1
其他	8.2	7.2	8.5	1.3	1.2	1.2	0.3	0.4

注：国家统计局未公布2012年的服务业企业行业分布数据。
资料来源：根据国家统计局数据整理。

从2014年数据来看，服务业跨国公司在中国投资的行业主要分布在批发和零售、信息技术与租赁和商务服务业三大行业，这三大行业的企业占全部服务业的66.7%。随着信息技术与经济全球化不断地发展，外商在中国投资的主要行业从2008年开始发生变化。房地产业从2006年的22%份额下降到2014年的6.2%，从企业的绝对数来看，房地产企业数并没有减少，比例下降的主要原因是由于服务业跨国公司在中国其他行业迅速发展，企业总量快速增加，而房地产企业增加的速度较小。从近几年的服务业跨国公司行业分布来看,住宿和餐饮业、科学研究、仓储物流以及金融业都有所增加,但在所有行业中增加幅度最大的是金融业,金融业从2007年的301家增长到2014年的9924家,增长了30多倍,金融业跨国公司的快速发展与中国资本市场开放有很大的关系。

三、服务业跨国公司行业和区位分布及特征

(一) 行业分布

本书抽样选取选了财富500强跨国公司在中国投资的2600家服务业分支机构进行归类和整理,得出服务业跨国公司在中国的行业分布情况。

在中国加入WTO以前,服务业开放程度不高,服务业跨国公司投资的行业主要是金融业、科研和批发零售领域,从1985~1995年,服务业跨国公司在中国的布局速度比较缓慢。20世纪90年代末期,服务业跨国公司加速了在中国的布局,1995年新增服务业跨国公司分支机构84家,分布的行业也逐步拓展到信息、文化教育、交通运输仓储业(如表6-2所示)。中国加入WTO后,跨国公司在中国布局的一个显著特征是新兴领域的投资增多,例如租赁和商务行业。服务业跨国公司在中国的投资一方面体现了全球服务业跨国公司的发展趋势;另一方面也与中国的服务行业开放高度相关。

表6-2　1985~2012年跨国公司500强在中国新增分支结构的行业分布　　单位:家

行业	1985年	1990年	1995年	2001年	2012年
金融业	3	3	25	4	8
科学研究、技术服务和地质勘查业	1	1	12	5	—
批发和零售业	2	2	25	22	3
信息传输、计算机服务和软件业	—	—	4	7	1
租赁和商务服务业	—	—	3	4	3
文化、体育和娱乐业	—	—	2	2	—
居民服务和其他服务业	—	—	1	3	—
交通运输、仓储和邮政业	—	—	—	6	—

续表

行业	1985年	1990年	1995年	2001年	2012年
教育业	—	—	—	1	—
住宿和餐饮业	—	—	—	2	—
其他服务业	—	—	10	3	—
服务业总计	6	6	84	59	15
制造业	6	6	91	64	4
总计	12	12	175	123	19

资料来源：根据《财富500强》排行榜以及相关企业的网站整理。

根据抽样数据，2010年之后服务业跨国公司在中国的行业布局速度明显放缓，一方面与选取500强这样的固定基数有关；另一方面也说明行业开放存在一些"弹簧门"和"玻璃门"。总体来看，中国服务业的开放水平仍然较低，特别是现代服务业领域的开放仍然滞后。尽管中国已经承诺开放几乎所有服务部门，但是还有很多市场准入和国民待遇的限制，实际开放水平未达到承诺。上海自由贸易试验区成立以来进一步开放了金融、邮政、专业服务等领域，而且对于股本、年限、资产总额等限定都有调整，但是目前这些政策只是在试验区内部实行，还不能产生开放的溢出红利。

近年来，科技进步和通信技术的迅速发展衍生出来大量新型服务业，这些服务业与传统服务业开放诉求不同。服务业跨国公司出于利益独占和知识产权保护的考虑，更倾向于采取FDI的形式实现公司内贸易流动，但是中国在部分服务业领域股权的限定，使得这些服务业跨国公司更愿意将投资设在更加开放的国家，或者在中国缩短服务价值链，以跨境交付的方式进行交易，或将价值链的核心部分配置在其他国家或地区，这对中国承接服务国际转移很不利。

(二) 区域分布情况

从地区分布来看，服务业跨国企业主要分布在上海、北京、广州和天津等大城市。上海与北京更具吸引服务业跨国企业的综合优势，因此这两大城市中的跨国分支机构数远远大于其他城市。根据抽样统计，上海拥有的跨国企业数居首，有839家企业，其中服务业跨国公司有500家，占60%。其次是北京，拥有的跨国企业数是495家，其中服务业跨国公司有353家，占71%。服务业跨国公司集聚的城市分布与市场规模、产业基础以及制造业跨国公司的集聚相关（见表6-3）。

表6-3　　　　　　　跨国公司在中国主要城市分布情况　　　　　　　单位：家

城市分布	跨国企业总数	服务业	服务企业占总企业数比重（%）
上海	839	500	60
北京	495	353	71
广州	173	78	45
天津	166	59	36
苏州	135	23	17
深圳	129	69	53
南京	82	38	46
大连	72	39	54
无锡	61	10	16
杭州	58	22	38
成都	54	31	57
重庆	49	19	39
沈阳	48	22	46
武汉	45	24	53
青岛	44	18	41
厦门	34	17	50
东莞	33	4	12
西安	31	9	29
济南	26	15	58
宁波	26	7	27

资料来源：根据《财富500强》排行榜以及相关企业的网站整理。

第二节　服务业跨国公司的贸易效应

一、贸易规模效应

（一）服务业FDI和贸易规模效应

进入21世纪以来，中国服务贸易受国际直接投资的影响发展迅速。根据裴长洪等人对2000年以来服务贸易与服务业FDI关系的研究，FDI通过技术溢出和要素再配置促进了服务业增长，推动了东道国服务贸易规模提升。同时通过对美国、德国、瑞典和中国的服务出口、产业增加值以及 FDI 流入增速进行统计分析，中国的服务业 FDI 流入是典型的贸易创造型，两者都以约 20% 的年均增速发展，FDI 对服务出口的推动效应比较明显[①]。从图 6-3 也可以看出，中国服务业 FDI 与服务贸易关系几乎一致，两者的相关性高达 0.99，属于高度正相关。即随着服务业 FDI 的上升，服务贸易出口也随着上升。

图 6-3 服务业 FDI 与服务贸易出口的关系

资料来源：UNCTAD 和国家统计局。

（二）服务业跨国公司贸易规模效应

根据《2013 世界投资报告》统计的数据，在中国，2012 年外国跨国公司的附属公司占到了出口额的 50%、进口额的 48%。由于目前无法获得外国在中国的服务业跨国公司贸易额，本部分主要基于美国经济分析局 FATS 数据进行分析。

1. 美国服务业在中国经营情况

根据 FATS 数据，美国服务业分支机构在中国的销售额、净收益、雇员人数、FDI 和资产分别占美国服务业跨国公司总销售额、总净收益、总雇员人

---

① 裴长洪、杨志远. 2000 年以来服务贸易与服务业增长速度的比较分析 [J]. 财贸经济，2012 (11).

数、总 FDI 和总资产的 3%、1%、10%、2% 和 4%。根据中国统计局发布的数据，2012 年美国服务业 FDI 占中国服务业实际利用外资金额的 2%。在所有的经营指标中，只有雇员人数占了 10%，说明美国服务业跨国公司在中国的投资以劳动密集型为主。如表 6-4 所示，加拿大、爱尔兰、瑞士、英国、澳大利亚、日本、新加坡是美国服务跨国公司投资的主要目的地，这些国家基本以发达国家为主，爱尔兰近年来在服务外包领域表现不俗，受到美国服务业跨国公司的青睐。

表 6-4   2012 年美国服务业跨国公司在中国的经营指标与其他国家和地区的比较

国家和地区	销售额（百万美元）	净收益（百万美元）	雇员人数（千人）	FDI（百万美元）	资产（百万美元）
加拿大	3484452	852037	8049.8	228895	19904204
法国	93528	5908	292.3	1438	298626
爱尔兰	324136	119792	23.4	26841	1179671
意大利	78574	-1034	133.7	841	149915
西班牙	92259	1557	94.3	1031	100279
瑞士	306866	56248	75.95	8258	693604
英国	449078	58701	1286.9	26836	4920847
澳大利亚	229279	16506	226.9	19477	560942
中国	118869	11856	829.8	4819	197880
中国香港	96447	13418	96.2	-2785	374092
印度	50830	2529	752.7	3154	105584
日本	182404	10389	357.4	1320	1075497
韩国	130404	2508	73.3	790	199704
马来西亚	53769	4563	47	430	67031
新西兰	17595	1151	29.1	520	25101
菲律宾	8933	1241	144.1	150	22282
新加坡	259952	42351	112.9	12522	606802
中国台湾	17123	2821	59.4	401	64229
泰国	76051	5760	51.7	379	115419
世界	3484452	852037	8049.8	245576	5054177
中国占比	3%	1%	10%	2%	4%

资料来源：根据美国 BEA 网站数据计算。

2. 美国服务业跨国公司在中国的贸易规模效应

美国服务业跨国公司的国际生产活动显著推动了美国与东道国之间的双边贸易额，在 FATS 下中美之间的服务贸易规模在美国 FATS 服务贸易中占比约为 5%，为了进一步说明效果，本部分利用经验数据进行直观的解释。根据图 6-4，来自于美国的服务业 FDI 和 FATS 统计下中国向美国出口规模基本存在正向效用，而且出口贸易额要高于服务业 FDI 的规模，说明服务业 FDI 存在贸易规模效应，也与前面的结论基本吻合。

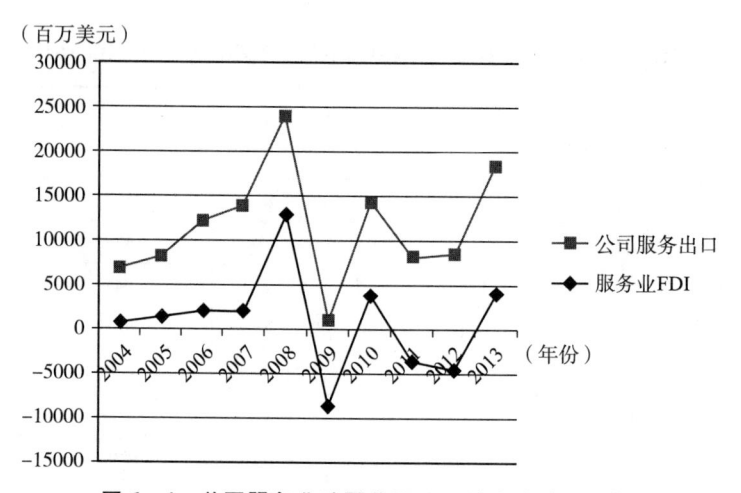

图 6-4 美国服务业跨国公司 FDI 流入和出口规模

资料来源：根据美国经济分析局数据整理。

根据表 6-5、表 6-6 美国服务业跨国公司在全球以及中国的销售流向的分析，美国服务业 FDI 在中国主要是市场寻求型，当地化销售比例达到 90% 左右，总体要高于货物。从同期美国服务业跨国公司在全球的销售流向来看，投资中国的跨国公司服务于当地市场趋势也高于整个全球的情况，一方面体现了服务业需要接近消费者的特征；另一方面也说明了中国市场的潜力。根据实证的结果，市场距离和贸易开放度也是影响因素，两国距离越近，贸易开放程度越高，服务业跨国公司在两国之间形成的贸易流量就更大，这也能在一定程度上解释服务业跨国公司带来的中美贸易流要低于发达国家的原因。

表6-5　　　2000~2012年美国服务业跨国公司在中国的销售流向　　　单位：%

年份	货物 当地	货物 美国	货物 第三方	服务 当地	服务 美国	服务 第三方
2012	74	8	18	89	4	6
2011	71	9	20	90	3	7
2010	70	8	22	88	5	7
2009	72	9	19	89	5	5
2008	75	9	16	84	10	6
2007	70	8	22	81	14	5
2006	66	7	26	81	15	4
2005	66	9	25	83	11	5
2004	74	7	19	82	12	6
2003	74	7	19	89	8	3
2002	71	8	21	88	9	3
2001	69	10	21	85	13	2
2000	68	12	20	90	9	1

资料来源：根据美国经济分析局（BEA）网站数据整理。

表6-6　　　2000~2012年美国服务业跨国公司在全球的销售流向　　　单位：%

年份	货物 当地	货物 美国	货物 第三方	服务 当地	服务 美国	服务 第三方
2012	55	11	34	72	8	20
2011	56	10	34	73	7	20
2010	56	10	34	72	8	20
2009	55	10	35	74	7	19
2008	55	10	35	74	8	18
2007	56	11	34	72	9	19
2006	57	11	32	73	8	19
2005	58	11	31	74	8	18
2004	59	11	30	78	8	15
2003	61	11	28	79	6	15
2002	60	12	28	79	5	15
2001	61	12	27	83	5	12
2000	61	13	26	86	4	10

资料来源：根据美国经济分析局（BEA）网站数据整理。

二、贸易结构效应

(一) 总体的贸易结构特征

近年来,中国服务贸易迅速发展,从总量来看,2015 年中国服务进出口总额 7130 亿美元,同比增长 14.6%。其中,服务出口 2881.9 亿美元,增长 9.2%;服务进口 4248.1 亿美元,增长 18.6%;服务贸易逆差为 1366.2 亿美元。根据图 6-5,20 世纪 90 年代,中国服务贸易占总贸易的比重较高,可能是当时中国贸易总量较低的原因。加入 WTO 之后,中国服务贸易保持较为平稳的发展,在 10%~12% 区间波动,服务贸易在中国总贸易的平均占比为 11%。2015 年,中国服务贸易占贸易总额的 15%,世界服务贸易占贸易总额的 20%,中国仍低于世界水平。

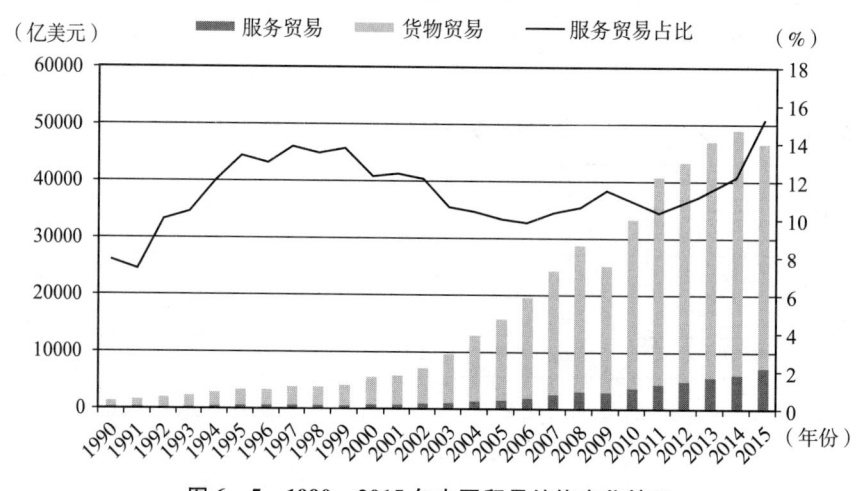

图 6-5 1990~2015 年中国贸易结构变化情况

资料来源:商务部商务数据中心网站。

(二) 服务贸易内部结构特征

近年来,中国服务贸易内部结构已发生一定的变化。图 6-6 和图 6-7 分别表示中国服务贸易进出口行业分布情况,中国服务贸易主要集中在旅游、运输和其他商务服务业三大行业,虽然近年来比重有所下降,但比重仍然较高。

进口中，旅游和运输等占比已从 1990 年的 85.4% 下降到 2015 年的 78.4%。其中交通运输服务占比下降比较明显，旅游服务有所上升，其他商务服务业保持较为稳定的发展。进口中，传统服务贸易出口比重从 1990 年的 75.9% 下降至 2015 年的 53.3%，其中，旅游服务出口轻微回升，运输业整体呈下滑趋势，其他商务服务业略有下降，金融服务、计算机和信息服务、保险服务等知识密集型行业所占比重一直较低。

图 6-6　1990～2015 年中国服务贸易进口结构变化情况

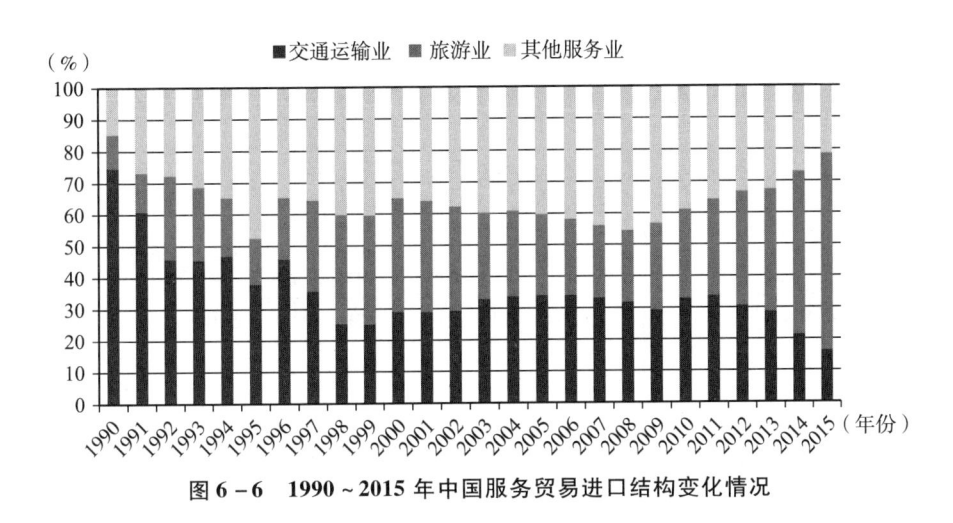

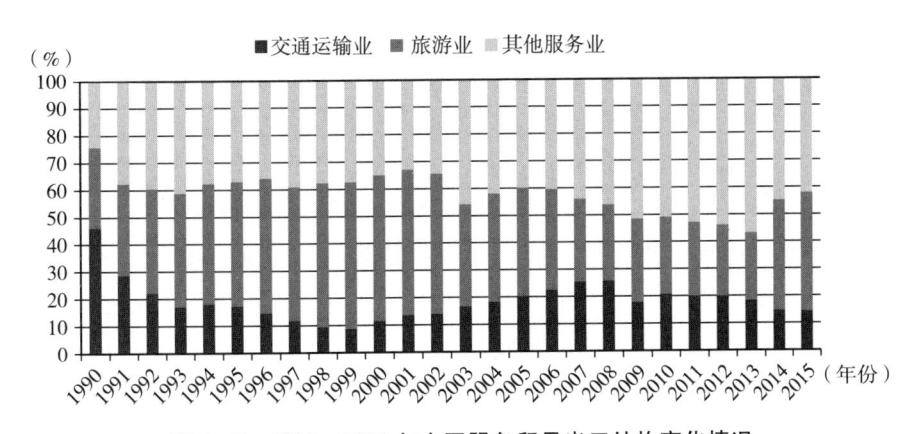

图 6-7　1990～2015 年中国服务贸易出口结构变化情况

资料来源：UNCTAD 数据库。

为了进一步认识商业存在形式的贸易结构，根据表 6-7 美国经济分析局公布的数据，美国服务业跨国公司在中国投资行业主要是批发和零售业，根据销售情况，行业排名依次为批发、零售、专业服务业、金融和信息，说明中美之间的 FDI 行业结构和贸易结构基本是匹配的。

表 6-7　美国服务跨国公司在中国行业分布

		2012 年	2011 年	2010 年	2009 年
批发	销售（百万美元）	38314	32734	27236	24755
	就业（千人）	52.9	52.7	46.3	44.4
	资产（百万美元）	27750	24359	18452	15815
零售	销售（百万美元）	15600	13490	10664	9074
	就业（千人）	61	52.8	80.1	118.5
	资产（百万美元）	9647	8832	7310	7301
信息	销售（百万美元）	2758	2845	2189	2153
	就业（千人）	19.7	18.7	16.7	14.4
	资产（百万美元）	3274	3128	2494	1825
金融保险	销售（百万美元）	2966	2642	1989	2388
	就业（千人）	8.9	8.3	6.8	9
	资产（百万美元）	45775	39333	34714	37726
专业服务业	销售（百万美元）	8223	7435	6115	4501
	就业（千人）	59	52.8	50	29.1
	资产（百万美元）	8595	7015	6302	4380

资料来源：根据美国经济分析局（BEA）网站数据整理。

因此，纵观中国服务贸易 20 多年的发展，无论是服务出口还是进口，传统服务贸易比重在不断地下降，中国服务贸易的结构不断在优化。但比对中国服务业 FDI 行业结构，二者并不匹配。一方面说明服务业跨国公司在中国投资主要是市场导向型；另一方面可能受到当前统计方法的限制，BOP 统计方法不包含商业存在形式的服务贸易，因此并不能准确反映服务贸易行业结构。

三、贸易收益效应

根据 OECD 的 TiVA 数据库提供的数据，我们整理了 1995 年、2000 年、2005 年和 2009 年中国各行业总出口服务增加值的比重（如表 6-8 所示），呈现两个特点。

第一，服务对制造业的贡献呈现明显的上升趋势，说明服务业跨国公司进入中国市场对制造业服务业化提升作用明显，物流、通信、商业服务等服务要素投入提高了货物贸易服务增加值。

第二，从服务本身来看，服务业 FDI 比重的不断上升并未对整个服务出口的增加值起到明显的提升作用，有的甚至存在恶化的情况，例如邮政、旅游出口中服务增加值在下降，可能存在如下原因：（1）服务业 FDI 在中国的投资以市场寻求型为主，出口贡献较少；（2）服务业 FDI 长期将对服务出口中贸易服务增加值改善有显著的提升作用，由于我国服务业开放的时间不长，这样的溢出效应并没有显现。

表6-8　　　　1995~2009年中国总出口中服务增加值的比重　　　　单位：%

行业	2009年 总计	2009年 国外	2009年 国内	2008年 总计	2008年 国外	2008年 国内	2005年 总计	2005年 国外	2005年 国内	2000年 总计	2000年 国外	2000年 国内	1995年 总计	1995年 国外	1995年 国内
总出口	29	11	18	27	11	17	27	12	15	28	6	22	27	4	23
农林牧渔业	11	2	10	10	2	9	10	2	8	11	2	9	9	2	7
采矿业	20	9	11	17	7	10	17	8	9	15	3	12	17	3	14
食品制造业	22	10	13	20	8	11	19	9	10	15	3	12	14	3	11
纺织服装制造业	22	8	14	21	8	13	20	8	12	21	6	15	20	5	15
印刷制造业	23	12	11	21	12	10	21	12	9	26	6	20	21	4	17
化工制造业	23	12	11	21	11	10	21	12	9	23	6	17	21	4	16
金属制造业	22	9	13	19	8	11	21	11	10	27	6	21	24	5	19
机器设备	27	14	13	25	11	13	24	11	12	24	6	18	24	5	19
电气设备	28	15	13	27	15	11	21	8	12	21	6	15	20	5	16
运输设备	27	13	14	25	12	13	24	12	12	23	6	17	23	4	18
资源回收	22	9	13	20	7	12	19	7	12	24	6	18	21	4	17
公共事业	23	8	15	21	7	14	21	8	12	21	4	17	—	—	—
建筑	50	9	41	48	9	39	47	10	37	55	5	50	53	4	49
旅游业	75	4	71	75	4	71	74	5	70	70	4	67	79	4	75
邮政运输	66	6	61	65	6	59	65	6	58	70	4	67	75	3	72
金融	90	4	85	89	5	84	89	5	83	91	2	89	82	4	78
商务服务	64	4	60	64	5	58	62	5	56	68	5	63	66	4	62
其他服务	71	8	64	70	7	63	68	7%	61	74	4	69	76	6	70

资料来源：根据 OECD 数据计算所得。

为了进一步解释以上结论，本书引用鲍尔温和冈萨雷斯（2014）①提出的 Revealed Comparative Intermediates Production Advantage，即中间品要素生产的比较优势。2009 年中国各行业中间要素的生产和世界各行业中间要素的生产如图 6-8 左边部分所示，而前者和后者之差即表示中国的中间品要素生产的比较优势。由图 6-8 可看出，中国在初级产业和大多数的制造业行业存在正向的中间品要素生产的比较优势，但是在服务业存在负优势，说明中国在服务业中间要素生产中没有比较优势，而中国大量的服务品中间要素来自于进口，2009 年这个比重高于 1995 年的数据，这与本书之前的结论相符。鲍尔温和冈萨雷斯（2014）同时提出 I2P 贸易矩阵，在货物中间要素矩阵中，中国、美国、

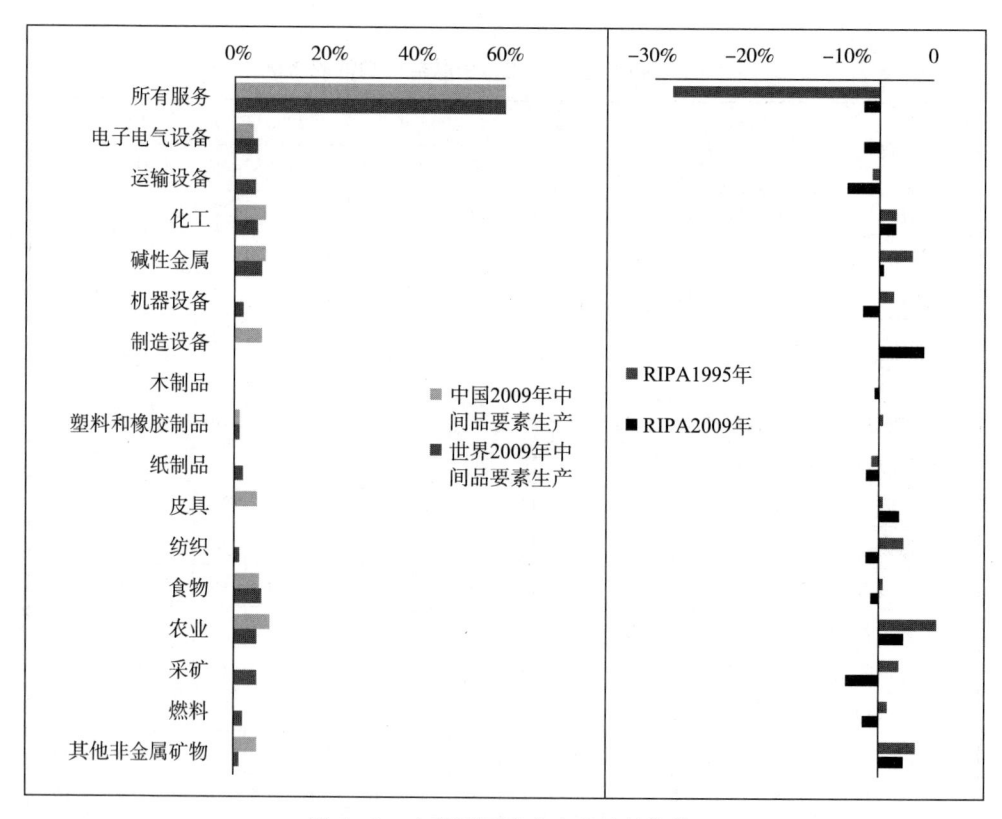

图 6-8 中间品要素生产的比较优势

资料来源：Baldwin，Lopez Gonzalez. Supply-chain Trade：A Portrait of Global Patterns and Several Testable Hypotheses [J]. The World Economy，2014. P. 49.

---

① Baldwin，Lopez Gonzalez. Supply-chain Trade：A Portrait of Global Patterns and Several Testable Hypotheses [J]. The World Economy，2014. P. 20.

德国和日本是全球中间要素最大的进口和出口国，中国皆排名第一，占比分别为13%和11%，而在服务中间要素品贸易中，中国和日本几乎地位无足轻重，美国是全球服务中间品要素的最大进口和出口国，而其贸易伙伴主要是欧盟国家。

长期中服务业FDI对东道国服务出口中服务增加值具有显著和积极的作用，中国服务业的开放提高了货物出口的服务增加值，而对服务自身的效用没有显现，服务要素的比较优势没有显现，说明中国服务业开放的程度仍然不够，服务要素的流动便利化程度也不够。

四、贸易区位效应

根据国际贸易中心理论，具有港口优势的城市通常发展成为国际贸易中心城市，并带来与贸易有关的服务业跨国公司的集聚，这些跨国公司的集聚又将推动国际贸易中心从传统的货物贸易中心向服务贸易中心转变，下面笔者将以上海为例进行论述。

（一）上海国际贸易中心地位的确立

与伦敦、纽约、东京、新加坡、香港等城市一样，上海凭借港口优势、制造业腹地优势成为全球重要的货物贸易中心，而这一过程，与服务业跨国公司在中国的发展历程相呼应。1843年11月，上海正式开埠后，随着西方各国的商人、冒险家、淘金者的蜂拥而入，成为诸如渣打、东方银行等早期在中国布局的服务业跨国公司的集聚地。

20世纪30年代，上海一跃成为亚洲最重要的国际贸易港口，并集聚了商业批发企业8300多家，约占全国的1/3。上海建有全国规模最大的纱布交易所和中国机制面粉交易所。1935年，上海有银行机构182个，另有11家信托公司、48家汇划钱庄、3个储蓄会和1家邮政储蓄金汇业局，并且建有远东最大的外汇市场、黄金交易市场和证券市场[①]。这是上海作为国际贸易中心城市早期的发展特征，由于政治、社会、经济等原因，其后长达半个世纪的沉寂，使上海落后于日本东京、中国香港和新加坡等亚洲城市。

---

① 张娟. 酝酿与突破——崛起中的上海国际贸易中心［J］. 国际市场，2009（7）：9.

随着改革开放的深入,上海重新获得国际贸易中心地位。2016年上海统计年鉴显示,2015年上海全市对外贸易总额从2000年547.1亿美元增加到4517.3亿美元,增长7倍多,占全国同期总值的11.4%。上海市口岸服务办公室政府公告数据显示,2015年全年上海口岸进出口总值从2000年的1093.11亿美元增长到10939亿美元,增长近10倍,创上海口岸进出口货物总值历年新高,占全国进出口货值的27.6%。上海港在全球集装箱港口排名中,更是连续六年排在首位。

(二)与贸易有关的服务业跨国公司的集聚

1. 服务业跨国公司的集聚和贸易规模效应

根据国际贸易中心发展的经验来看,货物贸易的集聚必然带来服务业的集中。在20世纪30年代,上海国际贸易中心发展中已经呈现了这样的特征。改革开放之后,上海重新提出国际贸易中心建设,尤其是在2003年以后上海提出实行服务业领先开放战略,第三产业合同外资金额持续增长,上海外资项目主要集中在第二产业的情况发生根本性的转变,外商投资不断进入金融、商贸、物流、专业服务等与贸易有关的服务业领域,2015年,上海服务业实际吸收外资159.38亿美元,占上海市实际利用外资的比重达到86.3%(见图6-9)。

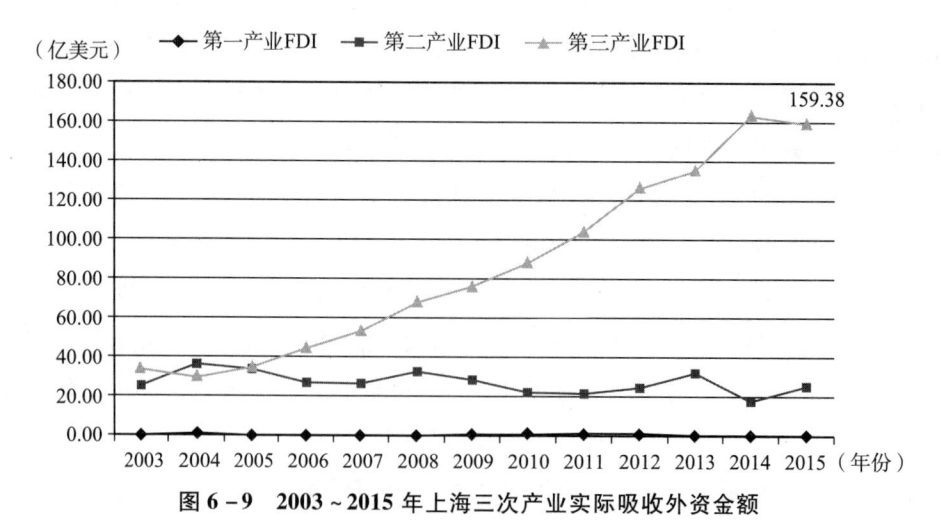

图6-9 2003~2015年上海三次产业实际吸收外资金额

资料来源:2004~2016年上海统计年鉴。

进一步联系 FDI 流入和上海服务出口可以发现，上海服务业 FDI 流入也是典型的贸易创造型，如图 6-10 所示，上海服务业 FDI 增速以年均 22.5% 的速度增长，上海服务的出口则以年均 24.7% 的增速发展，而上海第三产业的增加值则以年均 13.9% 的增速增长，FDI 对服务出口的带动效应比较明显。

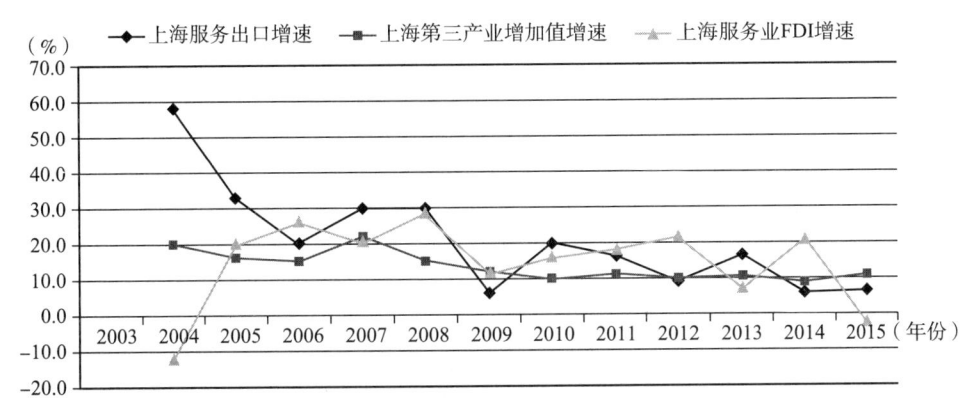

图 6-10 上海服务业 FDI 和服务出口的关系

资料来源：根据上海商务委、上海统计局网站整理。

2. 与贸易有关的服务业跨国公司集聚特征显著

根据财富 500 强跨国公司在中国投资的 2600 家服务业分支机构抽样数据显示，上海主要集聚的是与贸易有关的服务业，包括批发零售，交通运输、仓储和邮政业，租赁和商务服务业这三个领域。从企业数来看，批发零售业跨国公司 12613 家，交通运输、仓储和邮政业 1584 家，租赁和商务服务业 6197 家。根据上海市商务委提供的数据显示，2013 年这三个领域分别占在沪服务业跨国公司服务销售收入的 60.9%、14.5% 和 13.7%，合计占比为 89.1%，因此，如果按 FATS 统计方法来衡量，服务业跨国公司的行业集聚度和服务贸易行业集中度基本保持一致性。而在 BOP 统计下，上海服务贸易的行业结构主要是旅游、运输、咨询，这与服务业跨国公司的行业集聚度不相匹配。

为了进一步说明与贸易有关的服务业跨国公司的贡献，同时利用海关数据库的资料，解析出贸易中间商在进出口贸易中的贡献，如图 6-11 所示。

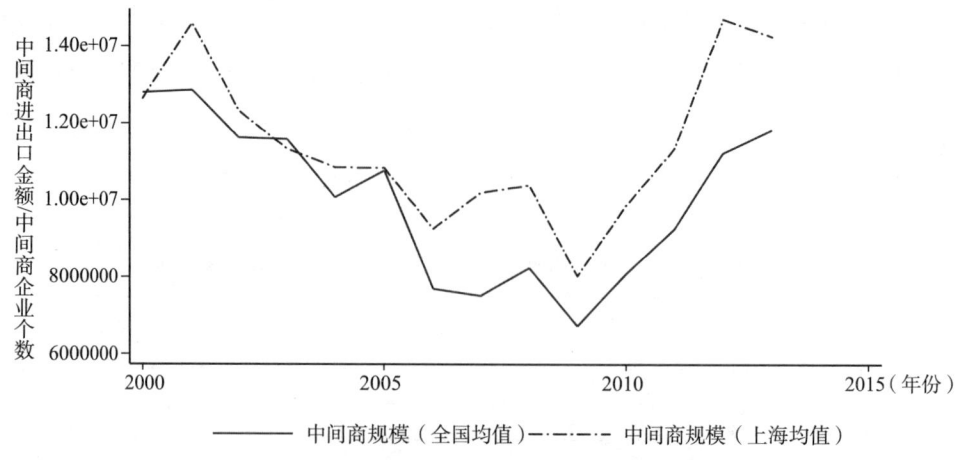

图 6-11 上海与中国贸易中间商集聚度的比较

资料来源：根据中国海关数据库相关资料整理。

由图 6-11 可见，上海贸易中间商的规模明显高于全国的均值，证明了上海作为国际贸易中心对贸易服务业跨国公司的集聚力，这些贸易中间商在上海的进出口贸易中发挥着重要的平台作用，所实现的进出口占总进出口份额的 35% 左右。

(三) 上海作为现代国际贸易中心的地位逐步确立

1. 在中国的贸易地位

服务业跨国公司的进入，不仅使得上海在与贸易有关的服务业跨国公司集聚上一枝独秀，而且确立了上海作为国际服务贸易中心的地位，2000~2015 年，上海服务进出口总额占同期上海对外贸易总额的比重也有较大提升，如图 6-12 所示，上海服务进出口总额的外贸占比从 2000 年的 12.6% 提高到 2015 年的 30.3%。2015 年上海服务进出口总额占全国服务进出口总额的比重已由 2000 年的 12% 上升到 27.6%，其中，进口占比 33.9%，出口占比 18.2%，较 2014 年进口占比上升 0.9 个百分比，出口占比下降 4.0 个百分点。上海服务贸易进口和出口均位居全国首位，对全国服务贸易的贡献度进一步提高。

图 6-12　2000~2015 年上海服务贸易贡献度情况

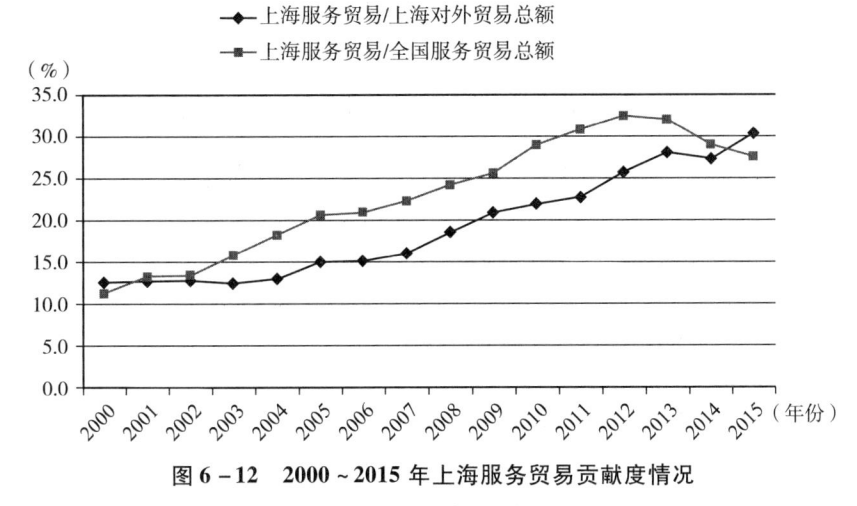

资料来源：中国商务部、上海市商务委、上海统计局网站。

2. 在全球的贸易地位

上海作为全球第一大集装箱口岸，与贸易有关的服务业跨国公司不断集聚，提高了服务作为中间要素投入，提高了贸易运转的效率。按照本书第四章新加坡和中国香港在全球贸易中的排名方法，2006 年上海在服务贸易中排名第 31 位，2015 年排名第 13 位，服务业跨国公司的集聚带来上海服务贸易规模和地位的提升。随着上海服务业 FDI 占比提高，部分加工制造业跨国公司的搬离，有研究认为上海制造业的离散化会导致上海产业的空心化和国际贸易中心地位的丧失。笔者根据上海市历年统计数据测算，近几年来上海制造业的效率指数和人均产值一直高于服务业，而且服务业效率指数和人均产值也在逐年增加，说明服务业外资集聚不仅没有导致制造业空心化，而且提高了货物贸易的服务增加值比重和制造业的生产效率。按照同样的方法，本书比较了上海在全球贸易中的地位，2006 年上海排名为 30 位，2015 年排名为 18 位，说明上海对全球贸易货物的集散功能和服务能力在不断提高。因此，服务业跨国公司的集聚不仅使得上海作为传统国际贸易中心的地位得到巩固和提高，而且使得上海在中国和全球服务贸易流动中发挥越来越重要的中心作用。

3. 服务业跨国公司的区位效应

根据以上经验数据可见，在全球呈现的"贸易—投资—服务纽带"的新贸易模式当中，由于区位的优势、贸易规模优势和与贸易有关的服务业跨国公司集聚的优势，上海在其中扮演着越来越重要的作用。根据本书前文贸易区位效应的机理论述和实证结果,服务业跨国公司的集聚将带来国际贸易中心与贸易有关的服务业集聚,如图6-13所示2003年上海与贸易有关的服务业增加值占服务业的比重为63%,2015年达到75%。其中,批发零售业占比在30%以上,更加印证了贸易中间商的作用。

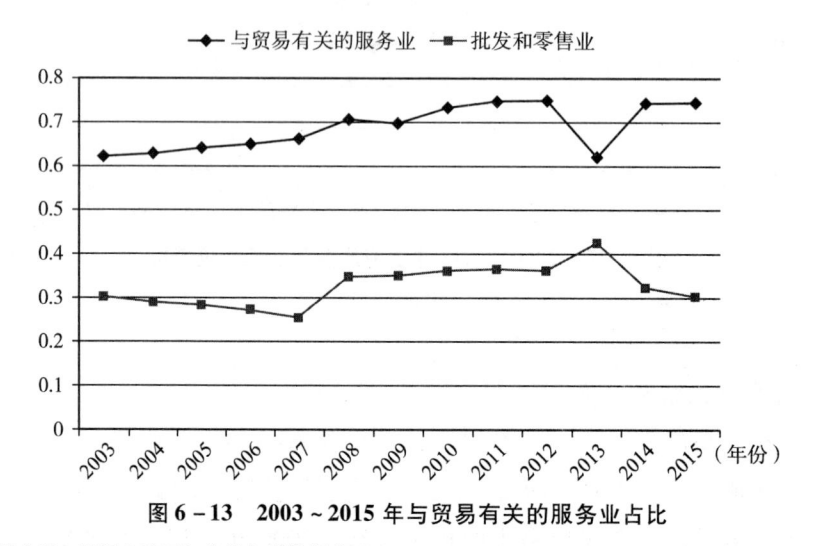

图6-13 2003~2015年与贸易有关的服务业占比

资料来源:根据上海历年统计年鉴数据整理。

上海正从传统贸易中心的货物集聚转向服务贸易中心集聚,与贸易有关的服务业跨国公司与货物之间的服务能力和网络拓展能力在增强,成为全球价值链的重要组成部分。因货物的制造高度分散,需要跨国公司内部和跨国公司之间通过贸易商的方式连接上游和下游之间的关系,因服务业跨国公司的异质性,与贸易有关的服务业跨国公司具有自己独到的发展路径,使得上海这样的城市从传统国际贸易中心走向国际贸易服务的中心。

但是与纽约、伦敦等国际贸易中心城市相比,上海作为国际贸易中心的话语权较低,主要表现为本土服务业跨国公司的缺失,在过去的相当长时期内,贸易主体主要是外资企业,这些外资企业或者以成本为导向,或者以市场为导向,决定了上海贸易结构层次较低,在资源配置话语权与定价权不足,因此上海需要具有本土的服务业跨国公司,才能对发挥对全球价值链的控制作用,实现贸易服务增加值收益。

第三节 政策建议

一、进一步扩大服务业开放的领域

无论是从全国还是从上海服务贸易的增长来看,服务业开放和服务贸易自由化无疑是最直接推动力。但目前服务贸易开放主要体现在服务业开放,因此还需进一步扩大服务业开放和探索服务贸易自由化,重点在于跨境交付、商业存在和自然人移动领域的先试先行,进而在全国复制和推广。

1. 跨境交付:以进一步开放计算机相关服务为核心

在信息与通信技术和服务模块化技术推动下,跨国公司的产品生产模式发生了重大变化,产品全球同步销售以及与之相适应的控制核心服务工序和制造工序必然使跨国公司母子之间、跨国公司子公司之间的业务联系更加密切。由于服务模块化技术使跨国公司最终服务产品形成过程中产生了中间产品,并采用商业业务流程外包(BPO)、信息技术外包(ITO)和知识流程外包(KPO)等主要方式来实现跨境交付。[①] 跨境交付占据了世界服务贸易近1/3的比重,涉及行业包括金融服务、运输服务、旅游服务等,甚至包括健康服务、教育服务等,主要依赖于通信和互联网基础,而以大数据产业为核心。大数据产业利用信息通信技术以及互联网技术,本身具有较长的产业链,包括数据提供者、存储商、分析和挖掘商,以及应用企业等,同时也是金融服务、运输服务、旅游服务等,甚至包括健康服务、教育服务等行业提供跨境交付的手段(张娟,2014)。新加坡极为重视大数据产业,不仅是世界网速最快的国家之一,也是全球数据管理中心,占东南亚第三方数据储存量和数据运营商的1/2,并成为全球数据管理枢纽中心[②]。

根据相关报道,全球数据中心逐渐从欧美向亚洲转移,其中日本大约占40%,新加坡以及中国香港占30%,马来西亚占少许市场份额[③]。目前重庆已

[①] 张娟. 服务贸易:新常态下创新路径 [J]. 开放导报,2014(6):22.
[②] 新加坡经验:大数据时代政府的角色 [J]. 信息系统工程,2013(12):9.
[③] 本报记者王沛霖. 国内最大离岸数据中心初具规模 [N]. 中国计算机报. 2013年11月5日。

经在建设离岸数据中心,建议在以上开放领域中,在中国自贸区开放离岸数据中心业务,承接离岸数据业务,促进互联网数据产业、商业数据分析等行业的发展,提高金融、运输、旅游健康、教育服务等行业提供跨境服务的手段①。

2. 商业存在:以进一步开放专业服务业为核心

从全球产业转移的角度来看,专业服务逐步向发展中国家转移,专业服务部门开放在某种程度上也促进国家和地区创新能力的提升,一方面提高生产制造业的效率,另外形成对东道国的专业服务业的生产率溢出效应,提高东道国专业服务贸易的竞争力。而中国制造业和服务业规模大但不强,主要原因是缺乏专业服务的支持作用。

目前在中国"入世"承诺中,专业服务业除了税务服务是完全开放之外,其他行业基本处于有限制的开放,因此,建议在外国进一步开放法律咨询业,探索密切中国律师事务所与外国(港澳台地区)律师事务所业务合作的方式和机制;进一步开放建筑设计、会计审计、检测检验认证等专业服务领域,降低或取消外资股权比例;进一步开放助产、护理、物理治疗和医疗辅助服务、经营性养老和残疾人服务,并且做好与社保体系和职业教育的衔接。目前在专业服务领域开放的最大限制,是从业资格的认定,建议放开职业资格互认(张娟,2014)。

二、完善 FATS 统计制度

美国是服务贸易统计制度建立最完善的国家,1985 年美国国会通过了《国际投资和服务贸易调查法》,对于服务贸易的主体资格、通过法律形式将服务从自愿的调查变为强制性措施,重新修订各种服务的定义,以更符合国际准则。在科学统计的基础上,美国对服务贸易的研究也在全世界居领先地位,其分类的合理性和数据的完善性,推动了服务业跨国公司的研究,目前大量的关于服务业跨国公司和服务贸易的研究数据来自于美国经济分析局的统计。尽管我国已经陆续开展了 FATS 统计,但是还没有科学的分类方法和完整的数据积累,因此得出的研究范围较窄,深度较浅,尤其是不能真实反映外国附属分支机构的经营情况。建议建立与国际接轨的完整的服务贸易统计分析制度。

---

① 张娟. 服务贸易:新常态下创新路径 [J]. 开放导报,2014 (6):24.

首先是法律权威和保密性。由于时代的限制，2004年7月1日施行的《中华人民共和国对外贸易法》对服务贸易经营资格、统计制度、促进制度的确定不是非常的明确，限制了中国服务贸易的发展，建议借鉴美国的国际投资和服务贸易调查法，修订《中华人民共和国对外贸易法》，确定将服务贸易统计作为强制性规定，同时确保资料的保密性要求，调查数据只可用于统计和分析，只有由指定政府机构的官员和雇员（包括顾问及承包商和他们的员工）可以获得这些数据，而且这一过程是要符合法律规定的（张娟，2014）[1]。

其次是确定行业监管部门在服务贸易统计上的法定权利，美国商务部经济分析局（简称BEA）是FATS的执行单位，建议我国的商务主管部门建立起专门的FATS统计队伍。

再次是完善统计标准和统计口径。目前我国FATS的统计主要通过外资联合年检来实现，但是都是一般的企业经营数据，包括就业、营业收入、销售额等指标，尤其重要的是提供的服务没有统计在内。建议借鉴美国的经验，形成明确的统计标准和口径，包括内向FATS和外向FATS两个方向。

最后是履行定期发布制度，我国的服务贸易统计应履行月度、季度和年度的公告制度，提供基本数据与分析报告供业界和学术研究，以提高政策制定、多双边谈判的有效性，更重要的是提高服务业企业开展市场调查和出口经营决策能力（张娟，2014）

三、完善服务贸易便利化制度

服务贸易规模的提升，除了与服务业FDI规模、服务业跨国公司经营情况以及东道国的市场规模有关外，贸易自由化和便利化是影响服务跨境流动的重要因素。根据世界银行发布的《2015全球营商环境报告》显示，全球贸易便利化水平最高的三个国家和地区分别是新加坡、中国香港和韩国，作为全球最大的进出口贸易国，中国的贸易便利化水平排名为98位，明显低于德国、美国、日本、加拿大、法国等其他贸易大国。而且，我国服务贸易流动的便利化程度还低于货物贸易便利化水平，因此我国需要进一步完善服务贸易便利化制度，提高服务贸易的便利性。具体建议如下：

---

[1] 张娟. 服务贸易：新常态下创新路径 [J]. 开放导报，2014（6）：25.

第一，深化国际贸易"单一窗口"建设，进一步优化贸易便利化流程和服务，推动口岸监管手续功能不断完善与拓展。加快区域通关一体化改革，依托长江黄金水道，研究创建长江流域大通关体制，探索服务长江经济带发展新模式，进一步提高通关效率。

第二，加快优化贸易便利化流程和政策宣传服务。加快亚太示范电子口岸网络建设。按照《亚太示范电子口岸网络倡议》，加快APEC亚太示范电子口岸网络建设试点，制定亚太示范电子口岸网络技术标准，基于亚太示范电子口岸网络推动建立若干跨境应用，积极推动构建跨经济体的组织协调机制。

四、加快推动上海国际贸易中心功能转型

首先，上海国际贸易中心建设体现国家对外开放战略的调整，全面提升中国在全球价值链位置中的重任，通过类似中国香港、新加坡的国际贸易功能的建设，进一步开放与贸易有关的服务业。

其次，加快培育本土服务业跨国公司。上海国际贸易中心建设要体现我国从贸易大国向贸易强国的战略要求。根据研究，服务业跨国公司主要来自于美国，因此美国不仅是全球货物贸易中间要素的进口国和出口国，而且通过服务业跨国公司的大发展，在全球价值链上获得贸易国内服务增加值，进一步验证了高级要素拥有者获得更大贸易收益的理论假设。因此，我国服务贸易地位的提高，需要形成具有国际竞争优势的服务业跨国公司，形成在全球主要区域的贸易网络。抓住服务业企业向上集聚的机遇，将上海打造为我国培育本土服务业跨国公司的重要平台，使得上海成为全国乃至全球的国际贸易的服务中心，提高我国在服务贸易中的话语权，使得我国获得更多的贸易服务增加值。

本章小结

本书在四个贸易效应分析框架下，用统计数据分析了服务业跨国公司在中国的贸易效应，得出以下结论。

第一，服务业跨国公司的发展对中国的贸易规模有着显著的推动作用。随着中国服务业的开放，以及巨大的市场吸引，越来越多的服务业跨国公司在中

国布局,服务业 FDI 规模提升对中国服务贸易规模提升具有积极作用。从经验数据来看,美国服务业跨国公司在中国的服务业 FDI 具有明显的市场导向型特征,但是仍然具有出口创造作用,从中国出口的服务约占总产出的 5%。

第二,服务业跨国公司的发展对中国总贸易结构和服务贸易内部结构改善没有明显的促进作用。根据经验数据分析,尽管中国迎来了服务业跨国公司的大发展,但是服务贸易在总贸易中的比重并没有显著提升,可能是中国的货物贸易基数大,服务贸易的发展对结构改善的效应不显著。此外,中国利用服务业 FDI 结构以及美国服务业跨国公司在中国的行业结构都与目前的服务贸易内部结构不相匹配,一方面可能是由于服务业 FDI 市场导向型特点;另一方面可能受制于统计数据,商业存在形式的服务贸易并没有被纳入分析,这导致行业结构的不匹配性。

第三,服务业跨国公司在中国的发展对贸易服务增加值有明显的提高,但是主要服务于制造业基础,因此在中国的货物出口中,服务发挥着重要中间投入要素的作用,但是却对中国服务出口中贸易增值作用贡献不大。这一方面与中国服务业开放程度不高、服务业跨国公司溢出效用不明显有关;另一方面可能也是受到服务贸易数据统计的限制,因此不能有效分析。

第四,服务业跨国公司在中国的集聚,主要分布在诸如上海等口岸城市,无论是实证还是经验的数据都证明,上海作为国际贸易中心城市,集聚了与贸易有关的服务业跨国公司,尤其是贸易类服务业跨国公司,这些公司的集聚不仅提升了上海作为货物贸易中心的地位,而且使得上海为全球货物贸易提供服务的能力越来越强。上海也成为全球价值链中重要的节点城市,但是上海本土服务业跨国公司的缺失使得上海在贸易中的话语权较弱。

基于以上的结论,本书建议我国应进一步扩大服务业的开放,重点在于跨境交付、商业存在和自然人移动领域的先试先行,进而在全国复制和推广。完善服务贸易统计制度,推动服务贸易便利化,并通过本土服务业跨国公司的培育,提高贸易中的服务增加值比重。

总结和展望

服务企业跟随制造企业的国际化开启了服务业跨国公司发展之路,20世纪60年代以后,一方面制造业和采矿业跨国公司为了提高全球国际化的经营效率;另一方面服务业企业将国际化作为自身战略发展的要求,推动了服务业跨国公司的发展。进入21世纪后,互联网、信息技术高速发展,服务业跨国公司获得新的发展源泉,推动了全球经济服务化和全球贸易方式的变化。服务作为中间投入要素,使得制造业生产的专业分工越来越细,价值的切片化和离岸化成为趋势,服务业跨国公司对全球贸易规模、结构,以及各国的贸易收益产生了深刻的影响。

服务业跨国公司在城市布局的特征显著,而这些城市基本都是国际性或者区域性的国际贸易中心,例如纽约、东京、新加坡、香港和上海等。因此,服务业跨国公司不仅对全球以及各国贸易产生重要的影响,而且使得所在地区与贸易有关的服务业高度集聚。

基于以上的假设,本书创新性地梳理了服务业跨国公司的范畴,包括国际化的服务企业,从制造业和采矿业跨国公司分离出的跨国服务机构和基于互联网发展的跨国公司,明确了分析对象,并且基于现有文献,在跨国公司理论、国际贸易理论、全球价值链理论和国际贸易中心理论的基础上创新性地提出了服务业跨国公司贸易效应的分析框架,并分解为贸易规模效应、贸易结构效应、贸易收益效应和贸易区位效应,通过机理分析、实证检验和案例分析,得出如下结论。

第一,服务业跨国公司推动了贸易规模增长。服务业跨国公司的全球化经营活动分为FDI、非股权和独立企业间贸易,独立企业间贸易本身就是贸易行为。服务业FDI在出口之前就存在,是商业存在形式的服务贸易,其中垂直型

FDI 具有贸易创造效用，混合型 FDI（以贸易平台 FDI 为主）是重要的贸易中间商，水平型 FDI 虽然以市场为导向，但也具有贸易规模效应，服务业 FDI 具有贸易规模效应。非股权模式就是通过契约或者合约的形式来生成贸易，替代服务业跨国公司的内部生产。因此，服务业跨国公司的大发展推动了全球服务贸易规模增长和服务业跨国公司内贸易的规模增长。本书通过实证检验和案例分析还得出，服务业跨国的贸易规模效应，不仅和服务业跨国公司自身的全球化经营程度有关，而且和母国、东道国的市场规模、贸易自由化的程度、市场开放度存在正向作用，与东道国和母国之间的市场距离存在反向作用。

第二，服务业跨国公司产生显著的贸易结构效应。一方面，由于服务业的异质性使得服务业跨国公司的全球化经营活动具有异质性，贸易、金融、专业服务业跨国公司较早开始国际化活动，具有较高的生产率，产生了较大的贸易规模，信息服务业具有可分割、可贸易等特质，国际化程度也较高，这些行业的贸易规模较大，在服务业贸易中占据较高的比重，形成了贸易结构效应。另一方面，由于贸易、金融、专业服务业跨国公司较早开展全球化活动，提高了全球相关服务行业的开放度和贸易规模，从这两个角度来看，服务业跨国公司具有贸易结构效应。根据实证结果，生产率越高，贸易规模越大，贸易规模效应越明显。

第三，服务业跨国公司具有贸易收益效应，提高了融入全球价值链中各国贸易服务增加值。服务作为全球生产和贸易活动中的中间投入要素，在全球价值链发挥着连接作用，服务业的特殊地区也决定了服务业跨国公司在全球价值链中的治理地位，而服务业跨国公司的全球价值链治理模式决定了参与国的贸易收益。实证检验证明，服务业 FDI 越高的国家，长期国内服务增加值收益越高，目前美国是全球服务贸易进口和出口的主导者，这是美国服务业公司在全球经济中的地位所决定的，也证明了高级要素资源集聚的国家在全球贸易中的收益越大。

第四，服务业跨国公司具有贸易区位效应，提高了国际贸易中心城市与贸易有关的服务业集聚能力，推动国际贸易中心城市从传统的货物贸易中心成为全球贸易服务的中心，直接体现为对城市的贸易有关的服务业增加值和就业贡献。本书通过对中国 20 多个城市数据进行实证检验，结果证明服务业跨国公司的集聚对城市与贸易有关的服务业集聚比服务业、贸易服务业的集聚效果更显著。

与制造业跨国公司相比，服务业跨国公司的异质性，以及现有统计制度的不完善，服务业跨国公司与贸易的关系仍然有待纵深研究，尤其是在全球价值链中，服务要素是如何嵌入制造业全球价值链的，需要何种贸易投资环境配套，才能提高一国在全球价值链中的地位？服务全球价值链又是如何形成，与制造业价值链的形成相比有何差异，产业开放和贸易便利化条件，是否是一国确立在服务全球价值链主导地位的必要条件？

我国的服务业 FDI 结构和贸易结构并不呈现明显的相关性，这究竟是因为服务业跨国公司在中国的市场导向布局所致，是中国现有的产业开放政策和服务贸易便利化机制影响了贸易流动的效率，还是中国现有的统计制度不能完全覆盖到商业存在形式的服务贸易，导致结论有偏差？

如果是服务业的行业垄断和不开放所致，那么我们如何通过有效地开放，既要打破行业垄断，实现服务业开放，又要通过有效的监管，实现服务业跨国公司的溢出效应？

如果是服务业跨国公司在中国的市场导向布局，导致我国只能发展具有相对优势的旅游、工程建筑、劳务输出等传统服务，依赖从发达国家进口信息技术生产性服务和知识密集型服务，这就意味着我国的服务贸易格局局限在低增值的水平上。那么我们如何改变这种格局？

如果是服务贸易保障制度不完善，那么如何制定出有效的贸易保障政策，既可以使本国服务贸易行业健康发展、全球价值链地位提升，又可以应对服务型跨国公司的进入？

参 考 文 献

[1] 保罗·克鲁格曼，藤田昌久，安东尼·J. 维纳布尔斯．[J]．空间经济学：城市，区域与国际贸易，2005：177-245.

[2] 保罗·克鲁格曼．地理和贸易 [M]．张兆杰，译．北京：人民大学出版社，2000：33.

[3] 本报记者王沛霖．国内最大离岸数据中心初具规模 [N]．中国计算机报．2013 年 11 月 15 日。

[4] 本刊编辑部．国际生产和发展的非股权经营模式——解读《2011 年世界投资报告》[J]．国际经济合作，2011（8）：4-10.

[5] 蔡伟贤．论服务业跨国公司资源的演进与内部治理 [D]．湘潭大学，2006.

[6] 蔡兴．论服务业跨国公司的内生成长 [D]．湘潭大学，2006.

[7] 蔡兴．服务业跨国公司的进入模式述评 [J]．上海商学院学报，2006（1）：22-26.

[8] 陈海波，张悦．外商直接投资对江苏区域经济影响的实证分析——基于空间面板模型 [J]．国际贸易问题，2014（7）：62-71.

[9] 陈建军，袁凯，陈国亮．基于企业异质性的产业空间分布演化新动力 [J]．财贸研究，2013（4）：11-20.

[10] 陈景华．企业异质性视角下中国服务贸易出口的影响因素——基于服务业行业面板数据的实证检验 [J]．世界经济研究，2014（11）：55-60.

[11] 陈雯，李强．全球价值链分工下我国出口规模的透视分析——基于增加值贸易核算方法 [J]．财贸经济，2014（7）：107-115.

[12] 陈艳林．外商在华直接投资集群化及其贸易效应研究 [D]．华中科技大学，2007.

[13] 陈艳林．外商在华直接投资集群化及其贸易效应研究 [D]．华中科

技大学，2007.

[14] 董有德，赵星星. 自由贸易协定能够促进我国企业的对外直接投资吗——基于跨国公司知识—资本模型的经验研究［J］. 国际经贸探索，2014（3）：44-61.

[15] 樊茂清，黄薇. 基于全球价值链分解的中国贸易产业结构演进研究［J］. 世界经济，2014（2）：50-70.

[16] 冯志坚. 服务业跨国公司的扩张与东道国经济［D］. 湘潭大学，2006.

[17] 付娟. 我国外商直接投资的服务贸易发展效应研究［D］. 辽宁大学，2008.

[18] 龚婷婷. 从直接投资角度分析中日韩贸易失衡［D］. 南京大学，2013.

[19] 何雄浪，杨继瑞. 企业异质、产业集聚与区域发展差异——新新经济地理学的理论解释与拓展［J］. 学术月刊，2012（7）：82-89.

[20] 贺灿飞. 转型经济与服务业跨国公司区位分析框架：地理学核心问题与主线——中国地理学会2011年学术年会暨中国科学院新疆生态与地理研究所建所五十年庆典. 中国新疆乌鲁木齐，2011.

[21] 贺灿飞，肖晓俊，邹沛思. 中国城市正在向功能专业化转型吗？——基于跨国公司区位战略的透视［J］. 城市发展研究，2012（3）：20-29.

[22] 贺胜兵，杨文虎. FDI对我国进出口贸易的非线性效应研究——基于面板平滑转换模型［J］. 数量经济技术经济研究，2008（10）：44-55.

[23] 胡迪锋. 发展中国家对外直接投资的贸易效应研究［D］. 复旦大学，2008.

[24] 胡宗彪. 企业异质性、贸易成本与服务业生产率［D］. 武汉理工大学，2013.

[25] 华德亚. 在华服务业跨国公司对我国服务业的影响及启示［J］. 石家庄经济学院学报，2007（5）：11-14.

[26] 吉宏，张明林，王学成. FDI对我国进出口贸易的影响［J］. 统计与决策，2007（19）：98-99.

[27] 姜巍，傅玉玢. 中国双向FDI的进出口贸易效应：影响机制与实证

检验 [J]. 国际经贸探索, 2014 (6): 15 - 27.

[28] 金芳. 服务业跨国公司当前的地位及影响 [J]. 世界经济研究, 1990, (4): 25 - 28.

[29] 鞠方, 刘兵权. 基于母国视角的我国服务业跨国公司发展理论 [J]. 求索, 2007 (1): 24 - 26.

[30] 科特金. 全球城市史: The city: a global history [M]. 社会科学文献出版社, 2006.

[31] 孔琳. 全球价值链分工及其派生的贸易模式 [J]. 前沿, 2013 (16): 95 - 96.

[32] 黎峰. 全球生产网络下的贸易收益及核算——基于中国的实证 [J]. 国际贸易问题, 2014 (6): 14 - 22.

[33] 李薇, 徐佳佳. 美在华FDI对中美贸易失衡的影响研究 [J]. 特区经济, 2011 (12): 94 - 96.

[34] 李真. FDI的贸易效应研究及实证检验——基于我国产业价值链、贸易结构和贸易利益视角的分析 [J]. 山西财经大学学报, 2009 (7): 15 - 21.

[35] 林艳. 全球服务业跨国公司的扩张对中国经济的影响 [D]. 东北财经大学, 2007.

[36] 刘兵权. 服务业跨国公司的发展与母国经济 [D]. 湘潭大学, 2006.

[37] 刘兵权. 基于母国视角的我国服务业跨国公司发展理论探析 [J]. 亚太经济, 2006 (1): 60 - 63.

[38] 刘兵权. 服务业跨国公司发展与母国经济的理论探析 [J]. 世界经济与政治论坛, 2006 (1): 33 - 38.

[39] 刘兵权, 彭菲娅. 服务业跨国公司的发展对母国出口的影响 [J]. 嘉应学院学报, 2007 (2): 50 - 53.

[40] 刘恩专. 外国直接投资的贸易效应分析 [J]. 中国外资, 1999 (3): 21 - 23.

[41] 刘恩专. 外商直接投资的出口贸易效应分析 [J]. 当代经济科学, 1999 (2): 65 - 70.

[42] 刘海洋, 孔祥贞, 汤二子. 基于微观异质性的新新经济地理研究 [J]. 财经科学, 2012 (4): 62 - 71.

[43] 刘家磊. 日本服务业跨国公司对中国直接投资结构分析 [J]. 学术交流, 2008 (11): 162-165.

[44] 刘丽萍. 全球价值链与贸易增加值的核算 [J]. 国际经济评论, 2013 (4): 110-115.

[45] 刘庆林, 廉凯. 服务业国际转移经济效应分析: 中国数据的验证 [J]. 产业经济评论, 2009 (1): 94-110.

[46] 刘绍坚. 国际服务贸易发展趋势及动因分析 [J]. 国际贸易问题, 2005 (7): 69-73.

[47] 刘婷. 服务业跨国公司网络研究 [D]. 复旦大学, 2006.

[48] 刘婷. 服务业跨国公司理论探讨的历史沿革 [J]. 湘潭大学学报 (哲学社会科学版), 2009 (5): 88-92.

[49] 刘婷, 薛求知. 服务业跨国公司战略动机选择: 以价值链为分析工具 [J]. 上海经济研究, 2006 (4): 57-63.

[50] 刘婷, 郑昭. 论服务业跨国公司的成长 [J]. 湘潭大学学报 (哲学社会科学版), 2007 (4): 29-34.

[51] 刘小军. 知识密集型服务活动外包动因的内部化理论视角 [J]. 学术月刊, 2008 (4): 69-71.

[52] 刘亚军, 石芝玲. 服务业跨国公司理论述评 [J]. 生产力研究, 2008 (6): 144-146.

[53] 罗萍. FDI贸易效应: 基于引力模型的中国实证分析 [D]. 湖南大学, 2005.

[54] 吕志华. 多边投资体系与服务业跨国公司 [D]. 湘潭大学, 2006.

[55] 马风涛, 段治平. 基于TiVA数据库的中国出口贸易增加值研究 [J]. 经济与管理评论, 2015 (2): 100-105.

[56] 尼尔, 胡德, 斯蒂芬·扬主编. 跨国企业的全球化经营与经济发展 [M]. 中国社会科学出版社, 2006.

[57] 宁越敏, 李健. 上海城市功能的转型: 从全球生产系统角度的透视 [J]. 世界地理研究, 2007 (4): 47-54.

[58] 裴长洪, 杨志远. 2000年以来服务贸易与服务业增长速度的比较分析 [J]. 财贸经济, 2012 (11): 5-13.

[59] 彭徽. 国际贸易理论的演进逻辑: 贸易动因、贸易结构和贸易结果

[J]. 国际贸易问题, 2012 (2): 169 - 176.

[60] 彭婷. 服务业跨国公司的性质: 基于资源与交易相融 [J]. 重庆工商大学学报 (西部论坛), 2008 (6): 67 - 74.

[61] 朴杉杉. 中国对外直接投资的贸易效应研究 [D]. 山东大学, 2010.

[62] 浦云燕. 服务业外商直接投资对货物贸易出口影响的路径研究综述 [J]. 经济研究导刊, 2012 (32): 149 - 150.

[63] 邱小欢. 在华跨国公司内部贸易研究 [J]. 经济研究导刊, 2007 (7): 163 - 165.

[64] 邵军, 冯伟. 异质性企业贸易理论研究进展综述 [J]. 国际贸易问题, 2013 (3): 167 - 177.

[65] 沈玉良, 上海国际贸易中心建设研究 [M]. 上海人民出版社, 2009.

[66] 宋士菁, 毛玥琳. 美国跨国公司内部贸易研究 [J]. 国际经贸探索, 2004 (5): 17 - 20.

[67] 陶昌盛, 沈雅琴. 上海未来的选择: 构建现代国际贸易中心 [J]. 经济纵横, 2003 (5): 52 - 56.

[68] 田毕飞. 外商直接投资对中国大陆出口影响的实证分析 [J]. 企业经济, 2008 (2): 142 - 144.

[69] 佟家栋. 国际贸易理论的发展及其阶段划分 [J]. 世界经济文汇, 2000 (6): 39 - 44.

[70] 涂颖清. 全球价值链下我国制造业升级研究 [D]. 复旦大学, 2010.

[71] 万丽娟, 陈爽, 石蕊. 西部地区 FDI 贸易效应中存在的问题及对策 [J]. 重庆大学学报 (社会科学版), 2011 (5): 15 - 18.

[72] 王宝平, 徐伟, 黄亮. 全球价值链: 世界城市网络研究的新视角 [J]. 城市问题, 2012 (6): 2.

[73] 王进猛, 沈志渔. 进入方式、内部贸易与外资企业税负关系的实证研究 [J]. 财贸经济, 2011 (11): 57 - 65.

[74] 王敏, 冯宗宪. 全球价值链、微笑曲线与技术锁定效应——理论解释与跨国经验 [J]. 经济与管理研究, 2013 (9): 45 - 54.

[75] 王守文,丁卫国. FDI 贸易效应及其实现途径 [J]. 商业时代, 2006 (20): 26-27.

[76] 王恕立,胡宗彪. 服务业 FDI 流入与东道国服务贸易出口——基于中国数据的经验研究 [J]. 国际贸易问题, 2010 (11): 78-86.

[77] 王思婷. 我国 FDI 流入和对外贸易关系的国别差异研究 [D]. 厦门大学, 2008.

[78] 王伟. 美日服务业跨国公司激励机制比较研究 [D]. 湘潭大学, 2010.

[79] 王鑫. 外商直接投资的贸易效应：区域比较分析 [D]. 暨南大学, 2007.

[80] 王子先. 上海国际贸易中心建设在全国外贸转型升级中的先导作用 [J]. 国际贸易, 2011 (10): 34-38.

[81] 吴静. FDI 贸易效应的省际差异 [D]. 江西师范大学, 2009.

[82] 夏辉. 服务型跨国公司模块化研究 [D]. 华东师范大学, 2009.

[83] 夏辉,薛求知. 服务型跨国公司模块化的演进及创新机理 [J]. 当代财经, 2010 (12): 63-70.

[84] 项本武. 中国对外直接投资的贸易效应 [J]. 统计与决策, 2005 (24): 84-85.

[85] 项本武. 中国对外直接投资的贸易效应研究——基于 Panel Data 的地区差异检验 [J]. 统计与决策, 2007 (24): 99-102.

[86] 新加坡经验：大数据时代政府的角色 [J]. 信息系统工程, 2013 (12): 9.

[87] 杨湘玉,程源. 贸易与外商直接投资技术溢出联动机制研究 [J]. 国际商务（对外经济贸易大学学报）, 2012 (5): 45-54.

[88] 于宁. 酝酿与突破 [J]. 中国改革, 2010 (Z1): 72-74.

[89] 喻凯. 服务业跨国公司与中国的服务业发展 [J]. 湖南商学院学报, 2006 (4): 16-19.

[90] 张东云. FDI、出口：经济效应与贸易效应实证分析 [J]. 商业时代, 2011 (7): 39-41.

[91] 张久红. 中国对外直接投资的贸易效应浅析 [D]. 沈阳工业大学, 2007.

[92] 张娟. 酝酿与突破——崛起中的上海国际贸易中心 [J]. 国际市场, 2009 (7): 8-13.

[93] 张娟. 服务贸易: 新常态下创新路径 [J]. 开放导报, 2014 (6): 23-27.

[94] 张庆昌, 蒋殿春, 张宇. 美国跨国公司服务中国市场——为什么偏爱出口贸易? [J]. 经济学 (季刊), 2013 (1): 203-222.

[95] 张书军. 知识型服务业跨国公司直接投资的微观经济效应分析 [J]. 国际贸易问题, 2000 (6): 51-55.

[96] 张幼文, 薛安伟. 要素流动对世界经济增长的影响机理 [J]. 世界经济研究, 2013 (2): 3-8.

[97] 张云飞. 城市群内产业集聚与经济增长关系的实证研究——基于面板数据的分析 [J]. 经济地理, 2014 (1): 108-113.

[98] 赵鸿. 服务业跨国公司进入中国的模式研究 [D]. 上海社会科学院, 2006.

[99] 赵书华, 宋征. 服务业跨国公司在华直接投资的经济效应分析 [J]. 国际经贸探索, 2006 (1): 66-70.

[100] 赵玉娟. 中国服务业跨国公司成长特征分析——基于2007年末中国非金融类对外直接投资前四十家公司的分析 [J]. 上海经济研究, 2010 (10): 22-28.

[101] 郑传均. 跨国公司内部贸易研究 [D]. 中南大学, 2006.

[102] 郑吉昌, 夏晴. 论服务业对外直接投资及产业整合效应 [J]. 北京工商大学学报 (社会科学版), 2004 (5): 11-16.

[103] 郑吉昌, 夏晴. 服务业对外直接投资及产业整合效应 [J]. 经济问题, 2004 (9): 26-29.

[104] 郑琴琴. 服务业跨国公司扩张理论及应用研究 [D]. 复旦大学, 2004.

[105] 郑琴琴, 李志强. 服务业跨国公司创新研究 [J]. 生产力研究, 2008 (16): 107-109.

[106] 郑琴琴, 李志强. 基于东道国资源利用的服务业跨国公司非股权扩张模式研究 [J]. 上海管理科学, 2006 (2): 45-47.

[107] 郑琴琴, 李志强. 专业服务业跨国公司全球资源的利用研究 [J].

亚太经济, 2007 (6): 111-113.

[108] 周升起, 兰珍先, 付华. 中国制造业在全球价值链国际分工地位再考察——基于 Koopman 等的"GVC 地位指数"[J]. 国际贸易问题, 2014 (2): 3-12.

[109] 周振华. 伦敦、纽约、东京经济转型的经验及其借鉴 [J]. 科学发展, 2011 (10): 3-11.

[110] 周振华. 崛起中的全球城市: 理论框架及中国模式研究 [M]. 上海人民出版社, 2008.

[111] Ahn J, Khandelwal A K, Wei S. The role of intermediaries in facilitating trade [J]. Journal of International Economics, 2011, 84 (1): 73-85.

[112] Akerman A. A theory on the role of wholesalers in international trade based on economies of scope [J]. Research Papers in Economics, 2010: 1.

[113] Alejandro L, Brown R, Oh E, et al. US multinational services companies: Effects of Foreign Affiliate Activity on US Employment [J]. 2011.

[114] Alfaro L, Chanda A, Kalemli-Ozcan S, et al. FDI and economic growth: the role of local financial markets [J]. Journal of International Economics, 2004, 64 (1): 89-112.

[115] Altomonte C, Di Mauro F, Ottaviano G I, et al. Global value chains during the great trade collapse: a bullwhip effect? [J]. Paolo Baffi Centre Research Paper, 2011.

[116] Amin A, Thrift N. Neo-Marshallian Nodes in Global Networks* [J]. International journal of urban and regional research, 1992, 16 (4): 571-587.

[117] Antonietti R, Marzucchi A. Green tangible investment strategies and export performance: A firm-level investigation [J]. Ecological Economics, 2014, 108: 150-161.

[118] Antràs P. Firms, contracts, and trade structure [R]. National Bureau of Economic Research, 2003.

[119] Antràs P, R Yeaple S. Multinational firms and the structure of international trade [R]. National Bureau of Economic Research, 2013.

[120] Arnold J M, Javorcik B K S, Mattoo A. Does Services Liberalization Benefit Manufacturing Firms?: Evidence from the Czech Republic [M]. World Bank

Publications, 2007.

[121] Arnold J M, Javorcik B S, Mattoo A. Does services liberalization benefit manufacturing firms? [J]. 2006.

[122] Arnold J M, Javorcik B, Lipscomb M, et al. Services reform and manufacturing performance: Evidence from India [J]. The Economic Journal, 2014.

[123] Arora A, Athreye S. The software industry and India's economic development [J]. Information Economics and Policy, 2002, 14 (2): 253 – 273.

[124] Awokuse T O, Maskus K E, An Y. Knowledge capital, international trade, and foreign direct investment: A sectoral analysis [J]. Economic Inquiry, 2012, 50 (3): 707 – 723.

[125] Baier S L, Bergstrand J H. Economic determinants of free trade agreements [J]. Journal of International Economics, 2004, 64 (1): 29 – 63.

[126] Baldwin R. 21st Century Regionalism: Filling the gap between 21st century trade and 20th century trade rules [R]. WTO Staff Working Paper, 2011.

[127] Baldwin R. Multilateralising 21st century regionalism [J]. VOX Researchbased policy analysis, 2014, 20 (1): 2014.

[128] Baldwin R E. 21st Century Regionalism: Filling the gap between 21st century trade and 20th century trade rules [J]. Available at SSRN 1869845, 2011.

[129] Baldwin R E, Okubo T. Heterogeneous firms, agglomeration and economic geography: spatial selection and sorting [J]. Journal of Economic Geography, 2006, 6 (3): 323 – 346.

[130] Baldwin R, Lopez Gonzalez J. Supply-chain Trade: A Portrait of Global Patterns and Several Testable Hypotheses [J]. The World Economy, 2014.

[131] Barry F, Van Welsum D. Services FDI and offshoring into Ireland: Panel session on ICT – enabled offshoring: Country experience and business perspectives, held as part of the June 2005 meeting of the OECD Working Party on the Information Economy, OECD, Paris, 2005.

[132] Behrens K, Robert – Nicoud F. Survival of the fittest in cities: Agglomeration, selection, and polarisation [M]. Centre for Economic Performance, London School of Economics and Political Science, 2008.

[133] Bellak C, Leibrecht M, Riedl A. Labour costs and FDI flows into Cen-

tral and Eastern European Countries: A survey of the literature and empirical evidence [J]. Structural Change and Economic Dynamics, 2008, 19 (1): 17 - 37.

[134] Bergstrand J H, Egger P, Larch M. Gravity Redux: Estimation of gravity-equation coefficients, elasticities of substitution, and general equilibrium comparative statics under asymmetric bilateral trade costs [J]. Journal of International Economics, 2013, 89 (1): 110 - 121.

[135] Bernard A B, Grazzi M, Tomasi C. Intermediaries in international trade: Direct versus indirect modes of export [R]. National Bureau of Economic Research, 2011.

[136] Beugelsdijk S, Smeets R, Zwinkels R. The impact of horizontal and vertical FDI on host's country economic growth [J]. International Business Review, 2008, 17 (4): 452 - 472.

[137] Boddewyn J J, Halbrich M B, Perry A. Service multinationals: conceptualization, measurement and theory [J]. Journal of international business studies, 1986, 17 (3): 41 - 57.

[138] Boly A, Coniglio N D, Prota F, et al. Diaspora Investments and Firm Export Performance in Selected Sub - Saharan African Countries [J]. World Development, 2014, 59: 422 - 433.

[139] Bonturi M, Fukasaku K. Globalisation and intra-firm trade: An empirical note [J]. OECD Economic Studies, 1993: 145.

[140] Braconier H, Norb C P, Urban D. Multinational enterprises and wage costs: vertical FDI revisited [J]. Journal of International Economics, 2005, 67 (2): 446 - 470.

[141] Brainard S L. An empirical assessment of the proximity-concentration tradeoff between multinational sales and trade [R]. National Bureau of Economic Research, 1993.

[142] Brander J, Krugman P. A "reciprocal dumping" model of international trade [J]. Journal of international Economics, 1983, 15 (3): 313 - 321.

[143] Brooks D H, Roland - Holst D, Zhai F. Behavioral and empirical perspectives on FDI: International capital allocation across Asia [J]. Journal of Asian Economics, 2008, 19 (1): 40 - 52.

[144] Buch C M, Lipponer A. FDI versus cross-border financial services: The globalisation of German banks [R]. Discussion paper Series 1/Volkswirtschaftliches Forschungszentrum der Deutschen Bundesbank, 2004.

[145] Buch C M, Lipponer A. FDI versus exports: Evidence from German banks [J]. Journal of Banking & Finance, 2007, 31 (3): 805 – 826.

[146] Buckley P J, Pass C L, Prescott K. The internationalization of service firms: A comparison with the manufacturing sector [J]. Scandinavian international business review, 1992, 1 (1): 39 – 56.

[147] Campbell A J, Verbeke A. The globalization of service multinationals [J]. Long Range Planning, 1994, 27 (2): 95 – 102.

[148] Carr D L, Markusen J R, Maskus K E. Estimating the knowledge-capital model of the multinational enterprise: Reply [J]. American Economic Review, 2003: 995 – 1001.

[149] Ceglowski J. Does gravity matter in a service economy? [J]. Review of World Economics, 2006, 142 (2): 307 – 329.

[150] Christian M, Fernandez – Stark K, Ahmed G, et al. The tourism global value chain: economic upgrading and workforce development [J]. SKILLS FOR UPGRADING, 2011: 276.

[151] Combes P P, Duranton G, Gobillon L, et al. The productivity advantages of large cities: Distinguishing agglomeration from firm selection [J]. Econometrica, 2012, 80 (6): 2543 – 2594.

[152] Conti G, Lo Turco A, Maggioni D. Spillovers through backward linkages and the export performance of business services. Evidence from a sample of Italian firms [J]. International Business Review, 2014, 23 (3): 552 – 565.

[153] Cooray A, Tamazian A, Vadlamannati K C. What drives FDI policy liberalization? An empirical investigation [J]. Regional Science and Urban Economics, 2014, 49: 179 – 189.

[154] Craig T D, Mudambi R. GLOBAL VALUE CHAINS [J]. 2013.

[155] D Costa A P. Uneven and combined development: understanding India's software exports [J]. World Development, 2003, 31 (1): 211 – 226.

[156] Daudin G, Rifflart C, Schweisguth D. Who produces for whom in the world

economy? [J]. Canadian Journal of Economics/Revue canadienne d'économique, 2011, 44 (4): 1403 – 1437.

[157] Davies R B, Guillin A. How far away is an intangible? Services FDI and distance [J]. The World Economy, 2014.

[158] De Backer K, Yamano N. International comparative evidence on global value chains [R]. OECD Publishing, 2012.

[159] De Loecker J. Do exports generate higher productivity? Evidence from Slovenia [J]. Journal of International Economics, 2007, 73 (1): 69 – 98.

[160] Deng P. Investing for strategic resources and its rationale: The case of outward FDI from Chinese companies [J]. Business Horizons, 2007, 50 (1): 71 – 81.

[161] Development UNCO. World Investment Report 2004: The shift towards services, 2004 [C]. United Nations Conference on Trade and Development.

[162] Dicken P. Global shift: industrial change in a turbulent world [M]. Harper & Row London, 1986.

[163] Dossani R, Kenney M. The next wave of globalization: relocating service provision to India [J]. World Development, 2007, 35 (5): 772 – 791.

[164] Dreher A, Nunnenkamp P, Vadlamannati K C. The Role of Country-of – Origin Characteristics for Foreign Direct Investment and Technical Cooperation in Post – Reform India [J]. World Development, 2013, 44: 88 – 109.

[165] Dunning J H. Multinational enterprises and the growth of services: some conceptual and theoretical issues [J]. Service industries journal, 1989, 9 (1): 5 – 39.

[166] Dunning J H, Lundan S M. Multinational enterprises and the global economy, 2008.

[167] Eaton J, Tamura A. Bilateralism and regionalism in Japanese and US trade and direct foreign investment patterns [J]. Journal of the Japanese and international economies, 1994, 8 (4): 478 – 510.

[168] Egger P H, Merlo V, Wamser G. Unobserved tax avoidance and the tax elasticity of FDI [J]. Journal of Economic Behavior & Organization, 2014, 108: 1 – 18.

[169] Egger P, Fahn M, Merlo V, et al. On the genesis of multinational for-

eign affiliate networks [J]. European Economic Review, 2014, 65: 136 - 163.

[170] Egger P, Pfaffermayr M. Distance, trade and FDI: a Hausman - Taylor SUR approach [J]. Journal of Applied Econometrics, 2004, 19 (2): 227 - 246.

[171] Egger P, Pfaffermayr M. The impact of bilateral investment treaties on foreign direct investment [J]. Journal of comparative economics, 2004, 32 (4): 788 - 804.

[172] Eicher T S, Helfman L, Lenkoski A. Robust FDI determinants: Bayesian Model Averaging in the presence of selection bias [J]. Journal of Macroeconomics, 2012, 34 (3): 637 - 651.

[173] Ekeledo I, Sivakumar K. International market entry mode strategies of manufacturing firms and service firms: A resource-based perspective [J]. International Marketing Review, 2004, 21 (1): 68 - 101.

[174] Ekholm K, Forslid R, Markusen J R. Export - Platform Foreign Direct Investment [J]. Journal of the European Economic Association, 2007, 5 (4): 776 - 795.

[175] Elliott R J R, Zhou Y. Co-location and Spatial Wage Spillovers in China: The Role of Foreign Ownership and Trade [J]. World Development, 2015, 66: 629 - 644.

[176] Elms D K, Low P. Global value chains in a changing world [M]. World Trade Organization Geneva, 2013.

[177] Escaith H, Inomata S, Degain C. Trade patterns and global value chains in East Asia: From trade in goods to trade in tasks [M]. World Trade Organization, 2011.

[178] Escaith H, Tamenu B. Least-developed countries' trade during the super-cycle and the great trade collapse: Patterns and stylized facts [R]. WTO Staff Working Paper, 2013.

[179] Fagiolo G, Reyes J, Schiavo S. The evolution of the world trade web [R]. LEM Working Paper Series, 2007.

[180] Feenstra R C. Integration of trade and disintegration of production in the global economy [J]. The journal of economic perspectives, 1998: 31 - 50.

[181] Feenstra R C. Advanced international trade: theory and evidence [M].

Princeton University Press, 2003.

[182] Feenstra R C, Inklaar R, Timmer M. The next generation of the Penn World Table [R]. National Bureau of Economic Research, 2013.

[183] Ferrantino M J, Taglioni D. Global value chains in the current trade slowdown [J]. World Bank - Economic Premise, 2014 (138): 1-6.

[184] Fillat Castejon C, Francois J F, W? rz J. Cross-border trade and FDI in services [J]. 2008.

[185] Findlay C, Warren T. Impediments to Trade in Services: Measurements and Policy Implications [M]. Routledge, 2013.

[186] Focarelli D, Pozzolo A F. The patterns of cross-border bank mergers and shareholdings in OECD countries [J]. Journal of banking & Finance, 2001, 25 (12): 2305-2337.

[187] Friedman T. The World is Flat (New York, NY: Picador) [J]. 2007.

[188] Friedmann J, Wolff G. World city formation: an agenda for research and action [J]. International Journal of Urban and Regional Research, 1982, 6 (3): 309-344.

[189] Gereffi G. The organization of buyer-driven global commodity chains: how US retailers shape overseas production networks [J]. Contributions in Economics and Economic History, 1994: 95.

[190] Gereffi G, Fernandez - Stark K. Global value chain analysis: a primer [J]. Center on Globalization, Governance & Competitiveness (CGGC), Duke University, North Carolina, USA, 2011.

[191] Gereffi G, Humphrey J, Sturgeon T. The governance of global value chains [J]. Review of international political economy, 2005, 12 (1): 78-104.

[192] Gereffi G, Lee J. Why the world suddenly cares about global supply chains [J]. Journal of supply chain management, 2012, 48 (3): 24-32.

[193] Goger A, Hull A, Barrientos S, et al. Capturing the Gains in Africa: Making the most of global value chain participation [Z]. OECD Background Paper, 2014.

[194] Grossman G M, Helpman E. Outsourcing in a global economy [J]. The Review of Economic Studies, 2005, 72 (1): 135-159.

[195] Grossman G M, Helpman E, Szeidl A. Optimal integration strategies for the multinational firm [J]. Journal of International Economics, 2006, 70 (1): 216 – 238.

[196] Grossman G M, Rossi – Hansberg E. Trading tasks: A simple theory of offshoring [R]. National Bureau of Economic Research, 2006.

[197] Grubel H G. A theory of multinational banking [J]. PSL Quarterly Review, 2014, 30 (123).

[198] Grünfeld L A, Moxnes A. The intangible globalization: Explaining the patterns of international trade in services [J]. Norwegian Institute of International Affairs Paper, 2003, 657.

[199] Guillin A. Comparison between FDI motivations in goods and services [J]. Economics Bulletin, 2011, 31 (4): 2744 – 2756.

[200] Gulamhussen M A, Pinheiro C, Pozzolo A F. International diversification and risk of multinational banks: Evidence from the pre-crisis period [J]. Journal of Financial Stability, 2014, 13: 30 – 43.

[201] Harris C D. A functional classification of cities in the United States [J]. Geographical Review, 1943: 86 – 99.

[202] Harrison A, Rodríguez – Clare A. Chapter 63 – Trade, Foreign Investment, and Industrial Policy for Developing Countries*[M]//Dani R A M R. Handbook of Development Economics. Elsevier, 2010: 4039 – 4214.

[203] Hejazi W. Are Regional Concentrations of OECD Exports and Outward FDI Consistent with Gravity? [J]. Atlantic Economic Journal, 2005, 33 (4): 423 – 436.

[204] Helpman E. Understanding global trade [M]. Harvard University Press, 2011.

[205] Helpman E. A simple theory of international trade with multinational corporations [J]. the journal of political economy, 1984: 451 – 471.

[206] Helpman E. International trade in the presence of product differentiation, economies of scale and monopolistic competition: A Chamberlin – Heckscher – Ohlin approach [J]. Journal of international economics, 1981, 11 (3): 305 – 340.

[207] Helpman E, Melitz M J, Yeaple S R. Export versus FDI [R]. National Bureau of Economic Research, 2003.

[208] Hess M. Governance, value chains and networks: an afterword [J]. Economy and Society, 2008, 37 (3): 452-459.

[209] Hoekman B M, Javorcik B K S. Global integration and technology transfer [M]. World Bank Publications, 2006.

[210] Hoekman B, Mattoo A. Services trade and growth [J]. World Bank Policy Research Working Paper Series, Vol, 2008.

[211] Hummels D, Ishii J, Yi K. The nature and growth of vertical specialization in world trade [J]. Journal of international Economics, 2001, 54 (1): 75-96.

[212] Humphrey J, Schmitz H. Governance and upgrading: linking industrial cluster and global value chain research [M]. Institute of Development Studies Brighton, 2000.

[213] Hymer S H. The multinational corporation and the law of uneven development [M]. Yale University, Economic Growth Center, 1972.

[214] Hymer S H. The international operations of national firms: A study of direct foreign investment [M]. MIT press Cambridge, MA, 1976.

[215] Jacobs J. The economy of cities. [J]. The economy of cities., 1970.

[216] Johanson J, Vahlne J. The internationalization process of the firm-a model of knowledge development and increasing foreign market commitments [J]. Journal of international business studies, 1977: 23-32.

[217] Kalm M, Seppälä T, Ali-Yrkkö J. Extracting Value through Technology and Service Platforms: The Case of Licensing, Services and Royalties [R]. The Research Institute of the Finnish Economy, 2014.

[218] Kaplinsky R, Morris M. A handbook for value chain research [M]. IDRC Canada, 2001.

[219] Kim Y. Financial opening under the WTO agreement in selected Asian countries: progress and issues [J]. 2002.

[220] Kimura F, Lee H. The Gravity Equation in International Trade in Services [J]. Review of World Economics, 2006, 142 (1): 92-121.

[221] Kogut B. Designing global strategies: Profiting from operational flexibility [J]. Readings in international business: a decision approach, 1993: 195-211.

[222] Kojima K. Japanese and American direct investment in Asia: a compara-

tive analysis [J]. Hitotsubashi Journal of Economics, 1985, 26 (1): 1 –35.

[223] Kojima K. A Macroeconomic Approach to Foreign Direct [J]. Hitotsubashi Journal of Economics, 1973, 14 (1): 1 –21.

[224] Koopman R, Powers W, Wang Z, et al. Give credit where credit is due: Tracing value added in global production chains [R]. National Bureau of Economic Research, 2010.

[225] Koopman R, Wang Z, Wei S. Tracing value-added and double counting in gross exports [R]. National Bureau of Economic Research, 2012.

[226] Kox H. The contribution of business services to aggregate productivity growth [J]. G. Gelauff et al, 2004: 243 –264.

[227] Kox H L. What is special in services internationalisation? [J]. 2009.

[228] Kox H, Lejour A. The effects of the Services Directive on intra – EU trade and FDI [J]. Revue économique, 2006, 57 (4): 747 –769.

[229] Kox H, Lejour A, Verweij G. Regulatory barriers in business and transport services trade [Z]. 2014.

[230] Krammer S M S. Assessing the relative importance of multiple channels for embodied and disembodied technological spillovers [J]. Technological Forecasting and Social Change, 2014, 81: 272 –286.

[231] Krätke S. Global Pharmaceutical and Biotechnology Firms' Linkages in the World City Network [J]. Urban Studies, 2013.

[232] Krautheim S. Export – supporting FDI [J]. Canadian Journal of Economics/Revue canadienne d'économique, 2013, 46 (4): 1571 –1605.

[233] Krommenacker R J. Trade Related Services and GATT [J]. Journal of World Trade, 1979, 13 (6): 510 –522.

[234] Krugman P R. Intraindustry specialization and the gains from trade [J]. The Journal of Political Economy, 1981: 959 –973.

[235] Krugman P R. Increasing returns, monopolistic competition, and international trade [J]. Journal of international Economics, 1979, 9 (4): 469 –479.

[236] Kundu S K, Merchant H. Service multinationals: Their past, present, and future [J]. Management International Review, 2008, 48 (4): 371 –377.

[237] Lee B, Min B S. Exchange rates and FDI strategies of multinational en-

terprises [J]. Pacific - Basin Finance Journal, 2011, 19 (5): 586 - 603.

[238] Li J, Guisinger S. The globalization of service multinationals in the "triad" regions: Japan, Western Europe and North America [J]. Journal of International Business Studies, 1992: 675 - 696.

[239] Liapis P, Tsigas M. TRADE IN VALUE ADDED OF AGRICULTURAL AND FOOD PRODUCTS [J]. 2014.

[240] Long C, Yang J, Zhang J. Institutional Impact of Foreign Direct Investment in China [J]. World Development, 2015, 66 (0): 31 - 48.

[241] Low P. The Role of Services in Global Value Chains [J]. 2013.

[242] Lskavyan V, Spatareanu M. Shareholder protection, ownership concentration and FDI [J]. Journal of Economics and Business, 2011, 63 (1): 69 - 85.

[243] Markusen J. Modeling the offshoring of white-collar services: from comparative advantage to the new theories of trade and FDI [R]. National Bureau of Economic Research, 2005.

[244] Markusen J R. Service Trade by the Multinational Enterprise1 [J]. Multinational Service Firms (RLE International Business), 2012, 16: 35.

[245] Markusen J R. Multinationals, multi-plant economies, and the gains from trade [J]. Journal of international economics, 1984, 16 (3): 205 - 226.

[246] Markusen J R, Maskus K E. Discriminating among alternative theories of the multinational enterprise [J]. Review of international economics, 2002, 10 (4): 694 - 707.

[247] Markusen J R, Svensson L E. Trade in goods and factors with international differences in technology [Z]. National Bureau of Economic Research Cambridge, Mass., USA, 1983.

[248] Markusen J, Rutherford T F, Tarr D. Trade and direct investment in producer services and the domestic market for expertise [J]. Canadian Journal of Economics/Revue canadienne d'économique, 2005, 38 (3): 758 - 777.

[249] Mayer T, Melitz M J, Ottaviano G I. Market size, competition, and the product mix of exporters [R]. National Bureau of Economic Research, 2011.

[250] Mayer T, Zignago S. Notes on CEPII's distances measures: The GeoDist

database [J]. 2011.

[251] McCann P. Globalization and economic geography: the world is curved, not flat [J]. Cambridge Journal of Regions, Economy and Society, 2008, 1 (3): 351 - 370.

[252] Medvedev D. Beyond Trade: The Impact of Preferential Trade Agreements on FDI Inflows [J]. World Development, 2012, 40 (1): 49 - 61.

[253] Melitz M J, Ottaviano G I. Market size, trade, and productivity [J]. The review of economic studies, 2008, 75 (1): 295 - 316.

[254] Melitz M J, Trefler D. Gains from trade when firms matter [J]. The Journal of Economic Perspectives, 2012: 91 - 118.

[255] Mikolaj M, Meurers B, Güntner A. A Matlab-based Tool for the Analysis of Global Gravity E ects [J]. 2014.

[256] Miroudot S, Rouzet D, Spinelli F. Trade Policy Implications of Global Value Chains [J]. 2013.

[257] Miroudot S, Sauvage J, Shepherd B. Measuring the cost of international trade in services [J]. World Trade Review, 2013, 12 (04): 719 - 735.

[258] Mirza D, Nicoletti G. What is so Special about Trade in Services? [J]. University of Nottingham Research Paper, 2004.

[259] Mitze T, Alecke B R, Untiedt G. Trade - FDI linkages in a simultaneous equations system of gravity models for german regional data (2010 - 02 - 01).

[260] Molyneux P, Nguyen L H, Xie R. Foreign bank entry in South East Asia [J]. International Review of Financial Analysis, 2013, 30 (0): 26 - 35.

[261] Monge - Ari F. Costa Rica: trade opening, FDI attraction and global production sharing [R]. WTO Staff Working Paper, 2011.

[262] Monreal - Pérez J, Aragón - Sánchez A, Sánchez - Marín G. A longitudinal study of the relationship between export activity and innovation in the Spanish firm: The moderating role of productivity [J]. International Business Review, 2012, 21 (5): 862 - 877.

[263] Mundell R A. International trade and factor mobility [J]. the american economic review, 1957: 321 - 335.

[264] Neely A, Benedettini O, Visnjic I. The servitization of manufacturing:

Further evidence: 18th European Operations Management Association Conference, 2011.

[265] Nelson H J. A service classification of American cities [J]. Economic geography, 1955: 189-210.

[266] Nguyen-Hong D. Restrictions on trade in professional services [J]. 2000.

[267] Nicoletti G. Regulation in services: OECD patterns and economic implications [J]. 2001.

[268] Nicoletti G, Scarpetta S. Regulation, productivity and growth: OECD evidence [J]. Economic policy, 2003, 18 (36): 9-72.

[269] Nocke V, Yeaple S. Cross-border mergers and acquisitions vs. greenfield foreign direct investment: The role of firm heterogeneity [J]. Journal of International Economics, 2007, 72 (2): 336-365.

[270] O Connor K. Global city regions and the location of logistics activity [J]. Journal of Transport Geography, 2010, 18 (3): 354-362.

[271] O'Connor K. Australian ports, metropolitan areas and trade-related services [J]. The Australian Geographer, 1989, 20 (2): 167-172.

[272] Oldenski L. Export Versus FDI and the Communication of Complex Information [J]. Journal of International Economics, 2012, 87 (2): 312-322.

[273] Ottaviano G I. New' economic geography: firm heterogeneity and agglomeration economies [J]. Journal of Economic Geography, 2010: 41.

[274] Oxelheim L, Ghauri P. EU-China and the non-transparent race for inward FDI [J]. Journal of Asian Economics, 2008, 19 (4): 358-370.

[275] Pietrobelli C, Rabellotti R. Global value chains meet innovation systems: are there learning opportunities for developing countries? [J]. World Development, 2011, 39 (7): 1261-1269.

[276] Saad R M, Noor A H M, Nor A H S M. Developing Countries' Outward Investment: Push Factors for Malaysia [J]. Procedia-Social and Behavioral Sciences, 2014, 130: 237-246.

[277] Sargent J, Matthews L. China versus Mexico in the Global EPZ Industry: Maquiladoras, FDI Quality, and Plant Mortality [J]. World Development, 2009,

37（6）：1069-1082.

［278］Sassen S. The Global City: New York, London, Tokyo ［M］. Princeton University Press, 2001.

［279］Sassen S. The global city ［M］. Princeton University Press Princeton, NJ, 1991.

［280］Sassen S. Cities in a world economy ［M］. Sage Publications, 2011.

［281］Sawhney A, Kahn M E. Understanding cross-national trends in high-tech renewable power equipment exports to the United States ［J］. Energy Policy, 2012, 46: 308-318.

［282］Schiavo S, Reyes J, Fagiolo G. International trade and financial integration: a weighted network analysis ［J］. Quantitative Finance, 2010, 10（4）: 389-399.

［283］Schmeiser K N, Ricaurte M F. Tradability and market penetration costs: Explaining foreign market servicing intensities ［J］. International Review of Economics & Finance, 2012, 22（1）: 190-200.

［284］Stiebale J, Reize F. The impact of FDI through mergers and acquisitions on innovation in target firms ［J］. International Journal of Industrial Organization, 2011, 29（2）: 155-167.

［285］Storper M. Roepke lecture in economic geography – Regional context and global trade ［J］. Economic geography, 2009, 85（1）: 1-21.

［286］Sturgeon T J, Gereffi G. Measuring success in the global economy: International trade, industrial upgrading and business function outsourcing in global value chains ［J］. Transnational Corporations, 2009, 18（2）: 1.

［287］Takagi S, Shi Z. Exchange rate movements and foreign direct investment（FDI）: Japanese investment in Asia, 1987-2008 ［J］. Japan and the World Economy, 2011, 23（4）: 265-272.

［288］Temouri Y, Driffield N L, Higón D A ó. The futures of offshoring FDI in high-tech sectors ［J］. Futures, 2010, 42（9）: 960-970.

［289］Timmer M P, Erumban A A, Los B, et al. Slicing up global value chains ［J］. The Journal of Economic Perspectives, 2014, 28（2）: 99-118.

［290］Tinbergen J. Shaping the world economy; suggestions for an international economic policy [J]. 1962.

[291] UNCTAD G. World investment report [Z]. United Nations Press, New York and Geneva, 1996.

[292] UNCTAD C. World Investment Report 2011: Non – Equity Modes of International production and Development.

[293] CNUCED. World investment report 2013: global value chains: investment and trade for development [M]. UN.

[294] Van der Marel E. Trade in services and TFP: the role of regulation [J]. The World Economy, 2012, 35 (11): 1530 – 1558.

[295] Vandermerwe S, Rada J. Servitization of business: adding value by adding services [J]. European Management Journal, 1989, 6 (4): 314 – 324.

[296] Venables A J. Productivity in cities: self-selection and sorting [J]. Journal of Economic Geography, 2010: 40.

[297] Vernon R. International investment and international trade in the product cycle [J]. The quarterly journal of economics, 1966: 190 – 207.

[298] Vernon R. The product cycle hypothesis in a new international environment [J]. Oxford bulletin of economics and statistics, 1979, 41 (4): 255 – 267.

[299] Walsh K. Trade in services: does gravity hold? A gravity model approach to estimating barriers to services trade [J]. 2006.

[300] Wei W. China and India: Any difference in their FDI performances? [J]. Journal of Asian Economics, 2005, 16 (4): 719 – 736.

[301] Winkler D. Potential and actual FDI spillovers in global value chains: the role of foreign investor characteristics, absorptive capacity and transmission channels [J]. World Bank Policy Research Working Paper, 2013.

[302] Xie Y, Markusen J R. Exporting, licensing, FDI and productivity choice: Theory and evidence from Chilean data [R]. mimeo, 2011.

[303] Yasar M, Morrison Paul C J. International linkages and productivity at the plant level: Foreign direct investment, exports, imports and licensing [J]. Journal of International Economics, 2007, 71 (2): 373 – 388.

[304] Yeaple S R. Offshoring, foreign direct investment, and the structure of US trade. Journal of the European Economic Association. 2006: 4 (2 – 3): 602 –

611.

[305] Yeung H W. Regional development and the competitive dynamics of global production networks: an East Asian perspective [J]. Regional Studies, 2009, 43 (3): 325–351.

[306] Zler U, Taymaz E, YIlmaz K. History Matters for the Export Decision: Plant – Level Evidence from Turkish Manufacturing Industry [J]. World Development, 2009, 37 (2): 479–488.

致　　谢

本书是我博士论文的转化成果，也是我个人的第一本专著，在这两年多的写作中，得到众人的倾力相助。感谢博士生导师金芳女士，关于博士论文的选题，她没有一味将学生束缚到自己的研究范畴，而是结合我的研究专长，将我引导到服务业跨国公司贸易效应这个命题上。她学术作风严谨，对理论前沿把握敏锐，每次无论是理论、框架还是纵深研究的指导，让我感到醍醐灌顶。感谢张幼文老师，他的意见拓展了我研究命题的宽度和深度，而且赋予了更多的现实意义。感谢硕导沈玉良老师，一直以来鞭答我在从事政府决策咨询研究的同时追求理论研究的深度，并在博士论文写作过程中提供了大量文献的支持。同时，感恩我有幸结识了2012级博士研究生班的同学，尤其是2012级世界经济专业的博士们，大家一路相互扶持，定时的学术交流机制、论文讨论机制，在困苦的日子惺惺相惜，在专著出版中彼此分享信息和渠道。

感谢上海市商务发展研究中心和上海WTO事务咨询中心对专著出版的经费支持，以及朱桦、梁梅芳、戴桂麟、廖璇等领导同事的支持。另外，还要特别感谢高耀松、张斌、李新民、李清娟等前辈，不仅鼓励我去深造博士，而且提出值得深入探索的现实命题。

最后要深深感谢我的家人，他们对我学术和业务的追求和探索给予了理解和支持，使我有充分的时间去思考、去写作。他们始终陪伴我左右，寒风中的等待和拥抱，让写作的艰辛也充满温暖。